経済学叢書 Introductory

公共経済学入門

上村敏之

新世社

はじめに

　本書『公共経済学入門』は，公共経済学をはじめて学ぶ方のためのテキストです。通常，公共経済学のテキストは，ある程度のミクロ経済学の知識を前提として書かれています。たとえば大学では，1年次にミクロ経済学の基礎を学び，2年次に公共経済学に進むため，公共経済学の授業はミクロ経済学の知識を前提に展開されることが多いでしょう。

　その点で本書は，第1章から読み進めば，経済学の初学者でも公共経済学について学ぶことができます。特に第1章は，ミクロ経済学をまったく知らない学習者を念頭に書かれています。ミクロ経済学の基礎をすでに学んだ方でも，第1章や第2章の内容は，ミクロ経済学のよい復習になるでしょう。

　忘れた方も多いかもしれませんが，高等学校の政治・経済の教科書にも，需要曲線と供給曲線の図が登場します。ところが，その図に関しての詳しい説明が教科書に書かれているわけではありません。そのため，高等学校の授業を受けて，需要曲線と供給曲線の図の意味をきちんと理解している人は，それほどいないと思われます。

　本書の第1章は，需要曲線と供給曲線の図の解説からはじまります。通常の需要曲線はなぜ右下がりになるのか，通常の供給曲線はなぜ右上がりになるのか。このように，基本的ですがとても重要な内容からはじめ，需要と供給の図の理解を深めます。

　実際，需要曲線と供給曲線の図が使えるようになれば，公共経済学の大部分の内容を理解できます。日々の新聞やニュースを，需要曲線と供給曲線の図に置き換えて考えることができるようになれば，皆さんの経済センスは確実に向上していると言えるでしょう。一見，無味乾燥に思える経済学の図ですが，知れば知るほど，実に様々なことを教えてくれます。本書の目的は，そこにあると言っても過言ではありません。

　公共経済学は，政府の経済活動に関する経済学です。本書でも詳しく解説し

ますが，政府は，租税や公債によって資金を調達し，公共サービスを支出する活動を行っています。政府の経済活動とはどのようなものなのか，さらには政府の経済活動が，家計や企業を取り巻く市場に与える影響はどのようなものなのか，公共経済学は深く切り込んでいきます。

日本では，累増する公債残高，膨張する社会保障，地方分権化の潮流，抜本的な行政改革や税制改革の必要性など，政府をめぐる問題が話題にならない日はないほど，課題は山積しています。どのように政府の経済活動を評価すべきなのか，どのように改革がなされるべきなのか，公共経済学の知見を得ることで，これらの問題を考察する分析方法を身に付けることができるでしょう。

皆さんの公共経済学の学習が，本書からはじまることを期待しています。

以下では，教育機関などで公共経済学を担当される教員の方を念頭に置いて，本書の特長を紹介します。本書は既存の公共経済学のテキストと比べて，次の2点で大きく異なる内容となっています。

第1は，部分均衡分析による1財モデルによって，公共経済学の内容を展開していることです。本書は全10章から構成されていますが，第1章から第9章までは，1財モデルを主に用いています。

したがって，第1章から第9章では，無差別曲線はまったく登場しません。そこでは，主に需要曲線と供給曲線の図にもとづく余剰の概念を使って公共経済学を展開します。第10章ではじめて，無差別曲線を用いた2財モデルを登場させ，公共経済学のいくつかのトピックを扱います。

このような構成をとるのには理由があります。筆者が公共経済学や財政学を大学で講義してきた経験から言えば，多くの学生は1財モデルと2財モデルの違いを理解しないままに講義を受けています。同じ章や同じ講義に，1財モデルと2財モデルを混在させることが，学生の理解をむしろ遅れさせるのではないかと考えるようになりました。

そこで本書は，部分均衡分析による1財モデルをメインとしました。余剰の概念を繰返し学ぶことで，部分均衡分析の考え方を徹底的に深められます。実際，部分均衡分析でも，経済学に必要な思考をかなり身に付けることができます。むしろ，部分均衡分析による手法を完璧に理解することが，入門レベルの

一般的な学生にとって必要だと考えています。

　もちろん，各種の公務員試験には，2財モデルを扱った問題が出題されますので，2財モデルを学ぶことも不可欠です。そのため，本書は第10章で2財モデルを基礎的な解説を含めて取り上げます。結局のところ，1財モデルと2財モデルでは想定する経済に違いがあることを学生が意識することが必要であり，このことが公共経済学の理解につながります。

　第2は，図を多用していることです。就職活動や公務員試験を控える学生にとって，与えられた図を理解することは，論理的な思考能力を高めるという意味で重要です。公務員試験はもちろんですが，多くの企業も図の理解に関するテストを採用試験として課すようになってきました。

　それでも，図が苦手な学生は必ずいるものです。そこで本書では，学生の理解をうながす工夫を講じています。

　たとえば本書では，上下に分かれた図が多く描かれています。上の図でも下の図でも，同じ経済を表現しているのですが，異なる側面から2つの図を眺めることで，図の理解を深めることができると期待しています。さらに，下に表が付随している図が多くありますが，これも図の理解を助ける工夫の一つです。

　以上が本書の大きな特長です。以下からは，個別の章の内容を紹介します。

　第1章と第2章はミクロ経済学の基礎です。大学での筆者の経験から言えば，1年次に学生はミクロ経済学の基礎を学ぶものの，多くの学生は2年次になってその内容を忘れてしまいます。そのため，本書は公共経済学に必要なミクロ経済学の基礎について，第1章と第2章でまとめることにしました。

　第2章の後半部分では，政府による価格政策を扱っています。1財モデルによる部分均衡分析を用い，政府の政策を評価できる余剰の概念によって，公共経済学を学ぶ準備を行います。その後の第3章以降で，本格的に公共経済学の内容を展開します。なお，第3章から第9章までは，各章ごとに独立して読むことができます。

　第10章で2財モデルがはじめて登場しますが，その冒頭で無差別曲線などの2財モデルの基本的な概念を解説します。その後，租税，補助金，公債，公共財といった公共経済学のトピックについて扱います。これらのトピックについても，2財モデルの基本的な概念が理解できているならば，独立して読むこ

とができます。

　したがって本書は，第1章と第2章で1財モデルによるミクロ経済学の基礎，第3章から第9章で1財モデルによる公共経済学，第10章で2財モデルによる公共経済学，という流れになっています。

　学生の学習レベルを勘案しながら各章の内容を様々に組み合わせることで，講義を組み立てることができると考えています。本書によって，多くの学生が公共経済学の理解を深めることができるなら，筆者としては望外の喜びです。

　最後に謝辞を申し上げさせていただきます。

　本書の執筆をお誘いいただいたのは，新世社の御園生晴彦さんでした。公共経済学の初学者にとって，わかりやすいテキストの内容を考えるうえで，御園生さんと意見を交換させていただいたことは，ユーザーの視点を知るという意味でとても有益でした。

　また，関西学院大学の大学院研究員の林田吉恵さん，筆者のゼミ生の金田陸幸さん，筆者の授業を履修している大学院生の方々に，本書の草稿をチェックしていただきました。

　周りの方々のおかげで，本書が出版できたことに，お礼を申し上げます。

　　2010年12月　関西学院大学上ヶ原キャンパスの研究室にて

　　　　　　　　　　　　　　　　　　　　　　　　　上村　敏之

目　次

第1章　需要と供給　1

1.1　需要曲線と供給曲線 …………………………………… 2
1.2　効用曲線と限界効用曲線 ……………………………… 3
1.3　需要曲線と消費者余剰 ………………………………… 6
1.4　費用曲線 ………………………………………………… 10
1.5　収入曲線と利潤曲線 …………………………………… 12
1.6　限界費用曲線と平均費用曲線 ………………………… 15
1.7　費用曲線と供給曲線 …………………………………… 17
1.8　供給曲線と生産者余剰 ………………………………… 19
■キーワード（21）　復習問題（21）　発展問題（21）
●コラム：資本主義と社会主義のもとでの企業（22）

第2章　市場の働きと価格政策　23

2.1　市場需要曲線と市場供給曲線 ………………………… 24
2.2　市場の価格メカニズムと総余剰 ……………………… 26
2.3　部分均衡分析と一般均衡分析 ………………………… 30
2.4　経済循環と様々な市場 ………………………………… 32
2.5　政府の価格政策①：家賃統制 ………………………… 34
2.6　政府の価格政策②：米価維持政策 …………………… 36
2.7　政府の価格政策③：米の二重価格制度 ……………… 38
2.8　需要曲線の傾きと価格政策 …………………………… 40
2.9　市場の失敗 ……………………………………………… 42
2.10　政府を含む経済循環 …………………………………… 44
■キーワード（46）　復習問題（46）　発展問題（46）
●コラム：需要曲線と供給曲線の「移動」と「シフト」の違い（29）

第3章 公共財 I　47

- 3.1 非競合性と非排除性 …………………………… 48
- 3.2 公共財の分類 …………………………………… 49
- 3.3 競合性と混雑現象 ……………………………… 52
- 3.4 公共財の生産と負担の形態 …………………… 53
- 3.5 公共財の社会的需要曲線 ……………………… 55
- 3.6 公共財の最適な数量の決定 …………………… 58
- 3.7 公共財の最適な負担の決定 …………………… 61
- 3.8 公共財の需要の虚偽の申告 …………………… 63
- ■キーワード（66）　復習問題（66）　発展問題（66）

第4章 公共財 II　67

- 4.1 中央政府と地方政府の役割 …………………… 68
- 4.2 地方分権定理 …………………………………… 72
- 4.3 足による投票 …………………………………… 74
- 4.4 補助金とスピルオーバー ……………………… 77
- 4.5 中位投票者の定理 ……………………………… 80
- 4.6 2大政党制における政策 ……………………… 82
- 4.7 投票による公共財の配分 ……………………… 84
- 4.8 官僚による予算最大化 ………………………… 87
- ■キーワード（89）　復習問題（89）　発展問題（90）
- ●コラム：国と地方の役割分担（70）

第5章 外部性　91

- 5.1 外部性とは何か ……………………………… 92
- 5.2 外部性の具体例 ……………………………… 93
- 5.3 負の外部性の具体例：タバコの喫煙 ………… 95
- 5.4 負の外部性による市場の失敗 ………………… 98
- 5.5 正の外部性の具体例：街灯の明かり ………… 100
- 5.6 正の外部性による市場の失敗 ………………… 104
- 5.7 税と補助金による外部性の内部化 …………… 106
- 5.8 コースの定理 ………………………………… 109

■キーワード（112）　復習問題（112）　発展問題（113）

●コラム：排出権取引（113）

第6章 自然独占　115

- 6.1 完全競争市場の条件 ………………………… 116
- 6.2 不完全競争の市場構造 ……………………… 118
- 6.3 自然独占の形成①：規模の経済 ……………… 119
- 6.4 自然独占の形成②：巨額の固定費用 ………… 123
- 6.5 独占企業の利潤最大化行動 ………………… 126
- 6.6 独占企業への価格規制 ……………………… 130
- 6.7 二部料金制度 ………………………………… 132
- 6.8 価格規制の限界と他の規制手段 ……………… 134

■キーワード（135）　復習問題（136）　発展問題（136）

●コラム：地域独占の地方公営企業（122）

第7章 租　税　137

- 7.1　租税とは何か ……………………………… 138
- 7.2　3つの租税原則 ……………………………… 139
- 7.3　垂直的公平と水平的公平 …………………… 140
- 7.4　累進税と逆進税 ……………………………… 142
- 7.5　犠 牲 説 ……………………………………… 145
- 7.6　課税の転嫁と帰着 …………………………… 149
- 7.7　消費課税の経済効果 ………………………… 151
- 7.8　所得課税の経済効果 ………………………… 153
- 7.9　需要の価格弾力性と最適課税 ……………… 155
- 7.10　特殊な市場への課税 ………………………… 158
- ■キーワード（161）　復習問題（161）　発展問題（161）

第8章 公　債　163

- 8.1　公債と政府の財政運営 ……………………… 164
- 8.2　公 債 の 特 徴 ………………………………… 165
- 8.3　公債と租税の違い …………………………… 166
- 8.4　公債と市場の関係 …………………………… 169
- 8.5　プライマリー・バランス …………………… 174
- 8.6　財政の持続可能性 …………………………… 176
- 8.7　伝統的な公債負担論 ………………………… 181
- 8.8　リカードの等価定理 ………………………… 185
- 8.9　バローの中立命題 …………………………… 187
- ■キーワード（189）　復習問題（189）　発展問題（189）
- ●コラム：日本財政における長期債務残高の累増（172）　長期債務残高対GDP比の国際比較（180）

第9章 所得再分配政策　191

- 9.1 市場による所得分配①　……………………………… 192
- 9.2 市場による所得分配②　……………………………… 193
- 9.3 政府による所得再分配政策　………………………… 196
- 9.4 所得の不平等度　……………………………………… 200
- 9.5 社会厚生①　…………………………………………… 202
- 9.6 社会厚生②　…………………………………………… 204
- 9.7 リスク・シェアリング　……………………………… 208
- 9.8 ターゲット効率性　…………………………………… 210
- 9.9 負の所得税　…………………………………………… 212
- ■キーワード（214）　復習問題（214）　発展問題（215）
- ●コラム：社会保障の規模の急激な増加（199）

第10章 2財モデルによる公共経済学　217

- 10.1 家計による2財の数量の選択①　…………………… 218
- 10.2 家計による2財の数量の選択②　…………………… 221
- 10.3 個別消費税と一般消費税　…………………………… 223
- 10.4 労働供給と所得税　…………………………………… 226
- 10.5 リカードの等価定理（再考）　……………………… 229
- 10.6 特定補助金の一般財源化　…………………………… 232
- 10.7 公共財の効率的な生産　……………………………… 237
- 10.8 公共財と私的財の選択　……………………………… 240
- ■キーワード（243）　復習問題（243）　発展問題（243）

文献案内　………………………………………………………… 245
発展問題の解答例　……………………………………………… 247
索　引　…………………………………………………………… 259
著者紹介　………………………………………………………… 266

第 1 章

需要と供給

　本章では,公共経済学への理解を深めるために,市場の特徴について学ぶ。通常,需要曲線がなぜ右下がりになり,供給曲線がなぜ右上がりになるのかを理解する。また,公共経済学の分析ツールとして重要な概念である消費者余剰と生産者余剰の考え方を身に付ける。余剰の概念を理解することで,経済を分析し,評価できるようになる。

本章のポイント

- ■価格と限界効用が一致するように,家計が財の消費量を決定するとき,通常の需要曲線は右下がりになる。
- ■価格と限界費用が一致するように,企業が財の生産量を決定するとき,通常の供給曲線は右上がりになる。
- ■価格が与えられ,需要曲線と供給曲線が描かれるとき,均衡での消費者余剰と生産者余剰は最大になる。

1.1 需要曲線と供給曲線

高等学校の政治・経済の教科書には，図 1-1 のような**市場**（Market）における需要曲線と供給曲線の図が登場する。図では，縦軸に市場で取引される**財・サービス**（Goods and Services）などの**価格** P，横軸には**数量** X がとられる。右下がりの需要曲線 D と右上がりの供給曲線 S が交わる E 点の**均衡**（Equilibrium）において，**均衡価格** P^* と財の**均衡数量** X^* が決定されることを，思い出してほしい。

とはいえ，どうして需要曲線は右下がりで，供給曲線は右上がりなのだろうか。また，どのようにして均衡価格が決定されるのだろうか。均衡では，市場はどのような状態になっているのだろうか。高等学校の政治・経済では，そこまでの背景を学ぶことができただろうか。

ひょっとすると学ぶ機会があった読者もいるかもしれない。しかしながら，正確に理解せずに，需要曲線と供給曲線の交点で経済が均衡する

■図 1-1　市場における需要曲線と供給曲線

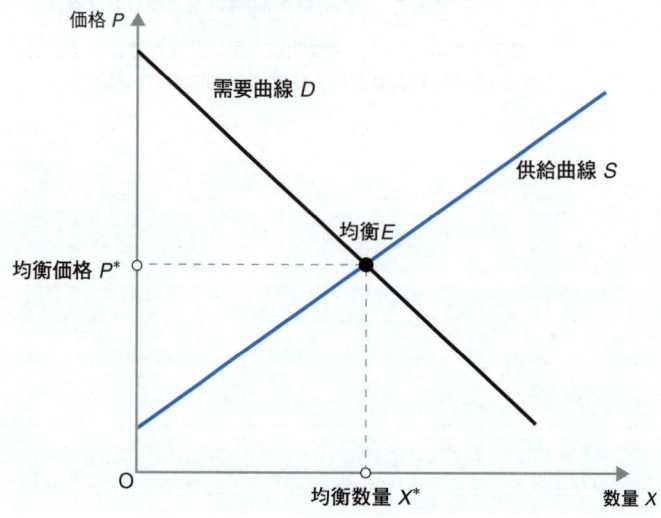

ことを，やみくもに暗記するだけにとどまっていた人が多いのではないだろうか。

　需要と供給について深く知ることは，**公共経済学**（Public Economics）を学ぶ第一歩である。第2章以降で述べるように，公共経済学は**市場の失敗**（Market Failure）を分析の対象とする。市場の失敗とは，簡単に言えば，市場がうまく働かない状況を指しており，そのために政府の介入が検討される。**公共経済学とは，市場の失敗の原因を考察し，どのようにして市場の失敗を解決すべきかを考える学問である。**

　市場の失敗を理解するには，市場の仕組みを理解することが近道である。そこで，本章では，市場における需要曲線と供給曲線について検討する。次節からは需要曲線，続いて供給曲線について詳しく解説する。

1.2　効用曲線と限界効用曲線

　はじめに，需要曲線が右下がりになる理由を考えてみたい。**需要**（Demand）とは，購買力（貨幣などで買うことができる資力）をともなった要求である。消費は代表的な需要の一つであり，購買が可能な消費意欲を示している。

　ある財・サービスの供給に対して，それを消費する需要があれば，市場が成り立つ。ここでは，消費を需要としてとらえ，右下がりの需要曲線を導いていく。

　いま，ある**家計**（Household）があるとする。生計をともにする家族や単身世帯が，ここでの家計に相当する。所得などの購買力をもつ家計は，消費を行うことで生命を維持し，社会的な活動を行う。

　その家計がある財（たとえばたこ焼き）を消費することで，**効用**（Utility）という満足を得る。財の消費量を X，効用を V として表記するとき，**財の消費量 X が増えるほど，効用 V は高まる**。したがって，これらには次のような関係がある。

$$効用\ V = U(X) \tag{1.1}$$

図1-2 上図には，横軸に財の消費量 X，縦軸に効用 V をとり，**効用曲線 $U(X)$** を示している。この家計は，たこ焼きを多く食べるほど，大きな満足を得る。$V = U(X)$ という関数の表記は，効用 V が消費量 X に依存することを意味する。

重要なのは，1つめ（$X=1$）のたこ焼きを食べたときの効用の増分 $\Delta U(1)$ よりも，2つめ（$X=2$）のたこ焼きの効用の増分 $\Delta U(2)$ が小さいことである。ここで，Δ（デルタ）は少しの変化を意味する。**財の消費量 X が増えると，効用の増分 $\Delta U(X)$ は低下していく**。財の消費量の増分 ΔX に対する効用の増分 ΔU の比率によって，**限界効用 MU**（Marginal Utility）を次のように記述できる。

$$限界効用\ MU(X) = \frac{\Delta U(X)}{\Delta X} \tag{1.2}$$

たこ焼きを食べ続けるほど，いま食べた1つのたこ焼きに対する限界効用 MU は減っていく。さらに多くのたこ焼きを食べるほど満腹に近くなり，1つのたこ焼きに対する限界効用は小さくなっていく。このことを**限界効用逓減の法則**（Low of Diminishing Marginal Utility）と呼ぶ。

限界効用 MU を取り出して図示すれば，図1-2 下図のように右下がりの**限界効用曲線 $MU(X)$** を描くことができる。多くの財には，消費すればするほど限界効用が逓減する特徴があるから，以下の展開では，右下がりの限界効用曲線を想定する。

ところで，たこ焼きを消費した家計は，どれぐらい満足しているのだろうか。家計の効用の測定方法を示そう。図1-2 上図によると，財の消費量 $X=1$ のとき，効用は A 点の高さ $U(1)$ で示される。同じく $X=2$ のときは B 点で $U(2)$，$X=3$ のときは C 点で $U(3)$ などとなる。

ここで，C 点の $U(3)$ は，財の消費量 X が1から3までの効用の増分 $\Delta U(X)$ を縦に積み上げた高さ（$\Delta U(1) + \Delta U(2) + \Delta U(3)$）になることに注目したい。

このことを踏まえて，図1-2 下図の限界効用曲線 $MU(X)$ に目を向

■図 1-2　効用曲線と限界効用曲線

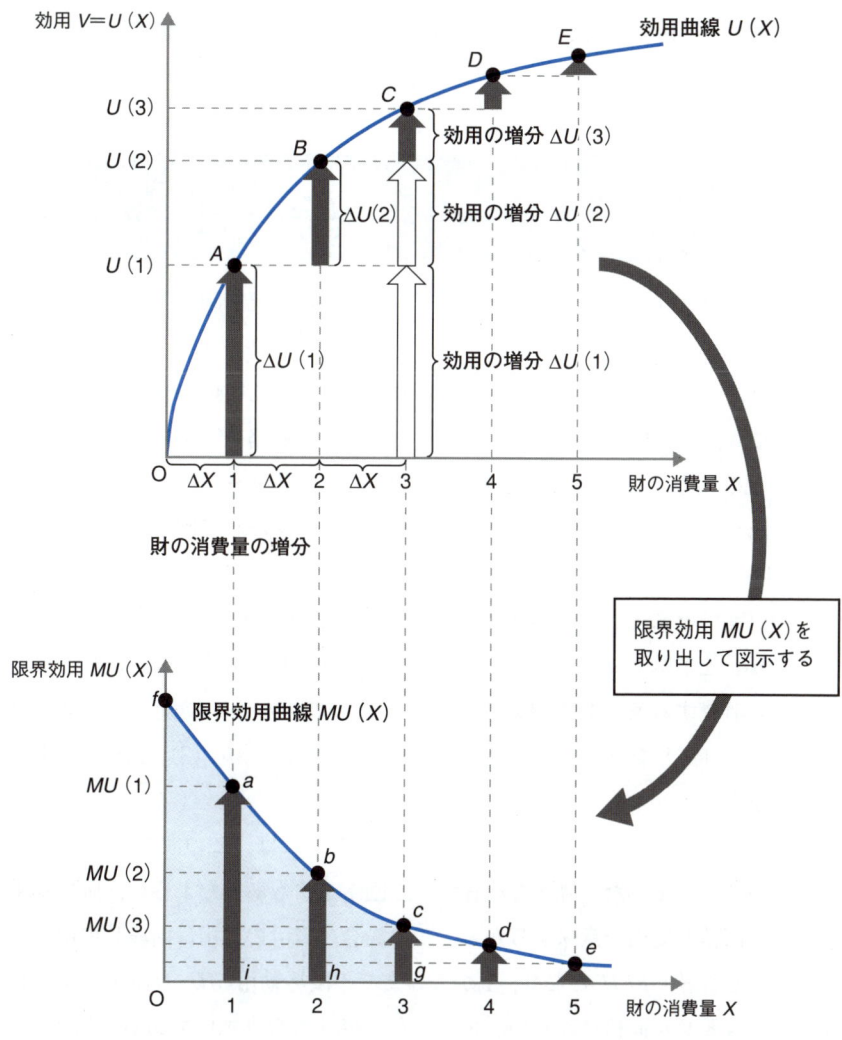

けよう。財の消費量 $X=3$ のとき，この家計の効用 $U(3)$ は面積 $Ogcbaf$ に対応する。面積 $Ogcbaf$ は，1 から 3 までの財の消費量 X の限界効用を横に並べた面積である。

　すなわち，図 1-2 上図では C 点の高さで示された効用 $U(3)$ は，下

図では面積O$gcbaf$で表現できる。同じように，$X=1$のときの効用U(1) は面積Oiaf，$X=2$のときの効用U(2) は面積O$hbaf$などとなる。効用が上図では高さで示されるのに対して，下図では面積で表現されることに着目しよう。

1.3 需要曲線と消費者余剰

　この家計が，たこ焼きを1つずつ消費する状況を図1-3で考えよう。ただし，たこ焼き1つにつき，家計は一定の価格を支払う必要がある。仮に1つ100円だとすると，この家計は1つのたこ焼きを消費する。図には，その様子が描かれている。ここから，価格を徐々に下げていこう。

　90円なら2つ，80円なら3つ，70円なら4つ……のように，価格が低くなるほど，消費量は増える。その様子が階段状で図示されているが，図1-2に登場した右下がりの限界効用曲線の図に似ていることに気づく。

　実のところ，階段を構成する一つひとつの棒グラフは，限界効用MUを意味している。すなわち，価格が100円のとき，1つのたこ焼きを消費する家計の限界効用が，もっとも高く左側に位置する棒グラフMU(1) となっている。価格が90円のときは，MU(2) の限界効用となる。

　仮に，たこ焼き1つの価格が50円だとすれば，この家計はE点において5つまでたこ焼きを消費する。図1-2にもあったように，限界効用の面積が効用を意味するから，この場合の家計の効用は階段状の部分を含む面積OFEHとなり，1から5までの限界効用MUの棒グラフを足し合わせた面積に等しい。また，たこ焼きへの支払いである支出は250円（＝価格50円×消費量5つ）となり，□OFEGで表される薄いブルーの部分である。

　別の観点から，E点について考えてみよう。話を家計がたこ焼きを食べる前に戻す。この家計が自宅にいて，外の商店でたこ焼きを買うつもりになったとしよう。この家計は，価格が100円ならば1つだけ消費

■ 図1-3 価格と消費量の関係

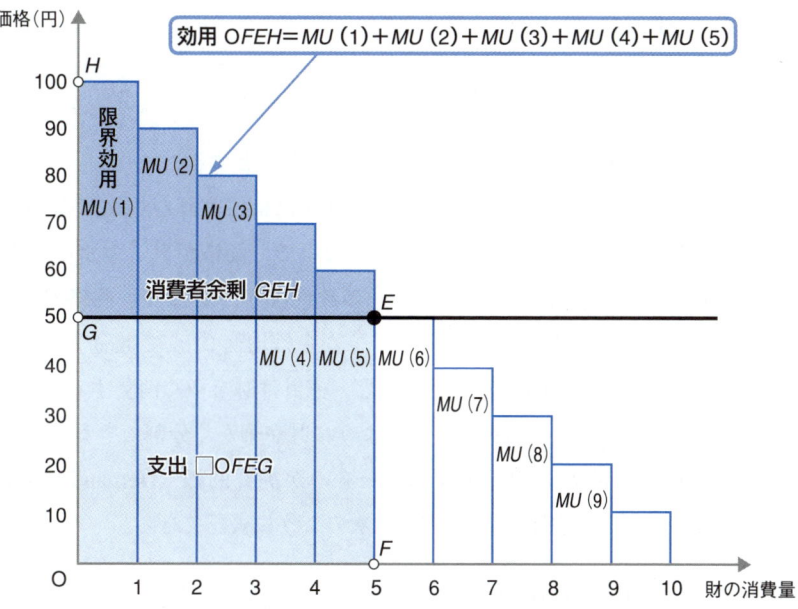

する意思をもっていた。しかし，外出して商店に出かけてみると，実際の価格は50円であった。であれば，この家計は差額の50円（＝100円－50円）を「得」した気分になるだろう。

同様に，価格が90円であったら2つ消費する意思であったが，実際は50円であるので，この場合の「得」は40円（＝90円－50円）となる。このように，自宅での意思表明の価格と，商店での実際の価格50円までの乖離である「得」に相当する濃いブルーの部分を集めれば，階段状の面積 GEH となる。この部分を **消費者余剰**（Consumer Surplus）と呼ぶ。

以上の流れを，より一般的にしてみよう。ある財を追加的に1つ消費するには価格 P を支出する必要がある。家計にとってみれば，財を追加的に1つ消費することで限界効用 MU を得ることができるが，価格 P だけの追加的な支出を強いられる。したがって家計は，限界効用と

価格の相対的な関係から，需要である消費量 X を決定する。

すなわち家計は，均衡において，下記の関係を考慮して需要（消費量 X）を決める。

$$限界効用\ MU(X) = 価格\ P \tag{1.3}$$

ここで価格 P の水準は，家計が操作できないとする。

価格 P が高くなったり低くなったりすれば，家計が均衡で需要する財の消費量 X も変化する。図 1-4 において，価格が P^{**} の水準ならば均衡は F 点で，家計が消費する財の数量は X^{**} となる。価格 P^* ならば均衡 E 点で数量は X^*，価格 P^{***} ならば均衡 G 点で数量 X^{***} である。したがって，価格 P が低いほど，家計は財を多く消費する。

単純化のために，砂糖や醤油のように財が細かく分割できると想定し，価格 P と数量 X の関係を図示したものが**需要曲線**（Demand Curve）である。家計の需要曲線 $D(P)$ は次のように表記できる。

$$需要量\ X = D(P) \tag{1.4}$$

ところで，先の図 1-2 の限界効用曲線 $MU(X)$ は右下がりであった。限界効用と価格 P の関係を考えるならば，需要曲線 $D(P)$ も右下がりになる。

限界効用曲線 $MU(X)$ は，図の横軸の数量 X が与えられたときの家計の限界効用を示す。一方，需要曲線 $D(P)$ は，図の縦軸の価格 P が与えられたときに，家計が消費者余剰を最大化するときの財の需要量（すなわち消費量）を示している。

限界効用曲線と需要曲線は，横軸と縦軸のどちらを基準にするかに違いがあるだけで，コインの表と裏の関係にある。このため本書では，限界効用曲線と需要曲線を同義で用いる。また，図では，需要曲線を右下がりの直線として描いているが，本書において曲線とは，直線を含む意味で用いる。

図 1-4 において，価格 P^* で均衡 E 点のとき，この家計が財の消費量 X^* から得る効用は□OX^*EH で示される。また，家計の支出は

■図1-4 右下がりの需要曲線

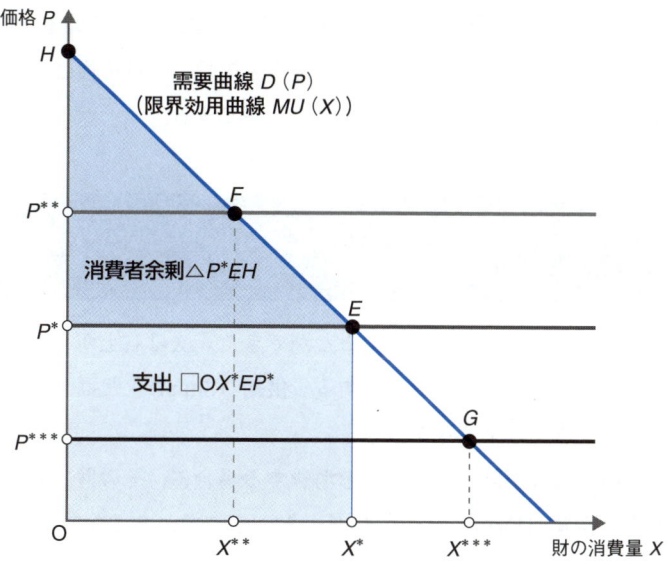

$\square OX^*EP^*$（＝価格 P^* ×数量 X^*）となる。

家計にとって，支出は効用を減らす要素である。したがって，この家計の純粋な効用は，効用の $\square OX^*EH$ から支出の $\square OX^*EP^*$ を差し引いて得られる $\triangle P^*EH$ となる。この部分が消費者余剰であり，家計の純粋な効用を示している。

> 消費者余剰 $\triangle P^*EH$ ＝効用 $\square OX^*EH$ －支出 $\square OX^*EP^*$　　　(1.5)

消費者余剰が大きいほど，家計の純粋な効用が大きい。したがって，価格 P^{***} のときは，均衡 G 点なので消費者余剰は $\triangle P^{***}GH$ となる。価格 P が低いほど，消費者余剰が大きくなることがわかる。

消費者余剰は，家計が消費をする際の「得」した気分を面積で示している。したがって，価格 P^* のとき，消費者余剰を最大にする財の消費量 X^* を選択することが家計の目的となる。このことは，需要曲線 $D(P)$ 上のすべての価格 P において成り立つ。

つまり，需要曲線 $D(P)$ に従って数量 X を決めれば，家計の消費者余剰は最大となっている。需要曲線 $D(P)$ は，家計の消費者余剰を最大にするような価格 P と財の消費量 X の関係を示している。

以上より，通常の需要曲線は，価格を縦軸，数量を横軸に図示した場合に，右下がりの曲線として描くことができる。

1.4 費用曲線

右下がりの需要曲線は描くことができた。次は右上がりの供給曲線を描くための背景について解説する。供給（Supply）とは，財・サービスを提供することを意味する。

市場で家計が財・サービスを消費する場合に，その財・サービスを供給する企業（Firm）の存在を考える。そこで，ある企業が，ある財を生産している状況を考える。

この企業が，その財を生産するには費用（Cost）がかかる。たこ焼きを生産するためには，たこ焼きの材料だけでなく，たこ焼きを焼くための機械の生産ラインと，それを動かす従業員，さらには工場の土地が必要である。

これらの費用は性質によって2種類に分類できる。一つは固定費用 FC（Fixed Cost）であり，いま一つは変動費用 VC（Variable Cost）である。両者を合計したものを総費用 TC（Total Cost）とする。

$$総費用\,TC(X)=固定費用\,FC+変動費用\,VC(X) \qquad (1.6)$$

固定費用 FC とは，その企業が財を生産するか否かにかかわらず，必要とされる費用である。たとえば，たこ焼き工場の土地に対する地代（借地料）は，工場が稼働していなくても費用が発生する。固定費用は少なくとも短期的には動かすことができないとする。

変動費用 VC とは，財の生産量 X によって変化する費用である。そのために，$VC(X)$ のような関数となる。たとえば，たこ焼き工場で働

■図 1-5　費用曲線

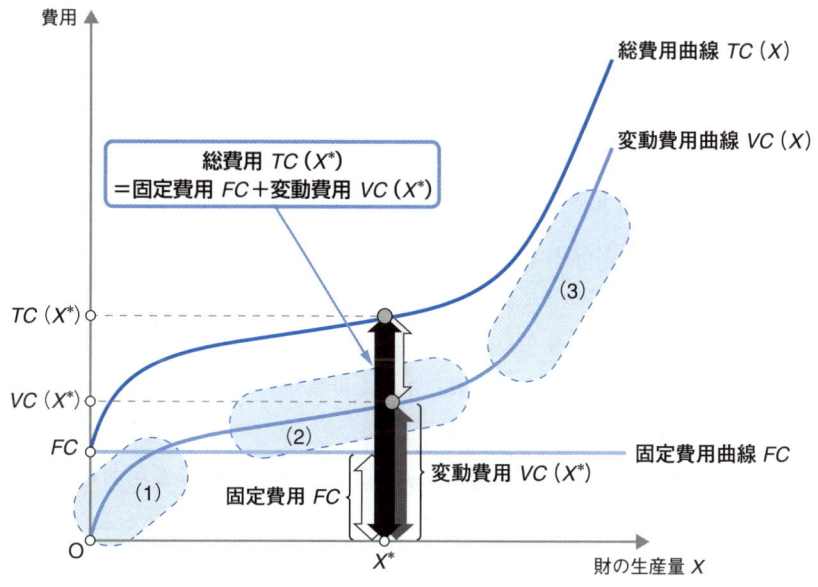

く従業員への給料や，たこ焼き製造の生産ラインを稼働させる費用の大小は，たこ焼きの生産量に左右されるだろう。変動費用は短期的に動かすことができるとする。

図 1-5 は，縦軸を費用，横軸を財の生産量 X とし，各種の費用曲線を示している。固定費用曲線 FC は，財の生産量にかかわらず一定である。変動費用曲線 $VC(X)$ は，財の生産量によって変化する。固定費用曲線と変動費用曲線を縦に足し合わせれば，総費用曲線 $TC(X)$ を得ることができる。

図において，変動費用曲線 $VC(X)$ がＳ字型をしていることに注意したい。変動費用曲線 $VC(X)$ は，(1) 財の生産量 X が少ないときには急激に増加し，(2) 生産量が増えるにつれて増加幅が小さくなった後，(3) 生産量がさらに大きくなると再び急激に増加している。この背景として，一定の敷地面積をもつ工場に，一定の規模の機械が生産ラインに

据え付けられており，それを従業員が動かして財を生産する状況を考えてみる。

(1) 少ない生産量 X を目標とすれば，少ない従業員で十分であるが，生産にはある程度の生産ラインの機械を稼働させなければならないために変動費用 $VC(X)$ がかさむ。(2) 生産量 X の目標が高くなるにつれて，機械を動かす従業員を増やすことができ，機械と従業員がうまく組み合わさることで，効率的な生産が可能となる。そのために，変動費用 $VC(X)$ の増加幅が小さくなる。

(3) さらに大きな生産量 X を目標にするならば，従業員を増やすことになる。しかしながら，工場の面積は一定であり，機械も一定の規模しかなく，増えすぎた従業員は生産を非効率にする。そのために，変動費用 $VC(X)$ の増加幅が大きくなる。

図 1-5 によれば，固定費用曲線 FC が一定で，変動費用曲線 $VC(X)$ がS字型であるから，総費用曲線 $TC(X)$ もS字型になることが示されている。

1.5　収入曲線と利潤曲線

企業が生産を行うには，収入（Revenue）を得なければならない。在庫の発生と管理を無視し，仕入れや卸売りの過程も省略して，生産した生産量 X は直ちに市場で家計が購入すると考えよう。このとき，企業の収入は，価格 P に財の生産量を乗じることで得られる。収入は企業の売上だと考えてもよい。

$$収入 = 価格\,P \times 財の生産量\,X \tag{1.7}$$

この企業は価格 P を操作できないとする。すなわちこの企業は，価格 P を変えるほどの市場への影響力をもっていないとする。

図 1-6 上図では，横軸に財の生産量 X をとり，企業の収入曲線 $P \cdot X$ を描いている。ここで，「・」はかけ算を意味する。仮に，財の生産量

の大小によって価格 P が変動するならば，収入曲線は曲線となる。ただし，ここでの想定では，価格は一定であるから，収入曲線は直線になる。

なお，図1-6 上図において，価格 P^* で財の生産量 X^* のとき，収入は B 点で $P^* \cdot X^*$ となる。このとき，直角三角形 $\triangle OX^*B$ は，底辺 OX^*，高さ $P^* \cdot X^*$ となる。したがって，直角三角形 $\triangle OX^*B$ が原点 O

■図1-6　収入曲線と利潤曲線

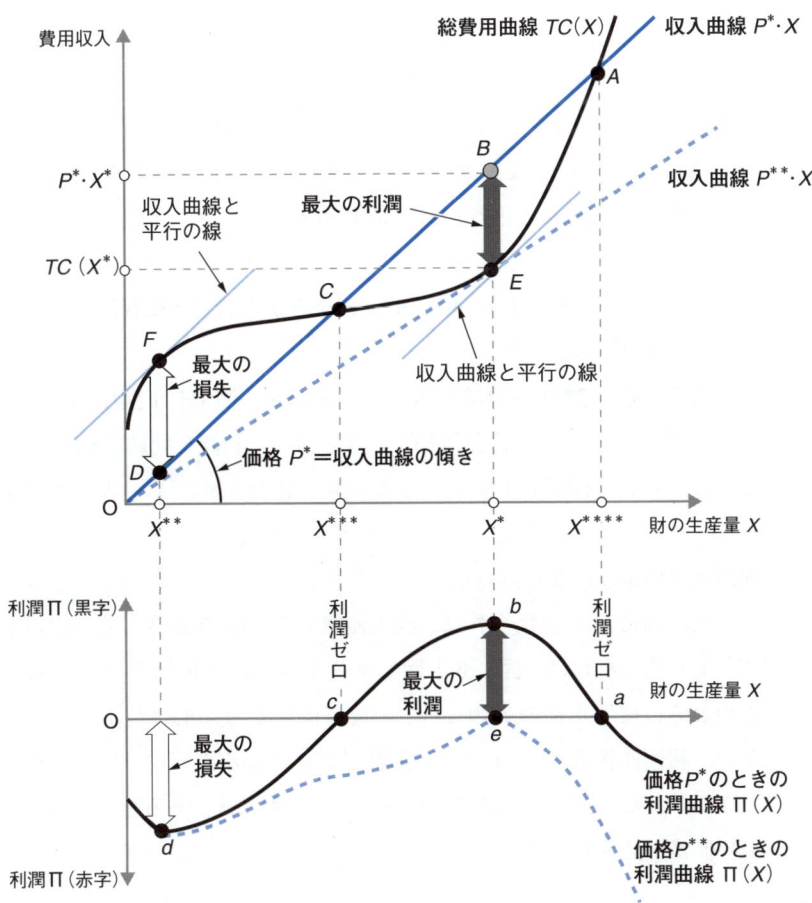

にもつ傾きは P^* となる。なぜなら，三角形の高さ $P^*\cdot X^*$ ÷底辺 $\mathrm{O}X^*$ で傾き（正接もしくはタンジェント）P^* を計算できるからである。

図1-6 上図には，図1-5 で登場したS字型の総費用曲線 $TC(X)$ も示している。このとき，この企業の**利潤** $\Pi(X)$（**Profit**）を計算することができる。

$$利潤\ \Pi(X) = 収入\ P\cdot X - 総費用\ TC(X) \tag{1.8}$$

ただし，財の生産量 X の水準によって，利潤が正にも負にもなる。収入＞総費用ならば正の利潤，収入＜総費用ならば**損失**（**Loss**，負の利潤）となる。

たとえば，価格 P^* で生産量 X^{**} のとき，総費用は F 点で収入は D 点となり，利潤 $\Pi(X^{**})$ は最大の損失となる。逆に，生産量 X^* のとき，総費用は E 点で収入は B 点となり，利潤 $\Pi(X^*)$ は最大となる。これらは，収入曲線と平行の線が総費用曲線 $TC(X)$ と接する点（それぞれ F 点と E 点）に位置している。また，生産量 X^{***} および X^{****} のとき，それぞれ C 点と A 点となるが，収入と総費用は等しくなり，利潤はゼロとなる。

このような利潤 Π の増減を示しているのが，図1-6 下図である。ここでは，収入 $P\cdot X$ から総費用 TC を差し引いた利潤を**利潤曲線** $\Pi(X)$ としてとらえて図示している。ここでも，財の生産量 X の大きさによって，d 点で最大の損失，c 点で利潤ゼロ，b 点で最大の利潤，a 点で利潤ゼロのようになる。

また，価格 P が変化すれば，収入曲線 $P\cdot X$ の傾きが変わる。価格が P^{**} まで低くなれば，図1-6 上図にあるような収入曲線 $P^{**}\cdot X$ となる。このとき，総費用曲線 $TC(X)$ との位置関係から，正の利潤は存在しない。利潤曲線 $\Pi(X)$ は e 点で利潤がゼロとなる以外は，すべて損失となる。したがって，正の利潤を確保するためには，ある程度の水準以上の価格が必要となる。

1.6　限界費用曲線と平均費用曲線

　右上がりの供給曲線を描くために，総費用曲線 $TC(X)$ の特徴をもう少し考察しよう。図1-7 では，総費用曲線から**限界費用** MC（Marginal Cost）と**平均費用** AC（Average Cost）を導出する。限界費用 MC とは，財の生産量 X を1単位増やしたとき（ΔX）に，どれだけ総費用が増えるか（$\Delta TC(X)$）を示している。平均費用 AC とは，財の生産量1単位当たりの総費用として得られる。すなわち，下記のように定式化できる。

$$\text{限界費用 } MC(X) = \frac{\Delta TC(X)}{\Delta X} \qquad (1.9)$$

$$\text{平均費用 } AC(X) = \frac{TC(X)}{X} \qquad (1.10)$$

　図1-7 上図の B 点の場合，総費用は $TC(X_3)$ となり，限界費用は B 点と接する直線の傾き MC_3，平均費用は $TC(X_3)$ を X_3 で除算した傾き AC_3 となる。A 点では限界費用 MC_4 と平均費用 AC_4，C 点では限界費用 MC_2 と平均費用 AC_2，D 点では限界費用 MC_1 と平均費用 AC_1 となる。

　総費用曲線 $TC(X)$ がS字型の形状をしているために，それぞれの限界費用 MC と平均費用 AC には大小関係がある。限界費用の大小関係は $MC_1 > MC_2 < MC_3 < MC_4$ となる。平均費用の大小関係は $AC_1 > AC_2 > AC_3 < AC_4$ となる。なお，$AC_1 > MC_1$，$AC_2 > MC_2$，$AC_3 = MC_3$，$AC_4 < MC_4$ の関係があることも図から読み取れる。これらの大小関係を反映し，縦軸に平均費用 AC と限界費用 MC をとれば，図1-7 下図が描かれる。

　図1-7 下図では，**限界費用曲線** $MC(X)$ と**平均費用曲線** $AC(X)$ が描かれている。先の大小関係によって，財の生産量が少ない X_1 や X_2 の場合には，平均費用曲線（f点とd点）が限界費用曲線（g点とe点）を上回る。財の生産量 X_3 のとき，c 点で限界費用曲線と平均費

■図 1-7 限界費用曲線と平均費用曲線

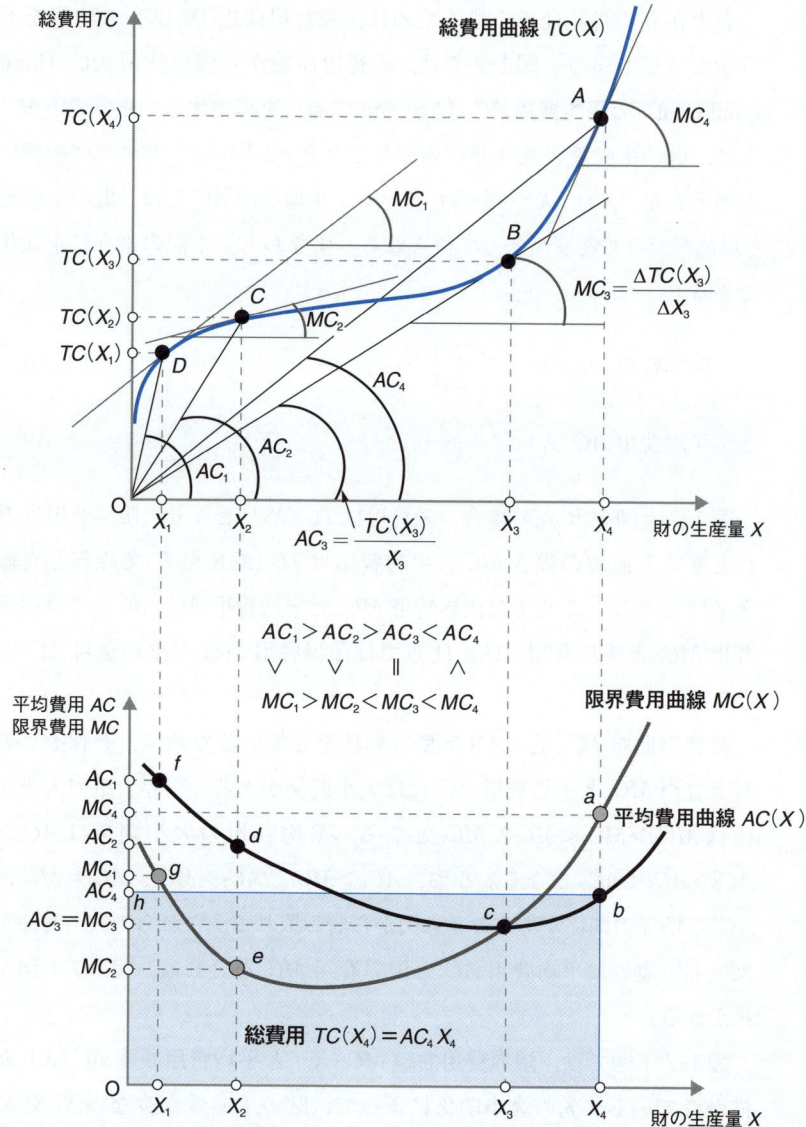

曲線が交わる。このとき，平均費用 AC は最小となる。さらに，財の生産量 X_4 のとき，限界費用曲線（a 点）は平均費用曲線（b 点）を上回る。

なお，財の生産量 X_4 のとき，図 1-7 上図で A 点の総費用の $TC(X_4)$ は，下図では□OX_4bh（＝平均費用 AC_4×数量 X_4）のように表現される。上図では，総費用 TC は高さで表現され，下図では長方形の面積で示されることに注目したい。

1.7 費用曲線と供給曲線

在庫の存在と流通過程を無視すれば，この企業にとって，1つの財を追加的に生産して市場で家計に販売することは，価格 P だけの収入を得ることと同じである。一方，1つの財を追加的に生産すれば，限界費用 MC だけの費用がかかる。

すなわち，生産量が X_A のときに，価格 P ＞限界費用 $MC(X_A)$ であれば，生産量（販売量）を増やすことが利潤を増やすことにつながる。逆に生産量が X_B のとき，価格 P ＜限界費用 $MC(X_B)$ であれば，利潤はマイナスになっており，生産量を抑制しなければならない。

したがって企業は，価格 P と限界費用 $MC(X)$ の相対的な関係から，供給である財の生産量 X を決定する。企業は利潤が最大になるように，生産量 X を決定する。価格 P と限界費用 $MC(X)$ の関係から考えれば，この両者が一致することが，企業の利潤を最大にする生産量となる。したがって，企業は下記の条件を考慮して生産量 X を決めることになる。

$$\text{限界費用 } MC(X)=\text{価格 } P \tag{1.11}$$

このことを，図 1-8 にて示そう。価格が P^* の水準であるとする。このとき，(1.11) 式の条件は，限界費用曲線 $MC(X)$ と価格 P^* の交点 E 点となり，企業の財の生産量は X^* となる。

均衡である E 点では，企業の収入は□OX^*EP^*（＝価格 P^*×生産量

■図 1-8　費用曲線と供給曲線

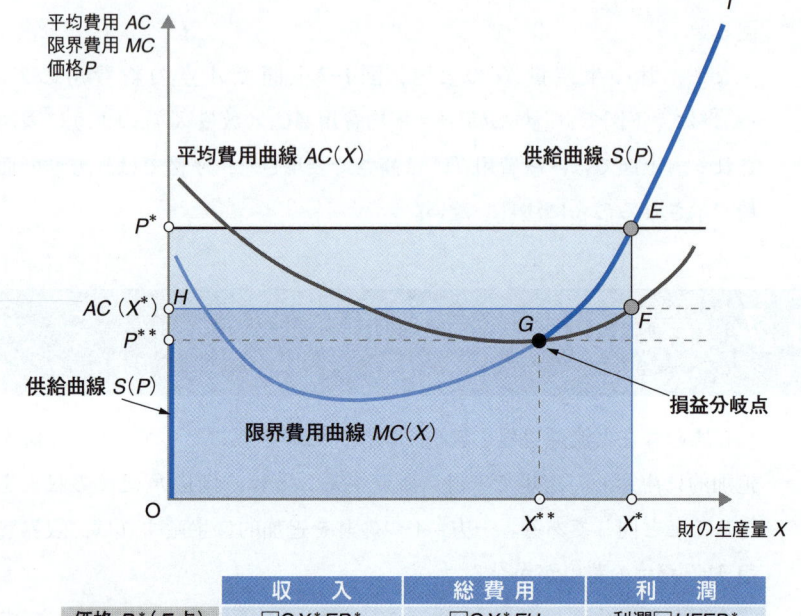

	収　入	総費用	利　潤
価格 P^*（E 点）	□OX^*EP^*	□OX^*FH	利潤□$HFEP^*$
価格 P^{**}（G 点）	□$OX^{**}GP^{**}$	□$OX^{**}GP^{**}$	ゼロ

X^*) で示されることに着目したい。同様に総費用 $TC(X^*)$ は □OX^*FH（＝平均費用 $AC(X^*)$×生産量 X^*）となるから，利潤 $\Pi(X^*)$ は □$HFEP^*$ となる。

　この関係を考えたとき，仮に価格が P^{**} まで低下するならば，利潤 Π はどうなるだろうか。このとき，限界費用 $MC(X)$ と価格 P^{**} が等しくなる条件によって G 点が均衡となり，財の生産量 X^{**} となる。このときの収入と総費用は □$OX^{**}GP^{**}$ で等しくなる。したがって，価格 P^{**} のもとでは，利潤 $\Pi(X^{**})$ はゼロである。

　価格 P^{**} よりも低い価格では，この企業は損失を出してしまう。反対に，価格 P^* よりも高い価格では，この企業は正の利潤を出すことができる。その意味で，G 点は**損益分岐点**（Break-even Point）と呼ばれ

る。損益分岐点は，平均費用曲線 $AC(X)$ の最小点に位置する。この企業は，損失が出るようになれば生産を止めると考えよう。

以上のことを考慮すれば，この企業の**供給曲線** $S(P)$（Supply Curve）を導出できる。**企業の供給曲線** $S(P)$ **とは，与えられた価格** P **の水準をもとにして，利潤を最大にするような価格** P **と生産量** X **の関係である。**

供給量 $X = S(P)$ （1.12）

図1-8で言えば，P^{**} 以上の価格の水準においては，損益分岐点である G 点から限界費用曲線 $MC(X)$ に沿った太い曲線 GEI と，さらには P^{**} よりも低い価格の水準のもとでは太い直線 OP^{**} が，この企業の供給曲線である。後者の直線 OP^{**} に関しては，P^{**} よりも低い価格のもとでは，この企業は生産を行わないと考えているために，財の生産量 X がゼロとなる。

以上を考えれば，限界費用曲線 $MC(X)$ から供給曲線 $S(P)$ が得られていることがわかる。限界費用曲線 $MC(X)$ は，横軸の財の数量 X が与えられたときの企業の限界費用を示している。一方，供給曲線 $S(P)$ は，価格 P が与えられたとき，企業の利潤を最大化するときの財の供給量（すなわち生産量）を示している。

限界効用曲線と需要曲線の関係と同様に，限界費用曲線と供給曲線もコインの裏と表の関係にあることがわかる。本書では，単純化のために，限界費用曲線と供給曲線を同義に用いる。

1.8　供給曲線と生産者余剰

簡単化のため，供給曲線 $S(P)$ を直線にして図示すれば図1-9のようになる。価格 P^* のとき，供給曲線における均衡は E 点となり，企業の財の生産量は X^* となる。同じく，価格 P^{**} のときの均衡は G 点，価格 P^{***} のときの均衡は F 点となる。これらを結ぶことで，右上がり

■図 1-9 供給曲線と生産者余剰

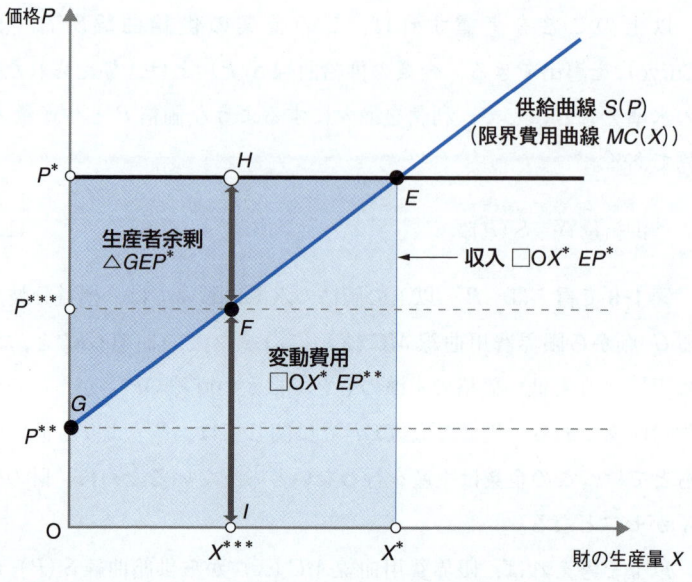

の供給曲線を得ることができる。

価格 P^* のとき，財の生産量は X^* となり，企業の収入は □OX^*EP^* となる。このとき，△GEP^* は**生産者余剰**（Producer Surplus）と呼ばれる。ここで，生産者余剰の意味について考察しよう。

仮に，価格 P^* のもとで，この企業が生産量 X^{***} しか生産しない F 点を選んでいるとしよう。この部分の供給曲線 $S(P)$ は限界費用曲線でもあるので，生産量 X^{***} のもとでの限界費用は IF となる。財の生産量を1つ増やすと，価格 P^* だけ収入が増え，限界費用は IF だけ増える。この場合，価格 P^* ＞限界費用 $MC(X^{***})$ となり，企業は FH だけの「得」を得ていると言える。

このことを考えれば，生産者余剰△GEP^* とは，価格 P^* のもとでの企業の「得」を集計したものに相当することがわかる。価格 P^* のもとで，「得」する部分を最大にするために，この企業は，生産量 X^{***} で

はなく，X^* まで生産量を増やす。結果として，均衡 E 点において，生産者余剰は最大となる。

なお，図で□OX^*EP^{**} は，価格 P^* で生産量 X^* のもとでの変動費用 $VC(X^*)$ を意味する。なぜなら，生産量によって変動する限界費用曲線 $MC(X)$ が供給曲線 $S(P)$ であり，供給曲線から下側の面積を原点 O から X^* まで足し合わせた面積は変動費用の合計となるからである。すなわち，下記の関係が成立する。

$$
\begin{aligned}
&生産者余剰 \triangle GEP^* \\
&\quad = 収入 \square OX^*EP^* - 変動費用 \square OX^*EP^{**}
\end{aligned} \tag{1.13}
$$

生産者余剰を最大にすることは，利潤 Π を最大にすることと同じ意味をもっている。そのため，生産者余剰を最大にする財の生産量 X^* を達成することが，この企業の目的となる。

以上より，通常の供給曲線は，価格を縦軸，数量を横軸に図示した場合に，右上がりの曲線として描くことができる。

キーワード

市場，財・サービス，価格，数量，均衡，均衡価格，均衡数量，公共経済学，市場の失敗，需要，家計，効用，効用曲線，限界効用，限界効用逓減の法則，限界効用曲線，消費者余剰，需要曲線，供給，企業，費用，固定費用，変動費用，総費用，費用曲線，固定費用曲線，変動費用曲線，総費用曲線，収入，収入曲線，利潤，損失，利潤曲線，限界費用，平均費用，限界費用曲線，平均費用曲線，損益分岐点，供給曲線，生産者余剰

復習問題

(1) なぜ，通常の需要曲線は右下がりなのか。効用曲線を用いて説明せよ。
(2) なぜ，通常の供給曲線は右上がりなのか。費用曲線を用いて説明せよ。

発展問題

(1) 需要曲線の傾きが急な場合，効用曲線はどのような形状になっている

か。
(2) 損益分岐点よりも価格が低くなっても，企業は生産を止めずに操業を続ける可能性がある。それはなぜだろうか。
(3) 生産者余剰＝利潤＋固定費用であることを示せ。

> ❖コラム　資本主義と社会主義のもとでの企業
>
> 本章で登場した企業は，財の価格の情報をもとにして，利潤を最大にするように，生産量を決定している。つまり，生産量の決定は，企業の自由に委ねられている。
>
> このような仕組みは，資本主義の経済がもつ特徴である。日本やアメリカをはじめとする多くの国々では，資本主義の経済が基礎となっている。
>
> 一方，資本主義とは異なる経済の仕組みとして，社会主義を採用した国も多くあった。たとえば，かつてのソビエト連邦，中華人民共和国，東欧諸国が例として挙げられる。
>
> 社会主義のもとでの企業は，生産量を自由に決定できない。生産量を計画して指示するのは中央の政府である。政府はそれぞれの企業に対して生産量の指示を出し，企業はその目標を達成するように生産を行うのである。
>
> ところが，政府の指示通りに生産ができるとは限らない。社会主義を採用した国家では，ある財については生産過剰，他の財では生産不足になるなどといった問題が多く発生した。
>
> 社会主義のもとで，企業をうまく運営するには，企業の収入もしくは費用の構造を政府が知り尽くす必要がある。しかし，政府にはそれほどの能力はなかった。企業の生産の現場にいる人の知識を有効に利用できず，社会主義による実験は失敗した。社会主義の衰退を受けて，1989年のベルリンの壁の崩壊や，1991年のソビエト連邦解体などが起こった。
>
> 本章は資本主義のもとでの企業を想定しており，社会主義のもとでの企業とは根本的に異なることを理解しておきたい。

第2章

市場の働きと価格政策

本章では，市場の価格メカニズムによって均衡が達成される様子を理解する。均衡においては，消費者余剰と生産者余剰を合わせた総余剰が最大になっていることを確認する。その上で，政府が価格を固定化する価格政策が，市場にどのような影響を与えるかについて考察し，市場への政府の介入が余剰を減らし，資源配分の効率性を損ねることを理解する。

本章のポイント

- ■市場需要曲線と市場供給曲線は，個々の家計の需要曲線と個々の企業の供給曲線を，横軸に沿って足し合わせることで得ることができる。

- ■市場において価格メカニズムが機能する場合は，超過供給や超過需要を解消させるように，価格が上下することで均衡が実現する。

- ■価格メカニズムによる均衡では総余剰が最大となっており，効率性の面からもっとも望ましい資源配分を市場は達成している。

- ■政府による価格政策は，超過負担を発生させるので，効率性の観点からは望ましくないことが，余剰の分析によって理解できる。

- ■政府の価格政策による超過負担の大きさは，需要曲線と供給曲線の傾きに左右される。

2.1　市場需要曲線と市場供給曲線

　ロビンソン・クルーソーは，離島にてたった1人で生活した。一方，通常の家計は，集合することで社会を構成している。1人で自給自足の生活を行うよりも，多くの財・サービスが売買される市場にて取引をしたほうが，よりよい生活を送ることができる。

　社会では，数多くの家計が市場に参加し，財・サービスを消費している。個々の家計は，特定の財に対する需要曲線をもっている。その財の市場では，個々の家計の需要が集まってくる。

　また，社会では，数多くの企業が市場に参加し，財・サービスを生産している。個々の企業は，特定の財に対する供給曲線をもつことがある。その財の市場では，個々の企業の供給が集まってくる。

　このことを考えれば，第1章の図1-1で登場した市場における需要曲線 D と供給曲線 S は，個々の家計の需要曲線ではなく，個々の企業の供給曲線でもない。個々の家計の需要曲線を集計しなければ，**市場需要曲線**（Market Demand Curve）は得られない。同じように，個々の企業の供給曲線を集計しなければ，**市場供給曲線**（Market Supply Curve）は得られない。

　まずは市場の需要曲線から考えよう。いま，社会に家計Aと家計Bだけがいて，ある財を消費する状況を考える。図2-1には，ある財に対する家計Aと家計Bの需要曲線が $D_A(P)$ と $D_B(P)$ のように別々に描かれている。

　ここで価格が P^* の水準であったとする。家計Aの財の消費量は X_A，家計Bの消費量は X_B となる。このとき，**市場需要曲線 $D(P)$ は，個々の家計の需要曲線を横軸に沿って足し合わせることで得ることができる**。市場需要曲線 $D(P)$ によると，価格 P^* のもとで，家計の総消費量は $(X_A + X_B)$ となる。この例では，2つの家計に限っていたが，家計の数がより多くても，同じように市場需要曲線 $D(P)$ を描くことができる。

2.1 市場需要曲線と市場供給曲線

■図 2-1 個々の家計の需要曲線と市場需要曲線

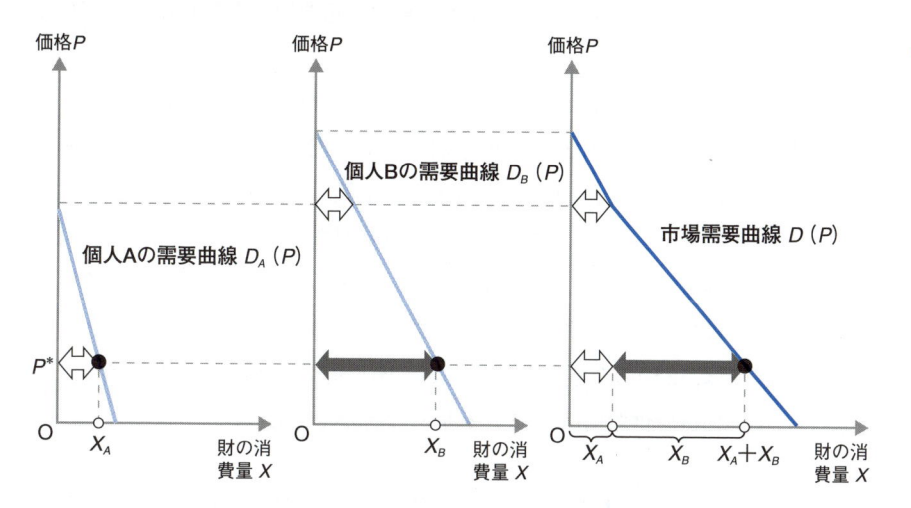

■図 2-2 個々の企業の供給曲線と市場供給曲線

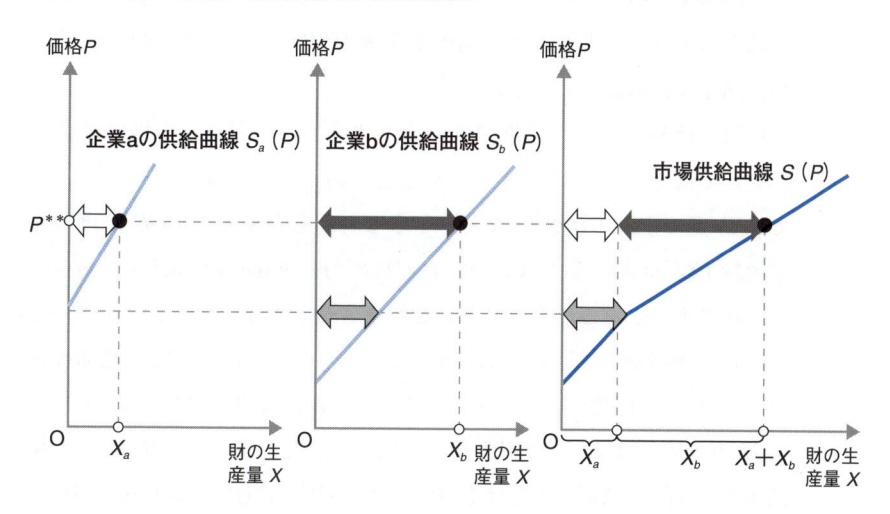

同様に，個々の企業の供給曲線を集計することで，市場供給曲線を得ることができる。社会には，数多くの企業が存在し，複数の企業が同じ財を生産していることがある。そのような場合，市場供給曲線を得るためには，同じ財を生産する個々の企業の供給曲線を集計しなければならない。

いま，社会に企業 a と企業 b があり，同じ財を生産しているとする。図 2-2 には，両者の企業の供給曲線が $S_a(P)$ と $S_b(P)$ のように描かれている。ここで，価格 P^{**} のとき，企業 a は財の生産量 X_a，企業 b は生産量 X_b となる。このとき，市場供給曲線 $S(P)$ は，両者の供給曲線を横軸に沿って足し合わせることで得ることができる。市場供給曲線 $S(P)$ によると，価格 P^{**} のもとでは，生産量 (X_a+X_b) となる。この例では，2つの企業に限定しているが，企業の数がより多くても，同じように市場供給曲線 $S(P)$ を描くことができる。

2.2 市場の価格メカニズムと総余剰

以上の手続きで得られた市場需要曲線 $D(P)$ と市場供給曲線 $S(P)$ が，図 2-3 に描かれている。

仮に，価格が P^{**} の水準であるとしよう。このとき，市場供給曲線 $S(P)$ では F 点で企業は X_S^{**} の生産量であるが，市場需要曲線 $D(P)$ では G 点で家計の消費量は X_D^{**} しかない。したがって，GF だけの**超過供給** $(X_S^{**}>X_D^{**}$ または $S(P^{**})>D(P^{**}))$（Excess Supply）が発生する。超過供給がある場合は，それを解消させるようにして価格が下がる。

また，価格が P^{***} の水準にあるとする。このとき，市場供給曲線 $S(P)$ は I 点で企業は X_S^{***} の生産量であるが，市場需要曲線 $D(P)$ では H 点で家計は X_D^{***} の消費量を要求する。したがって，IH だけの**超過需要** $(X_S^{***}<X_D^{***}$ または $S(P^{***})<D(P^{***}))$（Excess Demand）が発生する。超過需要がある場合は，それを解消するように価格が上がる。

価格が上下することにより，超過供給や超過需要が解消されるとき，

■図 2-3 市場の価格メカニズム

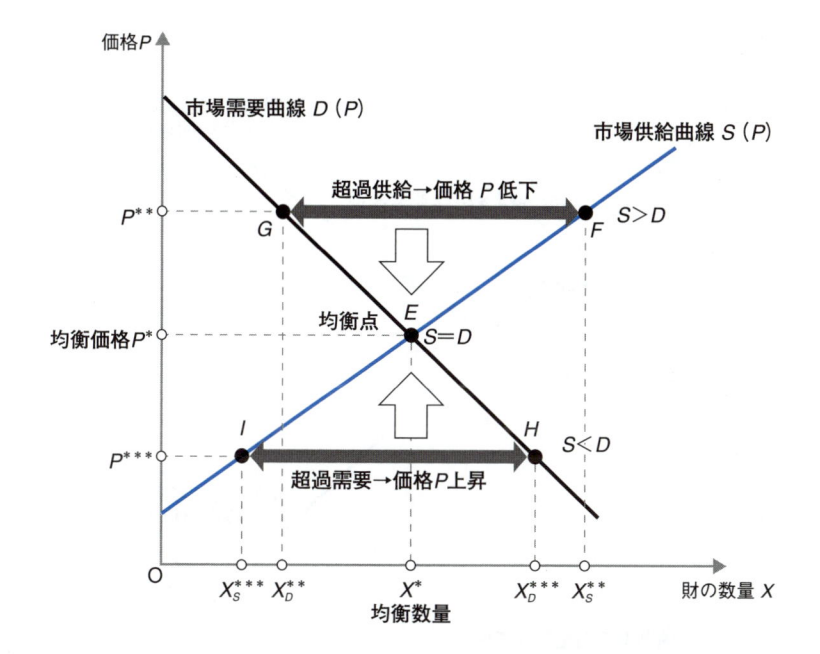

市場需要曲線と市場供給曲線が交わる**均衡**（点 E）が実現する。このとき，**均衡数量** X^* で供給と需要が一致して，**均衡価格**が P^* の水準で決定する（$S(P^*)=D(P^*)$）。

このようにして達成された市場の均衡では，経済はどのような状態になっているのだろうか。

図 2-4 には，均衡における消費者余剰と生産者余剰が示されている。市場需要曲線と市場供給曲線が交わる均衡点 E において，経済は均衡する。第1章の1.3節では，家計は（1.3）式：限界効用 $MU(X)=$ 価格 P で財の消費量 X を決定した。また，企業は（1.11）式：限界費用 $MC(X)=$ 価格 P で財の生産量 X を決定した。

すなわち市場では，

$$限界効用\ MU(X)=限界費用\ MC(X)=価格\ P \tag{2.1}$$

■ 図 2-4 消費者余剰と生産者余剰

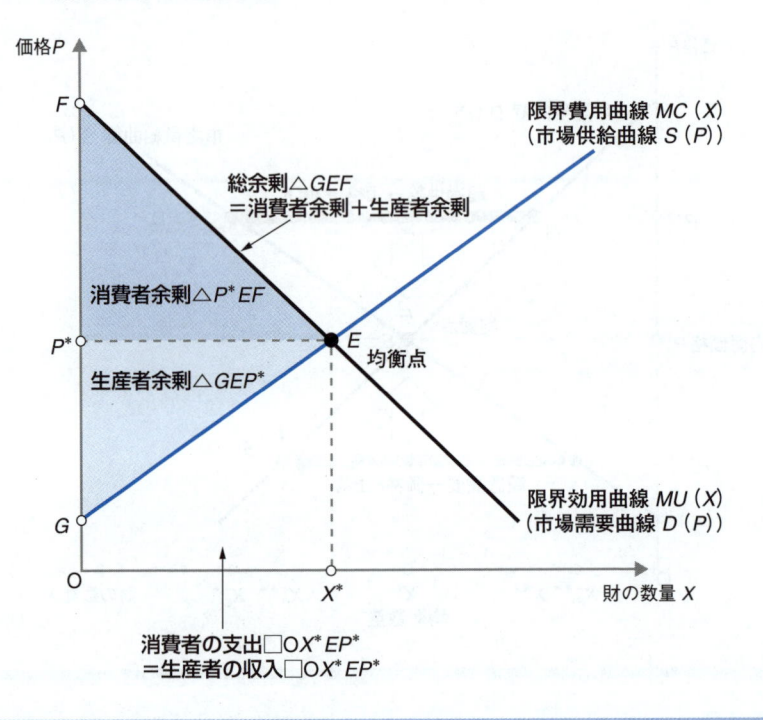

[図：縦軸 価格 P、横軸 財の数量 X。右下がりの直線が限界効用曲線 $MU(X)$（市場需要曲線 $D(P)$）で点 F から点まで伸びる。右上がりの直線が限界費用曲線 $MC(X)$（市場供給曲線 $S(P)$）で点 G から伸びる。両曲線の交点が均衡点 E、均衡価格 P^*、均衡数量 X^*。総余剰 $\triangle GEF$ ＝消費者余剰＋生産者余剰。消費者余剰 $\triangle P^*EF$、生産者余剰 $\triangle GEP^*$。消費者の支出 $\Box OX^*EP^*$ ＝生産者の収入 $\Box OX^*EP^*$。]

が成立するように，財の数量 X が決まる。図 2-4 において均衡価格は P^*，均衡数量は X^* となる。また，家計は $\Box OX^*EP^*$ を支出し，企業も同じく $\Box OX^*EP^*$ の収入を得ている。

均衡において，消費者余剰は $\triangle P^*EF$，生産者余剰は $\triangle GEP^*$ となる。消費者余剰は家計の純粋な効用を意味し，均衡で家計は最大の満足を得ている。また，生産者余剰は企業の利潤に近い概念であり，均衡で企業は最大の利潤を得ている。

消費者余剰と生産者余剰を足し合わせた概念が**総余剰**（Total Surplus）である。総余剰は，その市場におけるすべての経済主体（この場合は家計と企業）の余剰を集計したものである。

$$総余剰\triangle GEF=消費者余剰\triangle P^*EF+生産者余剰\triangle GEP^* \quad (2.2)$$

図では，総余剰は△GEFとなり，均衡においては総余剰も最大となっている。均衡で総余剰が最大となることは，取引される数量が過剰でもなく過小でもなく，効率性の面からもっとも望ましい資源配分を，市場が達成していることを意味する。したがって，市場がうまく機能するとき，もっとも高い**資源配分の効率性**が実現する。

> ❖コラム 需要曲線と供給曲線の「移動」と「シフト」の違い
>
> 　需要曲線は一般的に$D(P)$と表現され，価格Pが変化すれば需要Dが変化することを意味する。価格Pが高くなれば需要Dは減少し，逆に価格Pが低くなれば需要Dは増加する。下の左図にあるように，この動きは需要曲線$D(P)$に沿った「移動」である。
>
> 　供給曲線$S(P)$も同様である。価格Pが高くなれば供給Sは増加し，価格Pが低くなれば供給Sは減少する。下の右図にあるように，この動きは供給曲線$S(P)$に沿った「移動」である。
>
> 　それでは，価格P以外の要因が変化したとき，需要曲線$D(P)$と供給曲線$S(P)$はどのように動くのだろうか。家計が需要曲線，企業が供給曲線をもつ財・サービス市場を想定して考えてみよう。
>
> 　たとえば，家計の所得の増加や，その財が流行（家計の嗜好が変化）することは，需要曲線を動かす。これらは価格P以外の要因なので，先のような需要曲線に沿った「移動」にはならない。左図にあるように，所得

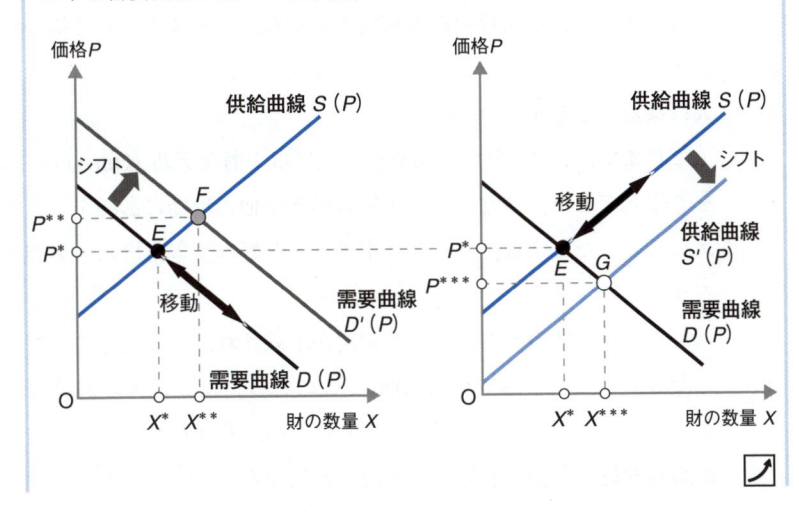

の増加や流行の場合は，需要曲線が右に「シフト」し，新しい需要曲線 $D'(P)$ となる。逆に家計の所得の減少や，その財の流行が終われば，需要曲線は左へ「シフト」する。

また，企業の生産技術が高まり，費用を節約できるようになれば，供給曲線が動く。これも価格 P 以外の要因であり，右図にあるように，この場合は供給曲線が右へ「シフト」し，新しい供給曲線 $S'(P)$ となる。逆に，企業の費用が増えるようになれば，供給曲線は左へ「シフト」する。

「シフト」によって均衡点が変わる。当初は E 点であったが，左図では F 点，右図では G 点が新たな均衡点となる場合を描いている。双方とも財の均衡数量（左図は X^{**}，右図は X^{***}）は増えるものの，新たな均衡価格（左図は P^{**}，右図は P^{***}）は両者で逆の動きとなる。

需要曲線と供給曲線を考える際に，「移動」と「シフト」の区別は重要である。価格 P による要因は「移動」であり，価格 P 以外の要因は「シフト」となることを知っておけば，需要曲線と供給曲線の図をより有効に使うことができる。

2.3　部分均衡分析と一般均衡分析

ここまで，市場需要曲線と市場供給曲線がどのようにして描かれ，価格メカニズムの働きによって均衡が達成され，均衡においては余剰が最大になることを示した。

これまで，1つの財の市場を取り上げる **1財モデル**（One-good Model）を考察してきた。通常，ある市場の動きは他の市場に影響を与えると考えられる。たとえば，たこ焼き市場は，お好み焼き市場にも影響するだろう。

たこ焼き企業の努力によって費用が削減され，たこ焼きの価格が低下したとしよう（本章コラム参照）。このとき，たこ焼きの需要は増えるが，お好み焼きの需要は減るかもしれない。そうなれば，たこ焼き市場がお好み焼き市場に影響を与えたことになる。

■図 2-5　部分均衡分析と一般均衡分析

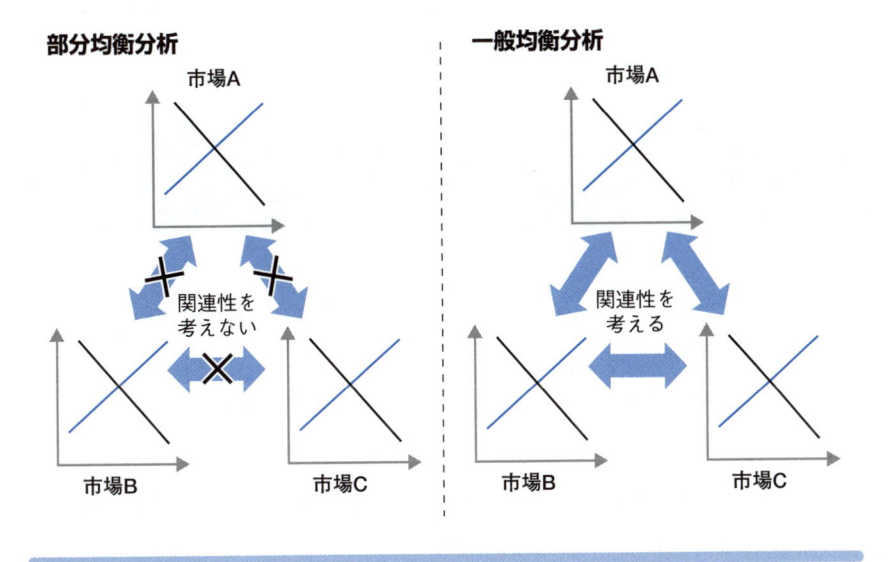

部分均衡分析

市場A

関連性を考えない

市場B　　市場C

一般均衡分析

市場A

関連性を考える

市場B　　市場C

　1 財モデルは，他の市場の動きを無視している。「他の条件が等しい」と仮定して，1 財モデルのように 1 つの市場を扱う経済分析が**部分均衡分析**（Partial Equilibrium Analysis）である。これに対して，複数の市場の関連性を考慮する経済分析を**一般均衡分析**（General Equilibrium Analysis）と呼ぶ。**図 2-5** に概念図を描いている。

　もちろん，一般均衡分析のほうが，経済分析の手法としては高度であり，洗練されている。かといって，部分均衡分析が分析手法として使いものにならないという訳ではない。一般均衡分析は複雑になりがちであり，一般均衡分析で考える際にも，部分均衡分析の考え方を基礎にする必要がある。

　したがって，入門レベルの経済学の場合，部分均衡分析による考察ができれば十分である。また，部分均衡分析が理解できなければ，一般均衡分析も理解できない。そのため，本書の第 9 章までは，1 財モデルによる部分均衡分析を主に用いて公共経済学を展開する。

　複数の市場を考慮する一般均衡分析を理解するには，まずは**2 財モデ**

ル（Two-good Model）を理解しなければならない。そこで，本書の第10章においては，部分均衡分析にもとづく1財モデルから離れ，2財モデルによって公共経済学のトピックスを扱う。

2.4　経済循環と様々な市場

　さて，これまでに扱ってきた市場では，企業によって生産され，家計によって消費される財を想定してきた。このような財は，**財・サービス市場**（Goods and Services Market）に属している。このことを確認するために，**図2-6**を参照されたい。図には，**経済循環**と市場の関係が描かれている。

　経済主体を家計と企業に限定したとき，家計と企業の間には，市場を通した取引がなされている。企業が生産した財・サービスは財・サービス市場に供給される。家計による代表的な需要は財・サービス市場にお

■図2-6　経済循環と市場

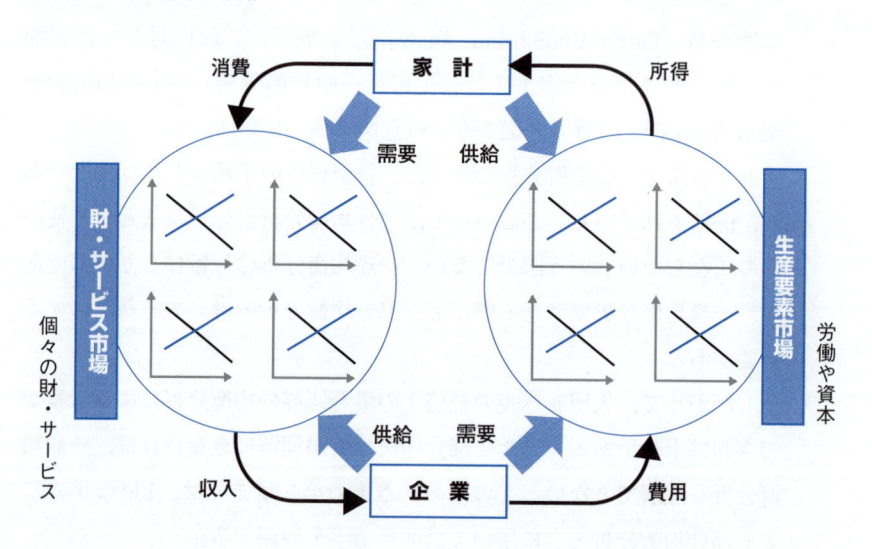

ける消費である。需要と供給が一致するように，財・サービス市場の価格が決められる。

無数の財・サービスが，財・サービス市場で取引されている。個々の財・サービスにおいて，個々の市場が成立している。たこ焼きであればたこ焼き市場，お好み焼きであればお好み焼き市場である。ボールペン市場や英会話サービス市場などもある。それらをすべて集計すれば，財・サービス市場となる。

また，企業が財・サービスを生産するためには，労働や資本といった**生産要素**（Factor of Production）が必要である。その生産要素を企業に供給するのが家計である。これらを取引するのが，**生産要素市場**（Factor Market）である。

たとえば，**労働市場**（Labor Market）では，家計の労働供給と企業の労働需要が出会い，均衡では価格である**賃金率**（Wage Rate）が決定される。賃金率が決まれば，家計は**労働所得**（Labor Income）を得る。

資本市場（Capital Market）はやや複雑である。経済学で資本とは，生産に寄与する機械設備や工場などの物的資本を通常は意味する。資本を購入するのは企業であるが，その資金を供給するのは投資家の顔をもつ家計である。

たとえば，家計がもつ預貯金は，金融機関を通して，間接的に企業に貸し出される。このとき，家計の資金供給と企業の資金需要が一つの資本市場を形成し，均衡では安全資産（預貯金など）の収益率が決定される。

もしくは，家計は直接，企業の株式または社債を購入することで，直接的に企業に資金を供給することもある。このときも，家計の資金供給と企業の資金需要が，一つの資本市場を形成し，均衡では危険資産（株式や社債など）の収益率が決定される。

投資家たる家計は，最大の収益が得られるように，自らの資金を安全資産と危険資産に振り分けるだろう。これらの資産が資本市場の供給となり，資金を欲する企業の需要と出会うことで，資本市場の価格である**利子率**（Interest Rate）が決定される。利子率が決まれば，家計は**資本**

所得（Capital Income）を得る。資本所得には，安全資産からの利子所得や，危険資産からの配当所得などがある。

財・サービス市場では通常，需要側は家計で供給側は企業である。生産要素市場では，需要側は企業，供給側は家計である。市場を考察する際には，家計と企業のどちらが需要側か供給側かを意識することが重要である。

2.5　政府の価格政策①：家賃統制

以降では，部分均衡分析の理解を深めるために，政府による価格政策（Price Policy）の経済効果を考察する。家計や企業に加えて，政府は重要な経済主体である。政府は規制（Regulation）によって市場に介入し，価格を固定することがある。

たとえば，最低賃金制度は，労働市場における賃金率が最低賃金よりも低くならないように統制を図る政策である。対象は労働市場であるから，価格は賃金率，数量は労働であり，需要側は企業で供給側は家計となる。最低賃金制度の意図は，労働者が不当に低い賃金で働くことのないようにするものである。このとき，企業は賃金率の下限を決められてしまう。

他の価格政策の例としては，家賃，地代，タクシー代，ガス料金，電気料金，鉄道運賃やバス運賃などへの統制がある。これらの価格政策は，家計の負担を抑制することに意図がある。これらは財・サービス市場に所属し，需要側は家計で供給側は企業となる。

以上のような価格政策によって，市場はどのような影響を受けるのだろうか。ここでの例は家賃統制である。

図 2-7 では，横軸に借家の数量 X，縦軸が家賃 P として，借家市場を考えている。借家に対する需要曲線 $D(P)$ は右下がりで，借家の供給曲線 $S(P)$ は右上がりとしよう。政府が介入せずに価格メカニズムに委ねる場合，均衡は E 点となり，家賃は P^*，数量は X^* となる。

■図 2-7 家賃統制の経済効果

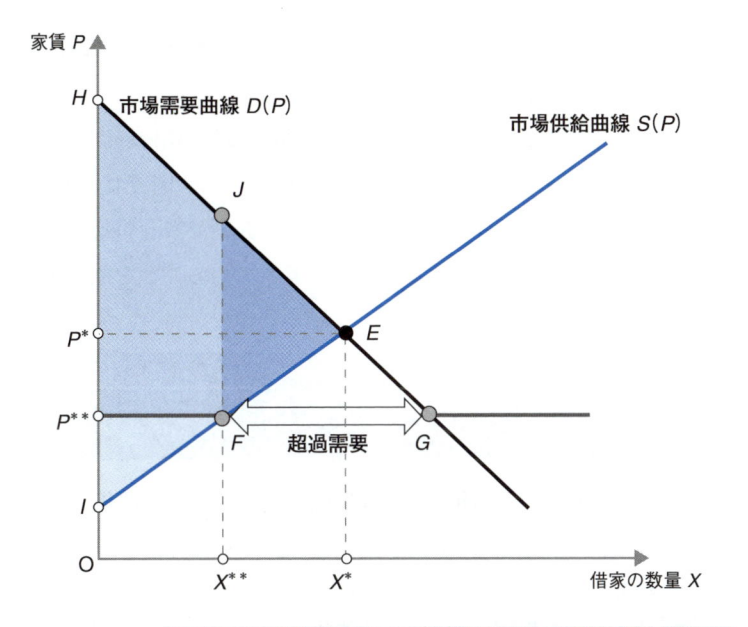

	消費者余剰	生産者余剰	総余剰	超過負担
市場メカニズム	△P^*EH	△IEP^*	△IEH	なし
価格政策を実施	□$P^{**}FJH$	△IFP^{**}	□$IFJH$	△FEJ

この均衡点 E において，消費者余剰は△P^*EH，生産者余剰は△IEP^*，総余剰は△IEH となる。

ここで，政府が家賃を統制することで，家賃 P^* よりも低い P^{**} に抑制する状況を想定する。このような家賃統制を行うのは，特に低所得者にとっては，割高な家賃 P^* よりも低い P^{**} が好ましいからである。

家賃 P^{**} のとき，供給は F 点で数量は X^{**} となる。家計の需要は G 点であり，多くの需要が生まれるにもかかわらず，借家は F 点のもとで数量 X^{**} しか供給されない。したがって，家賃を下げることには成功にしたが，取引数量は減少してしまった。

そのため市場には，FG だけの超過需要が発生する。このときの余剰はどうなっているだろうか。消費者余剰は□$P^{**}FJH$，生産者余剰は

△IFP^{**} となり，総余剰は□$IFJH$ となる。

価格メカニズムによって家賃が決まる場合の総余剰は△IEH，家賃統制が行われたときの総余剰は□$IFJH$ となる。すなわち，価格メカニズムに委ねるほうが総余剰は大きい。

政府の介入によって失われた余剰を**超過負担**（Excess Burden）もしくは死荷重的損失（Deadweight Loss）と呼ぶ。図では，超過負担は△FEJ となる。超過負担の発生は，政府の介入で家計の効用や企業の利潤が失われ，資源配分の効率性が損なわれていることを意味する。

2.6　政府の価格政策②：米価維持政策

2つめの例として，図2-8には米市場における需要曲線と供給曲線が描かれている。家計は米を需要し，農家が米を供給する。縦軸の価格 P は米価，横軸の数量 X は米の数量である。

政府の介入がない場合，米価は価格メカニズムによって決められる。このとき市場は，需要曲線 $D(P)$ と供給曲線 $S(P)$ が交わる E 点において均衡し，米価は P^* となる。消費者余剰は△P^*EH，生産者余剰は△IEP^*，総余剰は△IEH となる。

ここで，生産者である農家を保護するために，政府が米価を P^{**} の水準に固定したとしよう。米価 P^{**} と供給曲線が交わる G 点で供給がなされるから，農家の米の生産量は X^{***} となる。しかしながら，米価 P^{**} と需要曲線は J 点で交わり，家計の米の消費量は X^{**} にとどまってしまう。

したがって，米価を P^{**} に維持するならば，JG の超過供給が発生する。超過供給は米の生産量が消費量に比べて多すぎることを意味するが，多すぎる米の生産量を抑制する必要が出てくる。

そこで，政府は農家に生産量の抑制を指示する。生産できるのに休耕地をつくって生産量を減らす減反政策である。図2-8のように，X^{**} の水準にまで米の生産量が抑制されるのであれば，家計の消費量 X^{**} と

■図 2-8　米価維持政策の経済効果

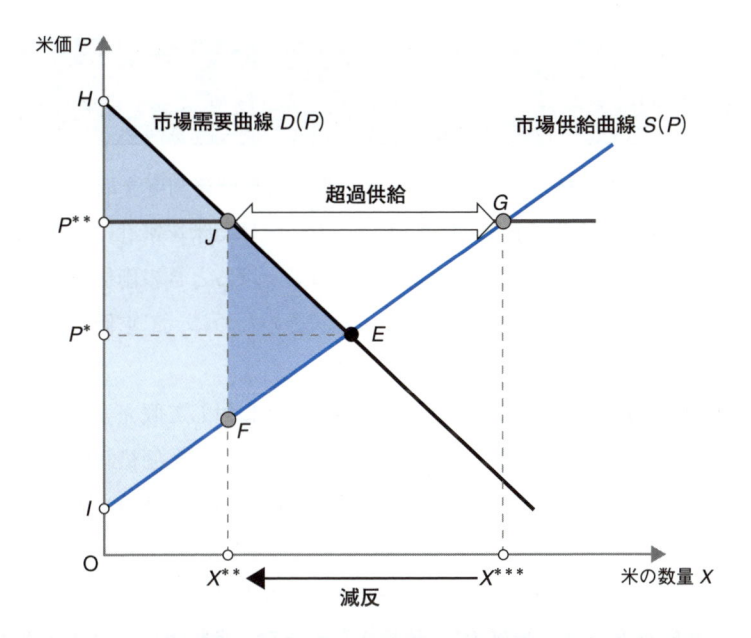

	消費者余剰	生産者余剰	総余剰	超過負担
価格メカニズム	△P^*EH	△IEP^*	△IEH	なし
価格政策を実施	△$P^{**}JH$	□$IFJP^{**}$	□$IFJH$	△FEJ

同じ水準になるため，超過供給は解消される。

　米価維持政策は余剰を変化させる。このとき，消費者余剰は△$P^{**}JH$，生産者余剰は□$IFJP^{**}$，総余剰は□$IFJH$ となる。したがって，価格メカニズムによって米価を決める場合に比べて，超過負担が△FEJ だけ発生する。

　以上のように，価格メカニズムがうまく機能する場合に比べて，政府が価格を意図的に統制するような政策には，超過負担の発生が避けられない。超過負担は家計の効用や企業の利潤が失われていることを意味しており，資源配分の効率性の観点からは望ましくない。このように，余剰を分析することで，政府の政策を資源配分の効率性の視点から評価す

ることができる。

2.7　政府の価格政策③：米の二重価格制度

3つめの価格政策の例としては、米の二重価格制度を取り上げる。農家が生産した米を政府が買い上げ、買い上げた米を家計に販売する政策である。このとき、政府が農家から買い上げるときの価格と、家計に対して販売するときの価格に差がある。そのために、二重価格制度と呼ばれる。

政府が農家から買うときの価格は、家計に対して販売するときの価格よりも高い。したがって、政府は赤字を覚悟で二重価格制度を実施することになる。図2-9には、米の二重価格制度のもとでの米市場を描いている。

まず、政府が介入しない価格メカニズムの場合を確認しておく。均衡はE点となり、米価P^*、数量X^*となる。消費者余剰は$\triangle P^*EH$、生産者余剰は$\triangle IEP^*$、総余剰は$\triangle IEH$である。

続いて、政府が二重価格制度を導入する場合を考察する。政府は農家に対して米価P^{**}で米を買い取る。このとき、米価P^{**}と市場供給曲線$S(P)$が交わるG点において、数量X^{**}だけの米が生産される。したがって、価格メカニズムによる数量X^*よりも、大きな数量の米が生産されることになる（$X^*<X^{**}$）。

数量X^{**}の米を政府が買い取りに要する金額は□$OX^{**}GP^{**}$で表される。これは農家が受け取る収入に等しい。政府は買い取った米を家計に売却するが、そのときの米価はP^{***}に設定されるとしよう。つまり売却価格P^{***}は買い取り価格P^{**}よりも低いとする（$P^{***}<P^{**}$）。

このとき、家計の需要曲線$D(P)$と米価P^{***}の交わるF点において、数量X^{***}の米が消費される。家計が政府に対して支払う金額は□$OX^{***}FP^{***}$となり、これは政府の収入となる。

政府の収入□$OX^{***}FP^{***}$よりも支出□$OX^{**}GP^{**}$のほうが大きいた

■図 2-9 米の二重価格制度の経済効果

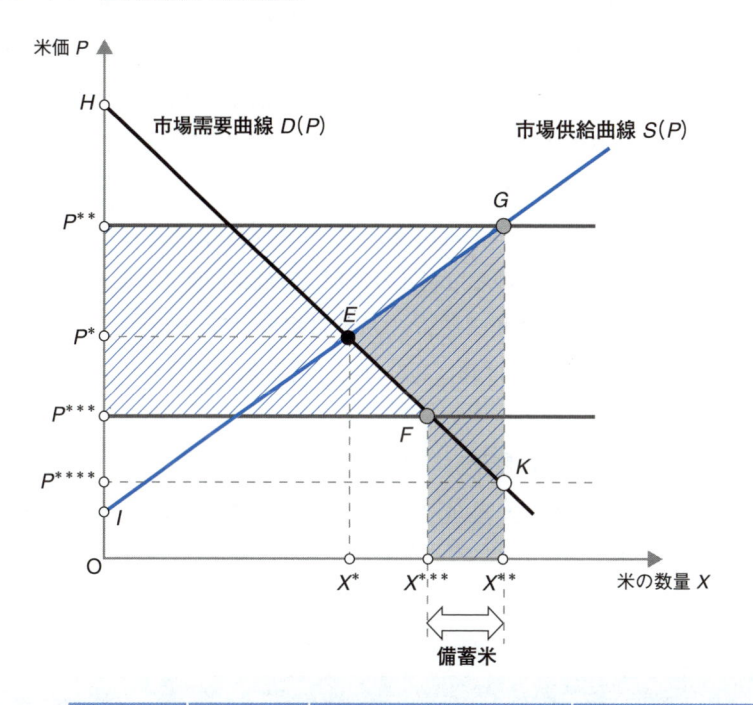

	消費者余剰	生産者余剰	総余剰	超過負担
価格メカニズム	△P^*EH	△IEP^*	△IEH	なし
価格政策を実施	△$P^{***}FH$	△IGP^{**}	△$P^{***}FH$＋△IGP^{**}－面積 $X^{***}X^{**}GP^{**}P^{***}F$	面積 $X^{***}X^{**}GEF$

め，政府は赤字を抱えることになる。政府の赤字は斜線で示した面積 $X^{***}X^{**}GP^{**}P^{***}F$ となる。

図 2-9 では，生産される数量 X^{**} よりも，消費される数量 X^{***} は少ない（$X^{**}>X^{***}$）。そのため，政府は両者の差（$X^{**}-X^{***}$）の備蓄米を抱える。もちろん，政府は備蓄米をゼロにするように，家計へ販売する米価を設定することもできる。その場合の米価はより低い P^{****} に設定しなければ，備蓄米をすべて売却することはできない（K 点で備蓄米はゼロになる）。

このような二重価格制度において，消費者余剰は△$P^{***}FH$，生産者

余剰は△IGP^{**}となる。しかしながら，政府が斜線の面積$X^{***}X^{**}GP^{**}P^{***}F$の赤字を抱えており，これをまかなうためには，国民に租税などの負担を課す必要がある。政府の赤字はマイナスの総余剰となる。したがって，二重価格制度における総余剰は，消費者余剰△$P^{***}FH$に生産者余剰△IGP^{**}を加え，政府の赤字である面積$X^{***}X^{**}GP^{**}P^{***}F$を差し引いて得られる。

価格メカニズムによる均衡E点での総余剰は△IEHであった。二重価格制度のもとでの総余剰との差が二重価格制度による超過負担であり，グレーの部分の面積$X^{***}X^{**}GEF$に相当する。政府による農家への買い取り価格Pが高ければ高いほど，備蓄米の数量が大きいほど，超過負担は大きくなる。

以上のような余剰分析により，政府が市場に介入する場合には，超過負担の発生が避けられないことがわかる。超過負担の発生は，家計の効用と企業の利潤がそれだけ奪われており，効率性の観点から望ましい資源配分がなされていないことを意味する。

2.8 需要曲線の傾きと価格政策

政府による価格政策によって，超過負担がどの程度生じるかは，市場需要曲線と市場供給曲線の状況に依存している。

具体的には，市場需要曲線と市場供給曲線の傾きによって，超過負担の大きさが変わってくる。ここでは，需要曲線の傾きに注目しよう。需要曲線の傾きを表現する指標に，需要の価格弾力性（Price Elasticity of Demand）がある。需要の価格弾力性は下記の式で求められる。

$$需要の価格弾力性 = -\frac{需要の変化率（\%）}{価格の変化率（\%）} \quad (2.3)$$

なお，右辺にマイナスをつけるのは，通常，価格弾力性は絶対値で示されるからである。

たとえば，たこ焼きの価格が1個当たり100円のとき，たこ焼きの需

■図 2-10　需要曲線の傾きと価格政策

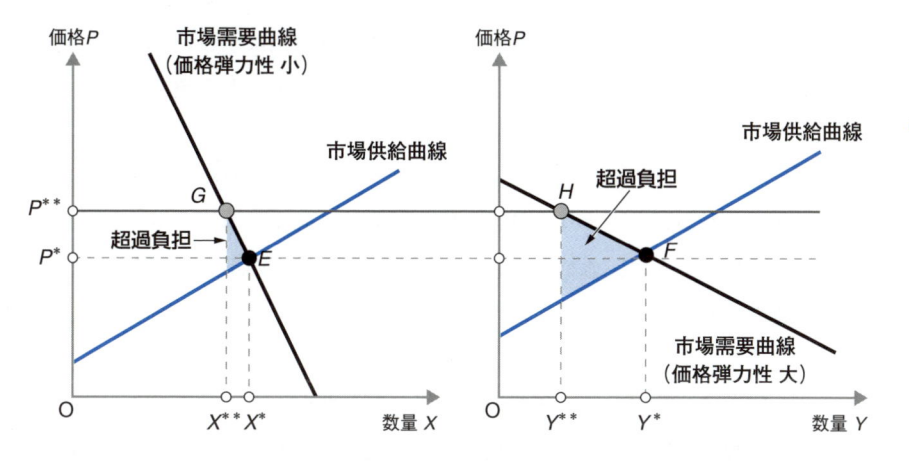

要が 50 個だとする。また，価格が 105 円になったとき，需要は 40 個だとする。価格が 100 円から 105 円に変わるとき，価格の変化率は 5%（＝(105−100)/100），需要の変化率は −20%（＝(40−50)/50）である。このとき，需要の価格弾力性は 4（＝−(−20%)/5%）となる。

図 2-10 には，需要の価格弾力性が小さい場合と大きい場合の市場需要曲線が左右に描かれている。需要の価格弾力性が小さい場合，需要曲線の傾きは急になる。反対に，需要の価格弾力性が大きい場合，需要曲線の傾きは緩やかになる。なお，市場供給曲線は双方の場合ともに同じ形状とする。

価格メカニズムによる場合，図 2-10 の左の図では E 点，右の図では F 点に均衡が決まる。価格は P^* であり，それぞれの数量は X^* と Y^* となる。ここで，政府が米価維持政策のように，価格を高く設定するとしよう。たとえば価格を P^{**} に設定するならば，市場需要曲線に従って，家計は消費の数量を抑制することになる。

図 2-10 の左の図では G 点で数量 X^{**}，右の図では H 点で数量 Y^{**} が家計の消費量となる。結果的に，図においてブルーで示される三角形の部分が超過負担であり，それだけ総余剰が失われることになる。

ここで注目したいのは，需要の価格弾力性の違いによって，超過負担の大きさに差があることである。図 2-10 の左の図のように，需要の価格弾力性が小さい場合，価格政策による超過負担は小さい。一方，右の図の需要の価格弾力性が大きい場合は，価格政策による超過負担は大きくなる。

　たとえば，生活必需品は，価格が高くても生活のために消費しなければならない。このような財の市場需要曲線は価格弾力性が小さい。生活必需品のように，価格の動きに対して需要の反応が小さい場合は，価格政策にともなう超過負担が小さくなる。米は生活必需品であるから，価格政策による超過負担は小さいかもしれない。

　反対に，贅沢品は，価格が高くなれば消費が大きく減少する。このような財の市場需要曲線は価格弾力性が大きい。贅沢品のように，価格の動きに対して需要の反応が大きい場合は，価格政策にともなう超過負担が大きくなる。

　また，市場供給曲線についても，価格弾力性の大小が，価格政策にともなう超過負担の大きさを決定する。

2.9 市場の失敗

　以上のように，余剰の概念を用いれば，政府の政策を資源配分の効率性の観点から評価することができる。市場需要曲線や市場供給曲線の価格弾力性の大小により，超過負担の大きさに差はあるものの，政府が市場に介入する価格政策は，総余剰を減らす。このように考えれば，価格政策は望ましい政策とは言えないと考えられる。

　この判断は，市場がうまく機能する場合には，資源配分の効率性の観点から正しいと言える。総余剰は家計の効用と企業の利潤で構成されるため，価格政策はこれらを減らす。価格政策は，過剰な数量もしくは過小な数量をもたらし，望ましい資源配分を達成できない。そのために価格メカニズムに委ねることが必要となる。

しかしながら，市場がうまく機能しない場合，すなわち**市場の失敗**が発生する場合は，価格メカニズムを利用できない。このようなケースには，第3章以降に取り扱う**公共財**，**外部性**，**自然独占**の3つがある。

仮に価格メカニズムが働く市場であったとしても，政府が価格政策に介入することがある。それを正当化するには，資源配分の効率性とともに，公平性の概念で理解しなければならない。

価格メカニズムによって達成される均衡において，家計全体の消費者余剰は最大になっている。しかしながら，経済には多くの家計が存在していることを思い出さねばならない。図 2-1 において，市場需要曲線は個々の家計の需要曲線を集計したものであった。そのため，市場の消費者余剰も多くの家計の消費者余剰を単純に足し合わせているだけである。

たとえば，家計 A と家計 B の 2 人の経済において，均衡における市場の消費者余剰が 100 であったとしよう。このとき，家計 A の消費者余剰は 95，家計 B の消費者余剰は 5 であるかもしれない。このような消費者余剰の配分は，公平性があると言えるだろうか。

すなわち，**市場で価格メカニズムが機能する場合は，資源配分の効率性は最大に重視されるものの，公平性が満たされていない可能性がある**。政府が公平性を重視するならば，市場に介入する政策が実施されることがある。

低所得者に低家賃の住宅を与えることや，労働者の賃金の最低水準を決めることは，政府が公平性を考えて実施している。しかし，公平性を重視すれば，超過負担が発生し，資源配分の効率性が阻害される。このように，**効率性と公平性はトレード・オフ（二律背反）の関係にある**。

政府による公平性の追求は，特に所得再分配政策において顕著に現れる。所得再分配とは，ある経済主体の所得や富を他の経済主体に移転することであり，具体的には税制や社会保障制度が該当する。政府による所得再分配政策は，非常に大きな規模で実施されている。本書でも，後の第9章で所得再分配政策を取り上げる。

さらに，政府の政策は，そのほとんどにおいて，財源が必要である。政府の財源には，大きく分けて租税と公債がある。租税と公債について

2.9 市場の失敗

も，第7章と第8章で取り上げる。

2.10　政府を含む経済循環

家計と企業が市場によって結びつく経済循環に，政府も大きく関わっている。図 2-11 は，政府を含む経済循環を示している。黒い矢印は財・サービスの流れ，グレーの矢印は貨幣の流れを示している。

政府は，様々な経済活動を行うために家計や企業から資金を調達する。政府は家計と企業から，租税や社会保障負担（公的年金，医療，介護などの保険料負担）を徴収する。それらを基本的な原資として，家計や企業に公共財を供給するだけでなく，家計に社会保障給付（公的年金，医療，介護などの給付）を与えたり，特定の企業に補助金を与える活動を行う。

経済循環を眺めれば，政府が経済主体に対して影響を与えているだけでなく，政府自身も経済主体として市場に影響を与えていることがわかる。政府が経済活動を行うためには，生産要素市場から労働と資本を雇用しなければならない。公務員がその典型例である。また，家計や企業と同様に，政府も財・サービス市場において消費や投資を行っている。このように経済循環では，家計，企業，政府といった経済主体が市場を巡って関係している。

なお，家計と企業を民間部門（Private Sector）と呼ぶのに対して，政府は公的部門（Public Sector）に属している。国際連合が国民経済を把握するために定めた国民経済計算（The System of National Accounts）による分類では，公的部門は一般政府と公的企業・公的金融機関に区別される。一般政府はさらに中央政府，地方政府，社会保障基金に分けられる。具体的には，中央政府は国，地方政府は地方自治体，社会保障基金は公的年金，労働保険や医療保険などの社会保障を指している。これらによって，公共財の供給や社会保障給付がなされている。

公的企業や公的金融機関は，政府が出資することで所有している企業

2.10 政府を含む経済循環

■図 2-11　政府を含む経済循環

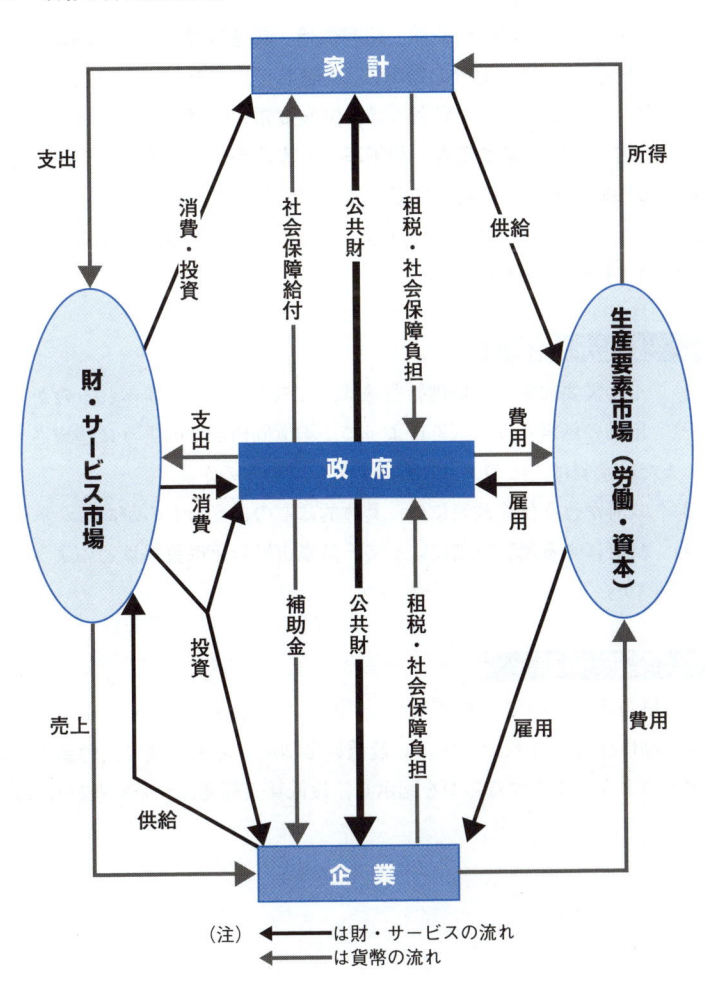

(注) ←━━ は財・サービスの流れ
　　 ←─── は貨幣の流れ

や金融機関であり，公団，公庫，公社などがある。また，地方自治体が関わる水道事業，交通事業，電気事業，ガス事業なども含まれる。

> **キーワード**

市場需要曲線，市場供給曲線，超過供給，超過需要，均衡，均衡価格，均衡数量，総余剰，資源配分の効率性，1財モデル，部分均衡分析，一般均衡分析，財・サービス市場，経済循環，生産要素，生産要素市場，労働市場，賃金率，労働所得，資本市場，利子率，資本所得，価格政策，規制，超過負担，需要の価格弾力性，市場の失敗，公共財，外部性，自然独占，民間部門，公的部門，国民経済計算，一般政府，公的企業・公的金融機関，中央政府，地方政府，社会保障基金

> **復習問題**

(1) 市場需要曲線と市場供給曲線は，どのようにして得られるのか。
(2) 市場の価格メカニズムによって，均衡価格がどのように達成されるのか。また総余剰は，どのような意味をもっているのか。
(3) 政府が行う価格政策には，具体的にどのようなものがあるか。
(4) 政府による家賃統制によって，借家市場の超過負担はどのように発生するのか。

> **発展問題**

労働市場において，市場メカニズムで決まる賃金率よりも高い水準に最低賃金制度が導入されたとする。最低賃金制度の導入前後で，労働市場の均衡がどのように変化するのかを図示し，最低賃金制度について考察せよ。

第3章

公共財 I

　本章では、公共財について学ぶ。政府は公共財と呼ばれる公共サービスの数量を決定している。企業が供給する私的財と公共財との違いは何か、公共財の負担はどのようにして決定されるのか、といった内容について考察する。さらに、公共財の需要に対して虚偽の申告を行う家計が存在する場合に、効率的な資源配分が達成されない状況についても検討する。

本章のポイント
- 財・サービスは、競合性と排除性の有無によって区分でき、特に純粋公共財は非競合性と非排除性をもつ。
- 公共財の社会的需要曲線は、個々の家計の公共財の需要曲線を縦軸に沿って足し合わせることで得られる。
- 政府が最適な公共財の数量を決定する場合、需要曲線に従って家計の負担が決まる。
- リンダール・メカニズムでは、家計の負担率をもとにして、公共財の数量が決定される。
- 家計が虚偽の申告をする場合は、最適な公共財の数量が選択できず、効率的な資源配分が達成できない。

3.1 非競合性と非排除性

いま，1枚のお好み焼きがあるとする。家計Aがお好み焼きを食べてしまえば，家計Bがそのお好み焼きを食べることはできない。お好み焼きのような**私的財**（Private Goods）は，誰かが消費してしまえば，他の人は消費できないという**競合性**（Rivalness）を特徴としてもつ財・サービスである。いま，家計Aと家計Bのみの社会があるとする。

私的財は競合性をもつから，家計Aの消費量 X_A，家計Bの消費量 X_B とするとき，社会全体の私的財の消費量 X は，下記のようになる。

$$X = X_A + X_B \tag{3.1}$$

すなわち，各家計の消費量の合計が，社会全体の消費量となる。このことは，家計の数がより増えても成立する。

ところが，**公共財**（Public Goods）と呼ばれる財・サービスは，競合性をもたない。たとえば警察サービスによる治安の維持は，家計が安心を得るのに必要なサービスである。ここで，家計Aと家計Bが住む社会において，警察サービスが供給されているとする。このとき，家計Aが警察サービスによって安心を得たとしても，家計Bの安心が減ることはない。双方の家計は，同じように安心を得ている。

家計Aと家計Bは同じだけ警察サービスを消費できる。通常，家計Aと家計Bの消費は競合しない。このような財・サービスの特徴を**非競合性**（Non-Rivalness）と呼ぶ。公共財は非競合性をもつから，家計Aの消費量 Y_A，家計Bの消費量 Y_B とするとき，社会全体の公共財の消費量 Y は，下記の通りとなる。

$$Y = Y_A = Y_B \tag{3.2}$$

すなわち，各家計の警察サービスの消費量は，すべて等しくなるという**等量消費**が成立する。このことは，家計の数がより増えても変わらない。

さて，1舟のたこ焼きがあるとしよう。当初，家計Aがたこ焼き1舟

を 500 円で購入した。それを見た家計 B が，そのたこ焼きを食べたい，と言い出した。しかし，対価を支払ったのは家計 A であるから，対価を支払っていない家計 B がたこ焼きを食べることはできない。このように，対価を支払わない者を消費から排除することが技術的または物理的に可能なことを**排除性**（Excludability）と呼ぶ。たこ焼きのような私的財は排除性をもっている。

公共財はどうだろうか。たとえば，ある地域に一般道路が整備されている状況を考える。たまたまその地域を訪れた家計 C が，一般道路への対価（すなわち利用料金）を支払っていないにもかかわらず，そこを通ることで一般道路の利用 G を消費したとしよう。

この家計 C に，一般道路の利用 G の対価を求めることは困難である。江戸時代などに見られたように，街道に関所を設けるなら，家計 C に利用の対価である利用料金を払わせることができるかもしれない。

しかし，一般道路網が高度に発達してくれば，多くの関所を必要とし，対価を回収するためのコストは多大で，技術的にも物理的にも困難となる。家計 C が対価を支払わないからといって，消費から排除することはできない。

このように，対価を支払わない者を消費から排除することが技術的または物理的に困難であるような財・サービスの性質を**非排除性**（Non-Excludability）と呼ぶ。一般道路のような公共財は，非排除性をもっている。

3.2　公共財の分類

財・サービスの特徴について，競合性と排除性の有無によって分類できることを示した。これらを整理すれば図 3-1 のようになり，財・サービスの特徴によって分類Ⅰ～分類Ⅳに区分できる。

まず，非競合性と非排除性の双方を備えている**純粋公共財**（Pure Public Goods，分類Ⅰ）がある。反対に，競合性と排除性をもつ私的財

■図 3-1　財・サービスの分類

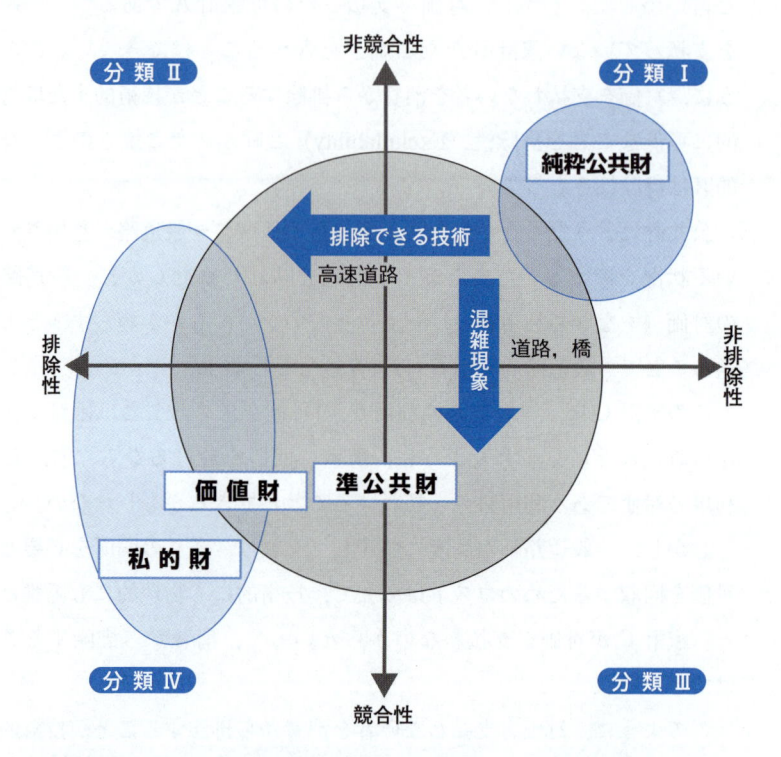

	排除性	非排除性
非競合性	分類Ⅱ 映画館，有線放送，高速道路，スポーツ設備など	分類Ⅰ 国防，灯台，警察，消防，国立公園などの純粋公共財
競合性	分類Ⅳ 私的財，価値財（公営住宅，教育など）	分類Ⅲ 一般道路や清掃サービスのように混雑現象を起こす準公共財など

（分類Ⅳ）がある。その他の分類（分類Ⅱと分類Ⅲ）は，非競合性と非排除性の双方を備えていない。非競合性と非排除性の一方の性質しかもたない，もしくはそれらの性質が弱く，政府が供給に関わる公共財が準公共財（Quasi-Public Goods）である。

また，分類Ⅳに属し，私的財として供給できるにもかかわらず，政府

が供給に関わる財・サービスがある。たとえば，教育や住宅は，教育産業や住宅産業によって供給できる財・サービスである。しかしながら，特に義務教育や公営住宅は，政府が関与している。

たとえば，低所得者に対して政府が住宅を供給すべきだと考えるとき，公営住宅が公共財として供給されることがある。このように，本来は私的財でも供給が可能であるのに，政府がパターナリズム（父親的温情主義：強者が，弱者の意思とは関係なく，弱者の利益になるように介入すること）を発揮して，公共財として供給される財・サービスを**価値財**（Merit Wants）と呼ぶ。

なお，覚せい剤や麻薬などは，私的財として供給できるものの，それらの流通が社会にもたらす害が大きいと政府が判断するために，規制や禁止の対象となる。このような財・サービスは負の価値財と呼ばれる。

純粋公共財（分類Ⅰ）には，国防や灯台などがある。灯台は，近辺の船舶が方角を知るために必要なサービスである。船Aが灯台によって方角を知るのと同じように，対価を支払わない船Bも方角を知ることができるから，排除性はない。また，船Cが登場しても，他の船も同じように方角を知ることができるから，競合性もない。

同じことを，一般道路や橋でも考察できる。家計Dの車が一般道路を通ったとしても，家計Eの車の通行を邪魔しない。すなわち，一般道路は非排除性をもつ。しかし，多くの家計が車で通行すれば，**混雑現象**（Congestion）が発生し，家計が一般道路から受けるサービスは低下する。このように，一般道路は非排除性をもつものの，混雑すれば競合性をもつと考えられる（分類Ⅲ）。

一方，排除性をもち，非競合性をもつ財・サービス（分類Ⅱ）も考察できる。映画館，有線放送，高速道路，スポーツ施設などが具体例として考えられる。これらのサービスは，入場者や利用者を技術的かつ物理的に制限できるので，排除性をもっている。

排除性をもつがゆえに料金を徴収できるため，民間企業が供給できる可能性が高い。そのため，私的財も存在する。また，有線放送のように，利用者が1人増えても，その他の利用者の利用量には影響しないため，

非競合性をもつ。

ただし、ここでも混雑現象が発生する可能性がある。映画館やスポーツ施設に多くの利用者が詰めかけた場合、混雑現象によって利用量は下がるかもしれない。高速道路も渋滞してしまえば、それぞれのドライバーの高速道路サービスの利用量は減ってしまう。

排除性をもち、非競合性をもつ財・サービス（分類Ⅱ）が混雑現象を起こすとき、排除性と競合性をもつ私的財（分類Ⅳ）に近くなる。

3.3　競合性と混雑現象

財・サービスの性質である競合性と、これに関わる混雑現象については、図3-2のように図示できる。いま、社会に家計Aと家計Bがいるとする。ある財が X_M の数量だけ供給されたとき、両家計の消費はどの

■図3-2　消費の競合性

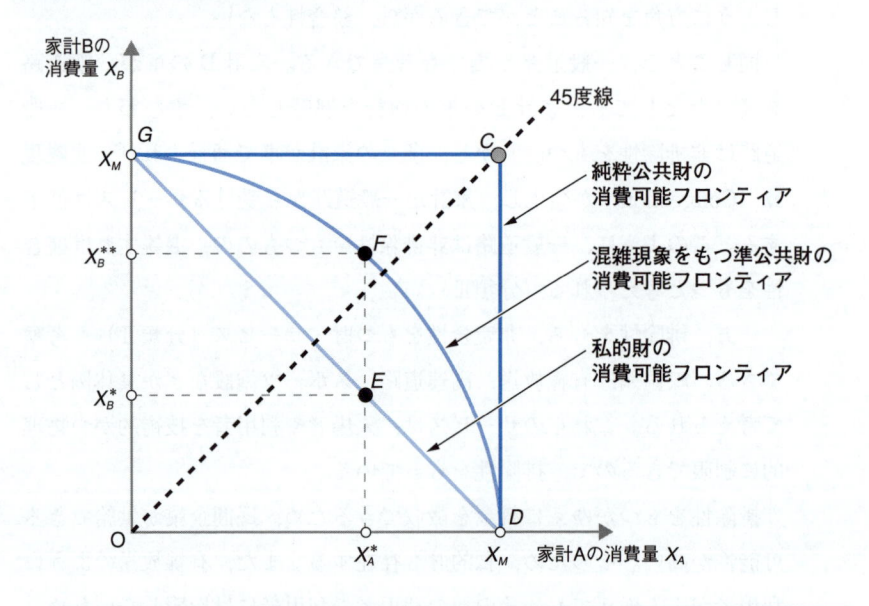

ように決定されるだろうか。

　この財が私的財だとする。私的財には競合性がある。10個のたこ焼きがあるとき，家計Aが8個のたこ焼きを食べてしまえば，家計Bには2個しか残っていない。この状況は E 点で表現され，総量 X_M のたこ焼きを家計Aが X_A^*，家計Bが X_B^* だけ消費している。

　供給されている財の総量は X_M であり，それを家計Aと家計Bが分け合う（$X_M = X_A^* + X_B^*$）。このように，私的財は消費の競合が発生する。ただし，点 E だけでなく，線 DG 上の無数の配分方法がある。このとき，線 DG は私的財の消費可能フロンティア（Consumption-Possibility Frontier）と呼ばれる。

　次に，純粋公共財が X_M だけ供給されたとする。純粋公共財は非競合性をもつ。したがって，家計Aと家計Bの純粋公共財の消費は同じ X_M で，等量消費となる。そのため，純粋公共財の消費可能フロンティアは，DCG で表現される。

　最後に，部分的に非競合性をもつ準公共財が X_M だけ供給される状況を考える。道路が X_M だけ供給されており，当初は家計Bだけが，この道路を利用しているとする。このとき，家計Bの利用量は X_M となる。ここで，家計Aも道路を利用し，この道路が混雑したとしよう。道路が混雑すれば，家計Aも家計Bも，空いている道路のようには利用できない。

　道路が混雑したとき，家計Bの利用量は X_B^{**}，家計Aの利用量は X_A^* となったとしよう。この状態は，明らかに X_M よりも小さく，混雑した道路は利用できる数量を落とす。しかし，完全に競合性があるわけではない（$X_M < X_A^* + X_B^{**}$）。そのために，混雑現象をもつ準公共財の消費可能性フロンティアは，DFG のような曲線で表現できる。

3.4　公共財の生産と負担の形態

　公共財も私的財と同様に，生産されている。生産のためには費用が必

要であり，家計や企業がその費用を負担している。

公共財を生産と負担の観点から分類したのが図3-3である。純粋公共財は，租税などを財源として国や地方政府などの公的部門が負担し，公的部門が生産する。一方，私的財は，家計や企業など民間部門が自発的に負担し，民間企業など民間部門が生産する。これらの弱い形態や中間形態が準公共財である。

通常，純粋公共財は公的部門が直接的に供給する**直営方式**となっている。たとえば，役所での住民票や印鑑証明などの手続きは，公務員によ

■図3-3 公共財の生産と負担の形態

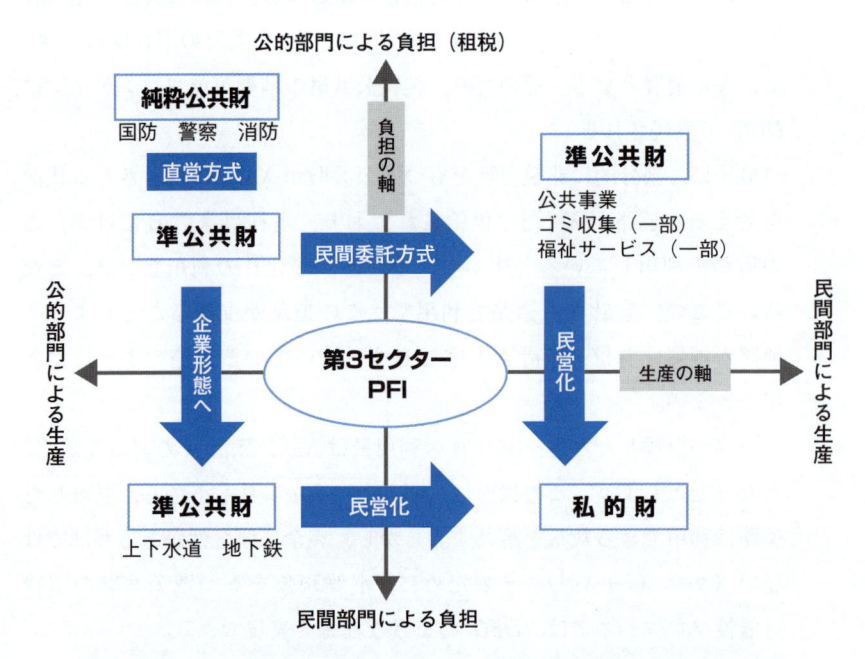

負担形態＼生産形態	公共部門による負担	民間部門による負担
公共部門による生産	純粋公共財，準公共財	準公共財
民間部門による生産	準公共財	私的財

って供給されているサービスである。また，公立の小中学校や高等学校，公立の保育園や幼稚園も，基本的には公務員によって供給されているサービスである。

ただし，これらの分類も，技術の変化と状況によって流動的となる。公共事業のように，民間企業が建設に従事し，その費用を政府が負担することもある。政府から補助金を受け入れて，民間の団体が運営している保育園もある。ゴミ処理サービスも，民間企業が行っている場合が多い。このように，政府が民間に委託して公共財を供給することを**民間委託方式**と呼ぶ。

また，上下水道や地下鉄など，負担の形態が租税から料金に移行することで，準公共財が企業形態に向かうこともある。さらに，準公共財が私的財に移行する**民営化**（Privatization）も見られる。日本でも，国鉄からJR，電電公社からNTTなどのように，国有企業が民営化されている。

その他にも，政府と民間企業が出資して**第3セクター**という企業を設立し，家計や企業にサービスを供給することがある。さらには，公共財の資金調達に民間部門が加わる**PFI**（Private Finance Initiative）など，この分類ではとらえられない形態もある。

以上のように，公共財の供給形態は，様々な形をとる。どの形態が望ましいかは，供給される公共財の特徴に依存する。

3.5 公共財の社会的需要曲線

第2章の2.1節で学んだことに，私的財の市場需要曲線があった。ある私的財について家計Aと家計Bの需要曲線があるとき，その財の市場需要曲線は，横軸の数量について集計することで描くことができた。そのとき，家計Aと家計Bが直面している価格のもとでの，その私的財の市場需要曲線が得られた。

公共財には価格が存在しない。たとえば，防衛サービスを市場で買う

ことはできない。そこで，**租税価格**（Tax Price）という概念を登場させる。公共財の生産にも費用が必要であるから，誰かが負担しなければならない。その財源が租税などであるが，ここでは公共財の価格を租税価格という言葉で表現する。租税価格 P は，1単位の公共財に対する家計の税負担である。

租税価格 P が大きい場合，すなわち家計の税負担が大きいなら，家計は公共財の需要が小さいと意思表明するだろう。公共財の需要とは，公共サービスへの欲求である。反対に，租税価格 P が小さい場合，すなわち家計の負担が小さいなら，家計は公共財の需要が大きいと意思表明するだろう。したがって，家計の公共財の需要曲線は，右下がりとなる。

いま，家計 A と家計 B の社会があるとする。私的財と同様に公共財についても，図 3-4 のように，社会的需要曲線 $SD(P)$ が存在する。また，この公共財は純粋公共財だとする。

家計 A と家計 B では，公共財の需要の大きさが異なる。家計 B の需要曲線 $D_B(P)$ は，家計 A の需要曲線 $D_A(P)$ よりも，負担が大きくても公共財の需要を求めるために，原点 O から離れた右上に位置している。このような両者の需要曲線を足し合わせれば，純粋公共財の社会的需要曲線 $SD(P)$ を描くことができる。

純粋公共財は等量消費の特徴をもつ。図 3-4 で家計 A が X^* を消費するとき，家計 B も X^* だけ消費している。しかし，家計 A は P_A^*，家計 B は P_B^* のように，両者で租税価格 P は異なる。このとき，双方を足し合わせるには，縦軸の租税価格 P に沿って個々の家計の需要曲線を積み上げればよい。そのようにして描かれたのが，図 3-4 下図にある純粋公共財の社会的需要曲線 $SD(P)$ である。

注意したいことは，私的財と純粋公共財の社会的需要曲線の違いである。私的財の場合は，横軸の数量に沿って足し合わされていた（第 2 章の 2.1 節）。純粋公共財の場合は，縦軸の租税価格に沿って足し合わせた。

この違いは，社会全体の私的財の消費量は個々の家計の消費量の合計

■図 3-4　公共財の社会的需要曲線

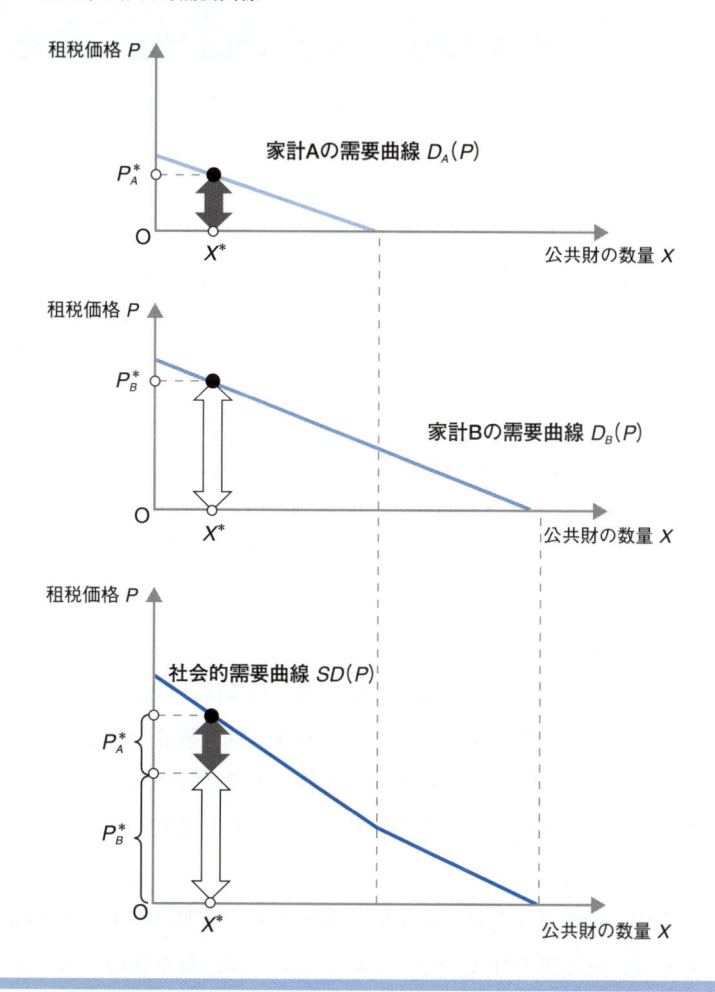

であることと，社会全体の純粋公共財の消費量は個々の家計にとって等量消費であることに起因している。

3.6　公共財の最適な数量の決定

　ここまでで，家計による公共財の社会的需要曲線を描くことができた。図3-5下図には，家計Aと家計Bのそれぞれの需要曲線と，それらを合わせた社会的需要曲線が描かれている。

　私的財の消費から家計が効用を得るのと同じく，家計は公共財から**便益**（Benefit）を得る。そのため，家計は公共財の**限界便益曲線**（Marginal Benefit Curve）をもっている。私的財の需要曲線が限界効用曲線と同義であるのと同じく，公共財の需要曲線も限界便益曲線と同義である。

　したがって，個々の家計の公共財の需要曲線を集計すれば，社会的需要曲線が得られたのと同様に，個々の家計の限界便益曲線（$MB_A(X)$と$MB_B(X)$）を集計すれば**社会的限界便益曲線**（Social Marginal Benefit Curve）$SMB(X)$が得られる。社会的需要曲線と社会的限界便益曲線は同義である。

　需要に引き続き，公共財の供給を考えるには，供給曲線を描くことが必要である。公共財を生産するための費用は，家計や企業からの税負担でまかなわれるから，非効率な公共財の生産は行われるべきではない。したがって，どのような供給形態であったとしても，効率的に公共財が生産される必要がある。

　このことを考えれば，公共財であっても，私的財の生産との類似性をもって，効率的な生産が望ましい。ここでは，簡単化のため，私的財で考察した場合と同様に，数量に対して費用および限界費用が逓増している状況で，公共財が生産されていると考えよう。そうすれば，図3-5のように，右上がりの費用曲線$C(X)$（上図）と供給曲線$S(P)$（下図）を描くことができる。

　また，図3-5上図には，家計Aと家計Bの公共財からの便益曲線Bが描かれている（$B_A(X)$と$B_B(X)$）。両者を縦軸に沿って積み上げたのが，社会的便益曲線$SB(X)$である。これらより，下図にある家計A

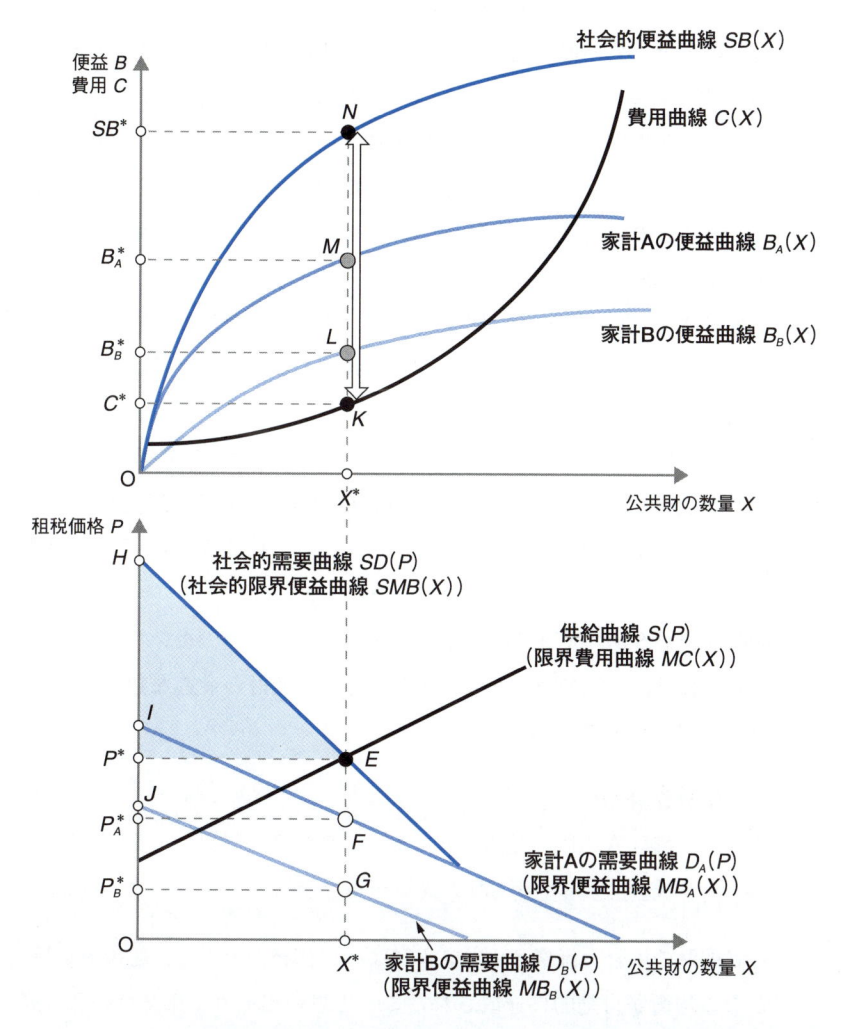

■図 3-5　公共財の最適な数量の決定

3.6 公共財の最適な数量の決定

		家 計 A	家 計 B	社 会 全 体
便益	上図	X^*M	X^*L	X^*N
	下図	□OX^*FI	□OX^*GJ	□OX^*EH
負担（費用）	上図	—	—	X^*K
	下図	□$OX^*FP_A^*$	□$OX^*GP_B^*$（=□$P_A^*FEP^*$）	□OX^*EP^*
純便益	上図	—	—	KN
	下図	△P_A^*FI	△P_B^*GJ	△P^*EH

と家計Bの限界便益曲線 $MB(X)$ と，社会的限界便益曲線 SMB が描かれる（$SMB(X)=MB_A(X)+MB_B(X)$）。

このとき，公共財の社会的便益曲線 $SMB(X)$ と限界費用曲線 $MC(X)$ が交わる E 点において，公共財の生産量 X^* を決定することが望ましい。その理由は，社会全体の便益が□OX^*EH，税負担（費用）が□OX^*EP^* となり，これらを差し引いた純便益（Net Benefit）△P^*EH が，公共財の数量 X^* で最大となるからである。純便益は消費者余剰に類似する概念である。

数量 X^* を図3-5上図で確認すれば，社会全体の便益 SB^* は X^*N，税負担（費用）C^* は X^*K，純便益は KN となる。純便益は数量 X^* で最大になっている。

資源配分の効率性の意味で，数量 X^* は公共財の最適な数量である。最適な数量 X^* のもとで，限界費用 $MC(X^*)$ は X^*E で社会的限界便益 $SMB(X^*)$ および租税価格 P^* に等しい。家計Aの限界便益 $MB_A(X^*)$ は X^*F，家計Bの限界便益 $MB_B(X^*)$ は X^*G（$=FE$），社会的限界便益 $SMB(X^*)$ は X^*E となる。

厳密には，下記の条件が成立するとき，公共財の最適な数量 X^* と租税価格 P^* が決定できる。

> 限界費用 $MC(X^*)$
> $=$家計Aの限界効用 $MB_A(X^*)+$家計Bの限界効用 $MB_B(X^*)$
> $=$社会的限界効用 $SMB(X^*)=$租税価格 P^* (3.3)

私的財の場合，価格メカニズムによって価格が上下し，総余剰が最大となる均衡が自動的に達成されたことを思い出そう（第2章の2.2節）。公共財の場合は，価格メカニズムの機能を期待できない。なぜなら，各家計の税負担を意味する租税価格や公共財の生産量の水準は，政府が決定するからである。

そのため，公共財の場合は，必ずしも E 点が保証されるわけではない。政府は，過大な公共財を供給したり，過小な公共財を供給することがありうる。そのときは，純便益を損ねてしまうことになる。

いま，幸運にも，政府は E 点となるように，最適な公共財の数量 X^* を決定することができたとする。このとき，それぞれの家計には，どのような経済状態が実現されているか検討しよう。

社会的需要曲線 $SD(P)$ は，家計 A と家計 B の需要曲線を合わせたものである。したがって，家計ごとの租税価格を考察できる。社会全体の租税価格 P^* は，家計 A の租税価格 P_A^* と家計 B の租税価格 P_B^* に分けられる $(P^*=P_A^*+P_B^*)$。

そのため，家計 A の負担は□$OX^*FP_A^*$，家計 B の負担は□$OX^*GP_B^*$ $(=□P_A^*FEP^*)$ となる。これらを合算すれば，社会全体の負担 □OX^*EP^* となる。

ここで考えているのは純粋公共財であるから，家計 A と家計 B は公共財を X^* で等量消費している。しかしながら，公共財の需要曲線が右上に位置する家計 A ほど，高い租税価格を負担している $(P_A^*>P_B^*)$。同じ租税価格のもとでは，家計 A のほうが家計 B よりも多くの公共財の需要をもつ。そのために，家計 A は家計 B よりも多くを負担するのである。

3.7　公共財の最適な負担の決定

先の議論では，政府が公共財の数量を決定し，その後に家計の負担が決められた。仮に，公共財が最適な数量でなかった場合，社会全体の純便益は最大にならない。その際，政府は公共財の数量を再度提示する必要がある。最適な数量になるまで，この手続きは継続される。この場合，公共財の数量が先に決まり，負担が後で決まる。

以下では逆に，家計の負担が先に決まり，その後に公共財の数量が決定される手順について考える。その方法が，リンダール（E. R. Lindahl）・メカニズムである。

まず，社会に家計 A と家計 B がいるとする。それぞれの家計は，公共財の生産の費用を負担するが，総負担に対する個々の家計の負担割合

■図 3-6 リンダール・メカニズム

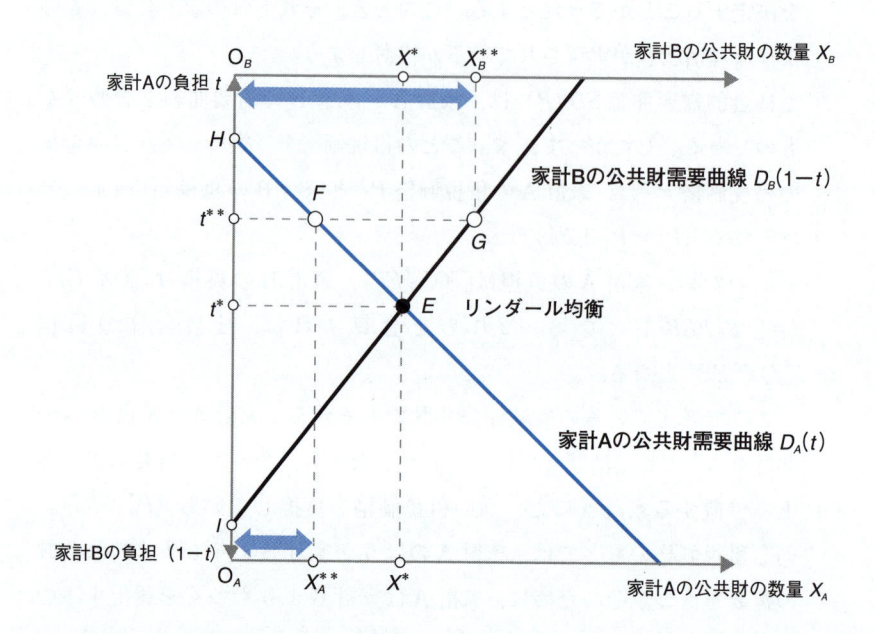

家計Aの負担 t

O_B　　X^*　X_B^{**}　家計Bの公共財の数量 X_B

H

家計Bの公共財需要曲線 $D_B(1-t)$

t^{**} — F

G

t^* — E　リンダール均衡

家計Aの公共財需要曲線 $D_A(t)$

I

家計Bの負担 ($1-t$)　O_A　X_A^{**}　X^*　　家計Aの公共財の数量 X_A

を負担率 t で表現する。たとえば，家計Aの負担率が t ならば，家計Bの負担率は $(1-t)$ となる。

図 3-6 では，家計Aが公共財のために支出する負担率 t を縦軸に示している。家計Aの負担率 t は，縦軸に沿って上にいくほど大きくなる。負担率 t が大きいほど，公共財の需要は減り，負担率 t が小さいほど，公共財の需要は増える。そのために，家計Aの公共財需要曲線 $D_A(t)$ は右下がりとなる。

一方，家計Bの負担は $(1-t)$ であるが，図 3-6 では縦軸に沿って下にいくほど，家計Bの負担は大きくなる。負担が大きいときに公共財への需要は小さく，負担が小さいときに公共財の需要は大きいから，家計Bの公共財の需要曲線 $D_B(1-t)$ は右上がりで示される（家計Bにとっての原点は左上の O_B 点である）。

いま，負担率が t^{**} の水準だとしよう。このとき，家計Aの負担率は

t^{**} となり，公共財の需要の数量は F 点で X_A^{**} となる。一方，家計 B の負担率は $(1-t^{**})$ となり，公共財の需要の数量は G 点で X_B^{**} となる。

ここでの公共財は，純粋公共財を考えているから，家計 A と家計 B で，公共財の需要の数量に違いがあってはいけない。純粋公共財は，等量消費となるべきである。$X_A^{**} \neq X_B^{**}$ となる t^{**} は成立しない。

等量消費を満たすように，負担率 t は決められる必要がある。再び新たな負担率が提示され，それが負担率 t^* であれば，家計 A の公共財の需要の数量は X^*，家計 B も X^* となり，両者は一致する。したがって，家計の公共財の需要曲線が交わる E 点のリンダール均衡で，等量消費となる負担率 t^* が決定される。

この仕組みでは，それぞれの家計の負担率が最初に決まり，その後に公共財の数量が決定されている。すなわち，公共財の負担である租税価格を変化させることにより，等量消費となる公共財の数量が決められる仕組みとなっている。

3.8 公共財の需要の虚偽の申告

公共財の数量が調整される場合（3.6 節）も，公共財の負担率が調整される場合（3.7 節）も，公共財の最適な供給が達成される可能性を示した。

ある租税価格のもとでは，大きな公共財の需要を意思表明する家計ほど，大きな負担となる。これが公共財の社会的需要曲線の特徴であった。社会的需要曲線の情報は，政府が公共財の数量を最適に決定するために必要である。しかしながら，これまでの社会的需要曲線は，家計が正直に意思表明することを前提にして描かれていた。

大きな公共財の需要を正直に意思表明する家計ほど負担が増えるのなら，虚偽の申告をする家計が登場してもおかしくはない。本当は大きな公共財の需要をもっているにもかかわらず，負担が増えるのを恐れ，過

■図 3-7 虚偽の申告を行う家計が存在する場合

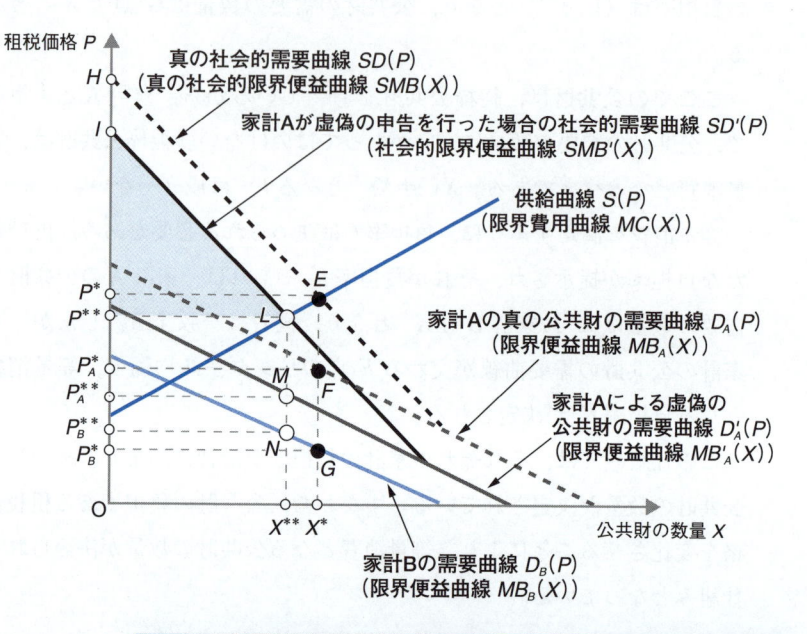

	公共財の生産量	家計の負担	社会全体の純便益
真の社会的需要曲線	X^*	□OX^*EP^* うち家計Aは□$OX^*FP_A^*$ 　　家計Bは□$P_A^*FEP^*$	△P^*EH
虚偽の社会的需要曲線	X^{**}	□$OX^{**}LP^{**}$ うち家計Aは□$OX^{**}MP_A^{**}$ 　　家計Bは□$P_A^{**}MLP^{**}$	△$P^{**}LI$

小な公共財の需要を表明してしまう家計がいるかもしれない。

　ある家計が虚偽の申告をしているかどうか，政府は判別することはできないとしよう。需要の過少申告を行う家計がいるならば，社会的需要曲線そのものにも影響を与える。そうであれば，政府は誤った社会的需要曲線をもとにして，公共財の数量を決定することになってしまう。

　図 3-7 には，家計 A が虚偽の申告を行う場合の公共財の生産量の決定について図示している。一方の家計 B は正直であるとしよう。家計 B の公共財の需要曲線 $D_B(P)$ は図 3-5 と変わらないとする。しかし，

家計Aが公共財の需要を過少申告するために，真の公共財の需要曲線 $D_A(P)$（グレーの点線）を原点に向かって平行移動した曲線が，虚偽の申告の場合の公共財の需要曲線 $D_A'(P)$ としよう。

このとき，社会的需要曲線も，真の社会的需要曲線 $SD(P)$（黒の点線）を原点に向かって平行移動した曲線 $SD'(P)$ が，個人Aが虚偽の申告を行った場合の社会的需要曲線となる。

真の社会的需要曲線 $SD(P)$ のもとでの最適な公共財の数量は E 点で決定され，X^* である。しかし，虚偽の申告しか認識できない政府は，その場合の社会的需要曲線 $SD'(P)$ と供給曲線 $S(P)$ が交わる L 点において，公共財の数量 X^{**} を決定する。したがって，虚偽の申告があるならば，公共財の生産量は低下し，公共財は過小供給となってしまう。

家計の負担も変化する。真の社会的需要曲線 $SD(P)$ の場合，家計Aと家計Bの負担の合計は□OX^*EP^* となる。このとき，家計Aは□$OX^*FP_A^*$，家計Bは□$P_A^*FEP^*$（$=$□$OX^*GP_B^*$）の負担となっている。

一方，家計Aが虚偽の申告を行う場合，家計Aと家計Bの負担の合計は，□$OX^{**}LP^{**}$ となる。このとき，家計Aは□$OX^{**}MP_A^{**}$，家計Bは□$P_A^{**}MLP^{**}$（$=$□$OX^{**}NP_B^{**}$）の負担となる。すなわち，家計Aが虚偽の申告を行うなら，家計Aの負担は少なくなる。なぜなら，家計Aは負担を少なくするために，虚偽の申告をしたからである。家計Aの行動は，家計Bの負担にも影響している。

純便益はどのように変わるだろうか。社会の純便益に注目すると，家計Aが虚偽の申告を行わない場合は E 点であるから，純便益は △P^*EH となる。家計Aが虚偽の申告を行う場合は L 点であり，純便益は△$P^{**}LI$ となる。

公共財の供給曲線が右上がりである限り，家計Aが虚偽の申告を行う場合の純便益△$P^{**}LI$ は，真の申告の場合の純便益△P^*EH よりも小さくなる。すなわち，家計が虚偽の申告を行えば，公共財の数量が過小となって，余剰も小さくなり，効率的な資源配分が達成できなくなる。

キーワード

私的財，競合性，公共財，非競合性，等量消費，排除性，非排除性，純粋公共財，準公共財，価値財，混雑現象，消費可能フロンティア，直営方式，民間委託方式，民営化，第3セクター，PFI，租税価格，便益，限界便益曲線，社会的限界便益曲線，純便益，最適，リンダール・メカニズム，リンダール均衡

復習問題

(1) 非競合性と排除性をもつ公共財の例を挙げよ。また，非排除性と競合性をもつ公共財の例を挙げよ。
(2) 家計Aと家計Bが純粋公共財の需要曲線をもつ社会において，政府が公共財の最適な数量を決定できる場合，家計Aと家計Bの負担はどのようにして決定されるかを図示して説明せよ。
(3) (2)において，家計Aが公共財の需要を過小に申告する場合，公共財の数量は，家計Aが真の需要を申告する場合に比べてどのように変化するかを図示して説明せよ。

発展問題

家計Aと家計Bが公共財需要曲線をもつリンダール・メカニズムにおいて，家計Aが公共財の需要を過小に申告する場合，公共財の数量と家計の負担はどのようになるか。

第 4 章

公共財 II

　本章では，第3章に引き続き，公共財について学ぶ。政府が中央政府と地方政府に分けられるならば，地方公共財の供給は主に地方政府によってなされる。地方分権は地方分権定理や足による投票によって支持されるが，便益のスピルオーバーが発生するならば，中央政府が地方政府に対して補助金を交付することがある。さらに，政治による意思決定や官僚の行動が公共財の供給に与える影響について考察する。

本章のポイント

- 中央政府よりも地方政府が地方公共財に関与するほうが望ましいことが，オーツの地方分権定理やティブーの足による投票によって示されている。

- 人為的な行政区域の境によって地方公共財の便益のスピルオーバーが発生するときは，適切な補助金の交付が支持される。

- 公共財の数量について，単峰型の効用曲線をもつ家計が投票して数量を決定する場合，中位投票者の支持する数量が社会的に選ばれる。

- 公共財の数量を支持する有権者の分布が1つの山になる場合，2大政党の政策は互いに似てくることになる。

- 単峰型の選好順位をもたない政治家がいる場合，公共財の優先順位は投票によって決定できない。

- 官僚が予算最大化を行うとき，家計の純便益を減らし，公共財の数量は過剰になる。

4.1 中央政府と地方政府の役割

多くの国には，多段階の政府が存在する。日本では，**中央政府**（Central Government）である国，**地方政府**（Local Government）である都道府県や市町村が，政府を構成している。このような多段階の政府を想定した場合，これらの政府はどのように公共財の供給に関与すべきだろうか。

政府の役割は大きく分けて3つある。(1) **資源配分機能**（Resource Allocation Function），(2) **所得再分配機能**（Income Redistribution Function），(3) **経済安定化機能**（Economic Stabilization Function）である。このうち，(2) 所得再分配機能は，累進課税や社会保障などの政府による所得の再分配を指しており，本書では第9章で主に扱う。(3) 経済安定化機能は，景気の変動を平準化するために，増減税や政府支出の増減を行うことを指す。公共財は (1) 資源配分機能に相当する。

図 4-1 は中央政府と地方政府の役割を描いている。(1) 資源配分機能については，中央政府も地方政府も担当するものの，大きなウエイトをもつのが地方政府である。これは，(1) 資源配分機能で重要な公共財の供給において，**地方公共財**（Local Public Goods）が金額的にも量的にも大きな割合を占めるからである。一方，中央政府が供給に関与するのが，**国家的公共財**（National Public Goods）である。

地方公共財は，その便益の範囲が地域に限定される公共財である。公園や図書館は，その周辺の住民に限定的な便益をもたらす地方公共財である。一方，国防や外交は，一国全体に便益をもたらす国家的公共財である。つまり，便益の地域的な広がりによって，地方公共財と国家的公共財を区別できる。

ある地方政府にある地方公共財の便益が，市境や県境などの行政区域の境を越えて，他の地方政府に便益をもたらす場合がある。これを便益の**スピルオーバー**（Spillover）と呼ぶ。本章で後に学ぶように，中央政府が地方政府に対して**補助金**（Subsidy）を給付することで，便益のス

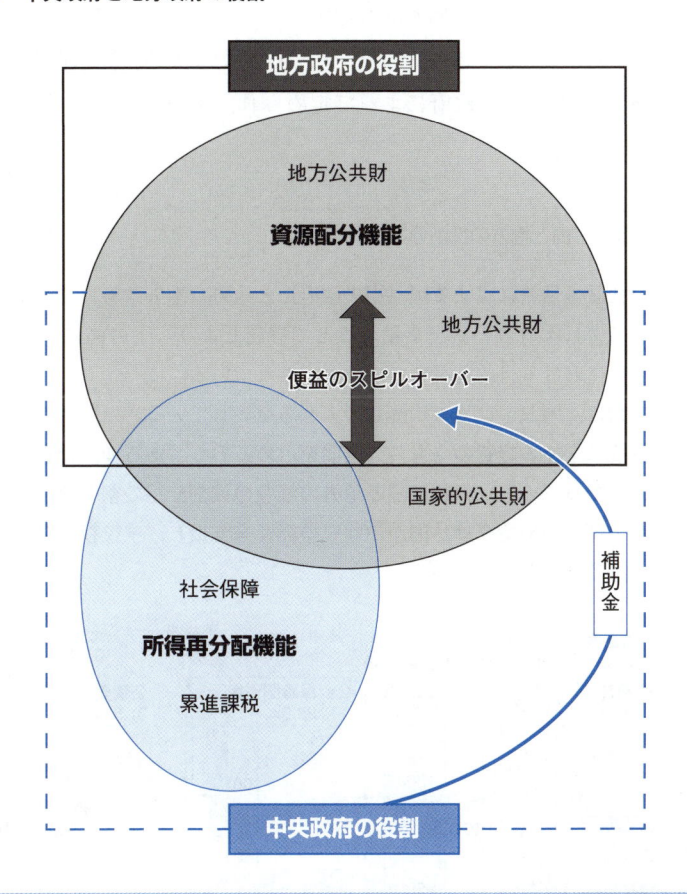

■図 4-1　中央政府と地方政府の役割

［図：中央政府の役割と地方政府の役割を示すベン図。地方政府の役割には「地方公共財」「資源配分機能」、中央政府の役割には「社会保障」「所得再分配機能」「累進課税」が含まれる。重なる部分には「地方公共財」「便益のスピルオーバー」「国家的公共財」があり、中央政府から地方政府への「補助金」の矢印が示されている。］

ピルオーバーに対処することがある。

　累進課税や社会保障などの (2) 所得再分配機能は，主に中央政府が担当する。ここで，ある地方政府が独自に (2) 所得再分配機能を発揮し，たとえば低所得者に手厚い給付，高所得者に重い課税という**所得再分配政策**を実施したとしよう。

　このような地方政府には，他の地方政府から低所得者が集まり，高所得者は逃げていくかもしれない。そうなれば，低所得者へ給付するための財源が枯渇し，この地方政府による独自の所得再分配政策は成立しな

くなる。

　所得再分配政策は，地方政府の主な役割ではない。生活保護や介護保険などの社会保障サービスには，地方政府が実際の供給に関わっているが，その基準は中央政府によって定められ，財源についても補助金が交付されている。

> ❖コラム　国と地方の役割分担
>
> 　公共財の供給に関する国（中央政府）と地方（地方政府）の役割分担について，日本財政の状況を見ることで確認しよう。下の図には，2008年度決算における目的別経費の内訳が示されている。
>
> 　横軸は，国および地方の経費の大きさを表している。たとえば社会保障関係費は全体の経費のうちの3割弱を占めており，あらゆる経費のなかで最大となっている。縦軸は国と地方の経費の役割分担の割合を示している。たとえば年金や防衛は，国が100％の経費を支出し，学校教育費は約9割が地方の支出となっている。
>
> （注）（　）内の数値は，目的別経費に占める国・地方の割合。計数は精査中であり，異動する場合がある。
> （出所）総務省編『平成22年版（平成20年度決算）地方財政白書』より引用。

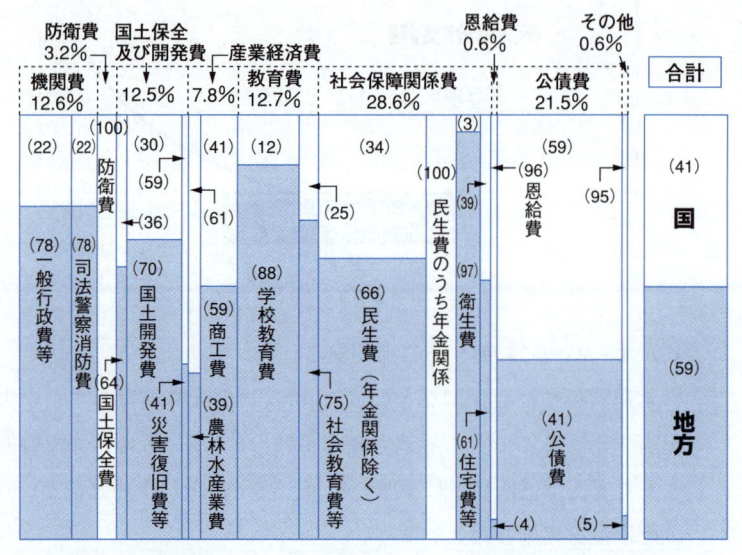

これらを合計すれば，国は約4割，地方は約6割の経費を支出している。公共財の供給については，地方が重要な役割を担っていることがわかる。

　下の表には，日本財政における国と地方の役割分担が示されている。日本の場合，地方には都道府県と市町村があり，そこでも役割の分担が見られる。たとえば，消防は市町村（ただし東京都の場合は都），警察は都道府県が担当することになっている。

分野		公共資本	教 育	福 祉	その他
国		● 高速自動車道 ● 国道（指定区間） ● 一級河川	● 大学 ● 私学助成（大学）	● 社会保険 ● 医師等免許 ● 医薬品許可免許	● 防衛 ● 外交 ● 通貨
地方	都道府県	● 国道（その他） ● 都道府県道 ● 一級河川（指定区間） ● 二級河川 ● 港湾 ● 公営住宅 ● 市街化区域，調整区域決定	● 高等学校・特殊教育学校 ● 小・中学校教員の給与・人事 ● 私学助成（幼～高） ● 公立大学（特定の県）	● 生活保護（町村の区域） ● 児童福祉 ● 保健所	● 警察 ● 職業訓練
	市町村	● 都市計画等（用途地域，都市施設） ● 市町村道 ● 準用河川 ● 港湾 ● 公営住宅 ● 下水道	● 小・中学校 ● 幼稚園	● 生活保護（市の区域） ● 児童福祉 ● 国民健康保険 ● 介護保険 ● 上水道 ● ごみ・し尿処理 ● 保健所（特定の市）	● 戸籍 ● 住民基本台帳 ● 消防

（出所）　総務省「地方財政関係資料」「地方財政の果たす役割」より引用。

4.2 地方分権定理

地方公共財の供給に地方政府が関与すべきなのは，住民との距離が近く，地方政府が住民のニーズを把握できるからである。そこで，地方政府が自由に政策を実施できるように，**地方分権**が重要になってくる。ここで，図 4-2 を参照しよう。

公共財の数量 X を横軸に，公共財の費用曲線 $C(X)$ と便益曲線 $B(X)$ を縦軸に図を描く。上図のように，地方政府 a の住民 a のほうが，地方政府 b の住民 b よりも，公共財の便益を大きく評価していると想定する（$B_a(X) > B_b(X)$）。また，公共財の費用 $C(X)$ は，それぞれの地方政府の住民の税負担によってまかなわれ，数量 X に応じて一定に増加すると考える。

同じことを図 4-2 下図で表現する。縦軸に限界便益 MB と限界費用 MC を示す。それぞれの住民の限界便益曲線 $MB_a(X)$ と $MB_b(X)$ は，公共財の数量 X の増加とともに減少する。また，公共財の限界費用 MC は一定とする。

図 4-2 上図で中央政府が中央集権的に各地方政府の数量を X^* に固定する状況を考える。このとき，住民 a の便益は X^*H，住民 b の便益は X^*G となる。ここから費用（負担）X^*D を差し引けば，住民 a の純便益は DH，住民 b の純便益は DG となる。

図 4-2 下図で住民 a は □OX^*NS，住民 b は □OX^*WU の便益を受けている。それぞれの費用（負担）□OX^*KP を差し引けば，住民 a は □$PKNS$，住民 b は（△PMU − △MWK）が中央集権の場合の純便益となる。

次に地方分権の場合を考える。それぞれの地方政府は，住民の純便益が最大となるように，公共財の数量をそれぞれ X_a と X_b に決定する。このとき，住民 a の便益は X_aI（□OX_aLS），費用（負担）は X_aE（□OX_aLP）なので純便益は EI（△PLS）となる。住民 b の便益は X_bJ（□OX_bMU），費用（税負担）は X_bF（□OX_bMP）なので，純便益は

■ 図 4-2　地方分権定理

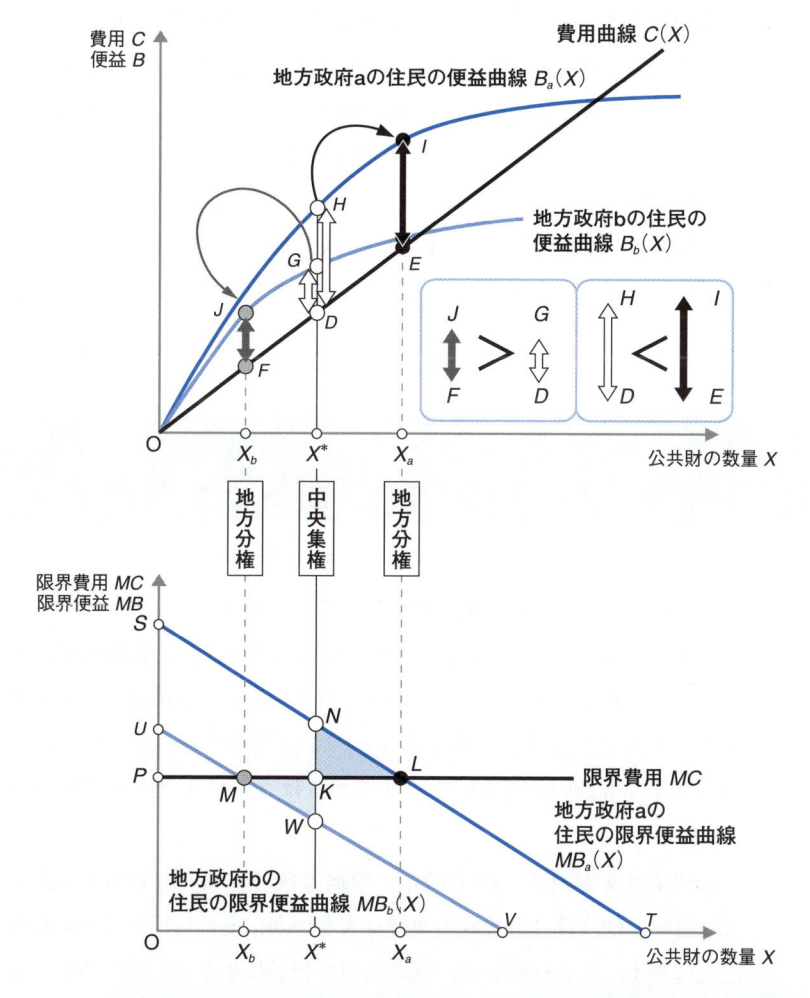

		便益		費用（負担）		純便益	
		住民 a	住民 b	住民 a	住民 b	住民 a	住民 b
中央集権	上図	X^*H	X^*G	X^*D	X^*D	DH	DG
	下図	□OX^*NS	□OX^*WU	□OX^*KP	□OX^*KP	□$PKNS$	△$PMU-$△MWK
地方分権	上図	X_aI	X_bJ	X_aE	X_bF	EI	FJ
	下図	□OX_aLS	□OX_bMU	□OX_aLP	□OX_bMP	△PLS	△PMU

FJ（△PMU）となる。

図4-2下図で中央集権と地方分権の場合を比較すれば，地方分権の純便益のほうが，住民aは△KLN，住民bは△MWKだけ大きい。中央政府による一律な公共財の数量の決定ではなく，地方政府が独自に公共財の負担と数量を決定することが，効率的な資源配分の観点から望ましい。これがオーツ（W. E. Oates）の**地方分権定理**（Decentralization Theorem）である。

住民にとって身近な地方政府が，中央政府よりも住民の公共財の好みを把握している。そのため，地方政府が地方公共財の決定に関わることが望ましい。

4.3　足による投票

オーツの地方分権定理は，住民の移動を考えていなかった。住民の移動を考慮しても，地方分権が望ましいことを示そう。

図4-3の（1）家計の選好のタイプにあるように，公共財の便益と負担に関する家計の選好（好み）がタイプA～Cの3つに分けられるとしよう。タイプAは負担が高くても大きな便益を好む。タイプCは便益が小さくても低い負担を好む。タイプBはタイプAとタイプCの中間である。

このような家計が，a～cの3つの地方政府に住んでいるとする。地方政府aの政策は，公共財の便益は大きいが，それに応じて高い負担を住民に課す。地方政府cは，低い負担で便益は小さい。地方政府bは地方政府aとcの中間である。ここでの地方政府には，公共財の便益と負担を自由に決めることができるような地方分権が成立しているとしよう。

当初，地方政府aには，タイプAの家計が4つ，タイプBとタイプCの家計がそれぞれ1つだけ生活をしている。地方政府bにはタイプAの家計が1つ，タイプBの家計が2つ生活しており，地方政府cにはタイプAの家計が1つ，タイプCの家計が2つ生活している。これを

■図 4-3　足による投票

(1) 家計の選好のタイプ

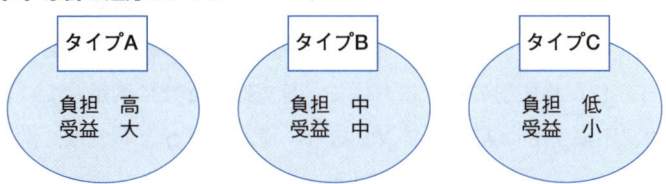

- タイプA：負担 高／受益 大
- タイプB：負担 中／受益 中
- タイプC：負担 低／受益 小

(2) 移住前の状態

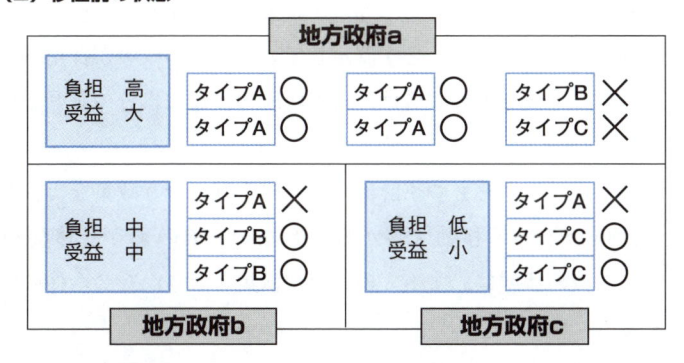

地方政府a（負担 高／受益 大）
- タイプA ○
- タイプA ○
- タイプB ×
- タイプA ○
- タイプC ×

地方政府b（負担 中／受益 中）
- タイプA ×
- タイプB ○
- タイプB ○

地方政府c（負担 低／受益 小）
- タイプA ×
- タイプC ○
- タイプC ○

(3) 移住後の状態

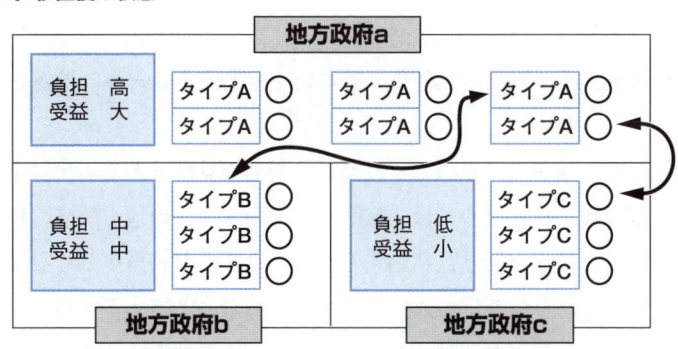

地方政府a（負担 高／受益 大）
- タイプA ○
- タイプA ○
- タイプA ○
- タイプA ○
- タイプA ○

地方政府b（負担 中／受益 中）
- タイプB ○
- タイプB ○
- タイプB ○

地方政府c（負担 低／受益 小）
- タイプC ○
- タイプC ○
- タイプC ○

4.3 足による投票

(2) 移住前の状態と考える。

タイプAの家計にとって，地方政府aの政策は自分の選好に合うので望ましい。しかしタイプBとタイプCの家計は，地方政府aの政策に不満をもつ。同じことは地方政府bとcにも言える。

図4-3の○は，地方政府の政策と選好が一致し，満足している家計である。反対に×は，政策と選好が一致しないために，不満をもつ家計である。(2) 移住前の状態において，地方政府aでは満足している家計が4つ，不満をもつ家計が2つである。地方政府bとcでは，満足している家計が2つ，不満をもつ家計が1つとなっている。

いずれの地方政府でも，満足している家計のほうが，不満をもつ家計よりも多い。一つの家計が平等に1票をもつとすれば，それぞれの地方政府内での投票により，必ず満足している家計の政策が採用される。したがって，不満をもつ家計は，地方政府の政策に自分の選好を反映させる手段がない。

このとき，不満をもつ家計は，自らの選好に合う政策を実施している地方政府を求めて移動するかもしれない。そのような移動が起きた(3) 移住後の状態は，すべての家計が満足となり，社会全体の満足度も高まる。

地方分権は，十分な数の地方政府があるならば，家計の選択の幅を広げる。地方政府にとっても，同じ選好をもつ家計が集まれば，政策を実施しやすくなる。これがティブー（C. M. Tiebout）の**足による投票**（Voting with Foot）であり，地方分権を支持する一つの根拠となっている。

しかしながら，足による投票に批判的な見解もある。足による投票が実現可能になるためには，家計が国内のすべての地方政府の政策について完全な情報を知り，移動するためのコストが相当小さくなければならない。これらの条件の成立は，かなり厳しいと言えるだろう。

また，勤務先が移動できないために，居住地を変えることができない家計は多いだろう。現実的には，転勤による移動はあっても，地方政府の政策による移動は，さほど見られないかもしれない。

4.4 補助金とスピルオーバー

4.2節に登場したオーツの地方分権定理は，ある地方政府が供給に関わる地方公共財が，他の地方政府に関係しないことが前提であった。しかしながら，隣接する地方政府間には行政区域の境が存在し，一方の地方政府で供給される地方公共財の便益が，他の地方政府に及ぶ便益のスピルオーバーが発生することがある。

たとえば図 4-4 上図のように，地方政府 A と隣接した地方政府 B があり，その間に行政区域の境があるとしよう。これらの地方政府が都道府県ならば県境，市町村ならば市境が行政区域の境である。

いま，地方政府 A が住民 A の税負担によって域内に公園を建設するとしよう。公園を建設すれば，周辺住民が公園を利用することで便益が及ぶ。大きな公園を建設すれば，隣の地方政府 B の住民 B も利用することができ，公園の便益が行政区域の境を越えるスピルオーバーが発生する。

地方政府 A が住民 A の税負担のみで公園を建設するならば，便益が域内の住民だけに限定される小さな公園を選ぶだろう。なぜなら，地方政府 A は，地方政府 B の住民 B が負担なしに公園を利用する**ただ乗り** (Free Rider) を許さないからである。

しかし，仮に地方政府 A と地方政府 B が一つの地方政府ならば，大きな公園を建設することが，双方の住民にとって望ましいかもしれない。行政区域の境が人為的に引かれていることが，公園の過小供給をもたらすことになってしまう。

そこで，中央政府が地方政府 B の住民 B に税負担を課し，その財源を地方政府 A に補助金として交付することで，地方政府 A に大きな公園を建設させる方法が考えられる。すなわち，住民 B の公園の利用について，中央政府が関与することで，資金を地方政府 B から地方政府 A に移転する。

図 4-4 下図でも確認しよう。横軸には地方政府 A が決定する公共財

■図 4-4 補助金とスピルオーバー

（1）補助金がない場合

地方政府A ― 公園 便益の範囲 ― 行政区域の境 ― 地方政府B

（2）補助金がある場合

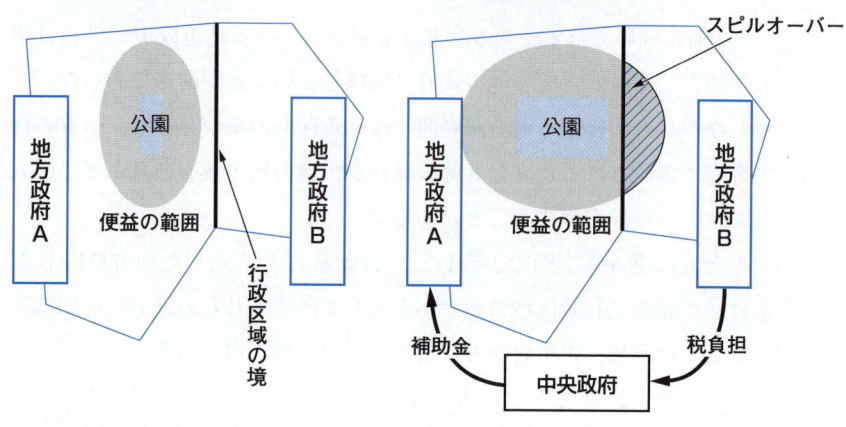

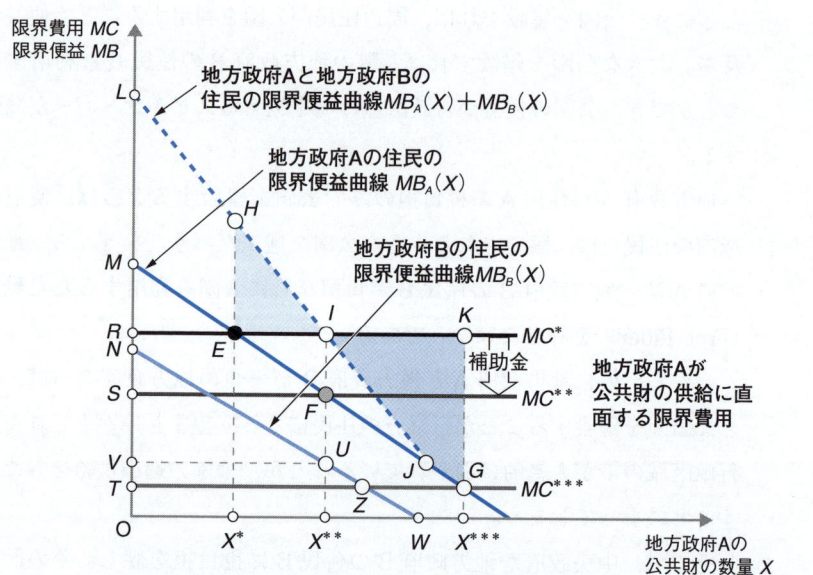

地方政府A ― 公園 便益の範囲 ― スピルオーバー ― 地方政府B

補助金 ← 中央政府 ← 税負担

地方政府Aと地方政府Bの住民の限界便益曲線 $MB_A(X)+MB_B(X)$

地方政府Aの住民の限界便益曲線 $MB_A(X)$

地方政府Bの住民の限界便益曲線 $MB_B(X)$

補助金

地方政府Aが公共財の供給に直面する限界費用

地方政府Aの公共財の数量 X

	限界費用	社会全体			純便益
		便益	費用（税負担）		
補助金なし	MC^*	□OX^*HL	□OX^*ER		□$REHL$
補助金あり	MC^{**}	□$OX^{**}IL$	□$OX^{**}IR$ (=□$OX^{**}FS$＋□$OX^{**}UV$)		△RIL

の数量 X,縦軸には公共財の限界費用 MC と限界便益 MB が測られている。図には,地方政府 A の住民 A の限界便益曲線 $MB_A(X)$ が右下がりに描かれている。地方政府 A の公共財の便益は,隣の地方政府 B にスピルオーバーし,地方政府 B の住民 B も公共財を利用できる。そのため,地方政府 B の住民の限界便益曲線 $MB_B(X)$ も右下がりで描かれる。

当初,公共財の限界費用は MC^* とする。このとき地方政府 A は,限界便益曲線 $MB_A(X)$ と MC^* の交わる E 点で,公共財の数量 X^* を決定する。地方政府 A の住民の便益は□OX^*EM,費用(税負担)は□OX^*ER,純便益は△REM となる。

しかし,地方政府 A の住民 A と地方政府 B の住民 B を合わせた限界便益曲線 $MB_A(X)+MB_B(X)$ を考えれば,数量 X^* は望ましい水準ではない。地方政府 B の住民 B にも配慮するならば,より大きな公共財の数量が必要となる。

そこで,中央政府が地方政府 B の住民 B に課税し,その財源を補助金として地方政府 A に交付する。補助金によって公共財の生産費用が抑制され,限界費用が MC^{**} まで低下したとしよう。地方政府 A は限界便益曲線 $MB_A(X)$ と MC^{**} が交わる F 点で,数量 X^{**} を決定する。

このとき,住民 A の便益は□$OX^{**}FM$,税負担は□$OX^{**}FS$,純便益は△SFM となる。また,住民 B の便益は□$OX^{**}UN$,税負担(補助金)は□$OX^{**}UV$(=□$SFIR$),純便益は△VUN である。

住民 A と住民 B を合わせた社会全体の限界便益曲線 $MB_A(X)+MB_B(X)$ で,消費者余剰の変化を考えてみる。数量 X^* のもとでは,社会全体の純便益は□$REHL$ である。補助金交付後の数量 X^{**} のもとでは,社会全体の純便益は△RIL である。したがって,補助金を交付するほうが,△EIH だけ純便益が大きい。つまり,公共財のスピルオーバーが発生するならば,中央政府が地方政府に適切な補助金を交付することが望ましい。

4.5 中位投票者の定理

公共財の数量は，国会や地方議会において，政治的な過程を経て決定される。多様な国民や住民の選好（好み）を前提にしたとき，どのように公共財の数量が政治的に決められるのだろうか。

図 4-5 にあるように，社会のすべての家計が，公共財の数量に対して**単峰型**の効用曲線（Single Peaked Utility Curve）をもっているとする。単峰型の効用曲線は，公共財の数量 X を増やしていく際に，効用が高まっていくものの，ある水準の数量で効用がピークとなり，それ以上に数量を増やしてしまうと効用が減ってしまう特徴をもっている。

それぞれの家計がもつ選好は，同じであるとは限らない。効用が最大

■図 4-5　中位投票者の定理

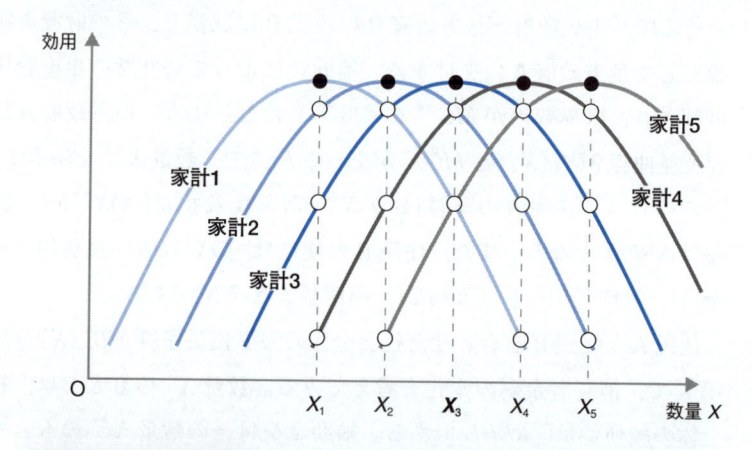

選 択 肢	X_1 vs X_2	X_2 vs X_3	X_3 vs X_4	X_4 vs X_5
家計 1 が支持する数量	X_1	X_2	X_3	X_4
家計 2 が支持する数量	X_2	X_2	X_3	X_4
家計 3 が支持する数量	X_2	X_3	X_3	X_4
家計 4 が支持する数量	X_2	X_3	X_4	X_4
家計 5 が支持する数量	X_2	X_3	X_4	X_5
投票結果	X_2	X_3	X_3	X_4

となる公共財の数量は，家計によって異なる。たとえば公共の福祉施設の場合，低所得者は施設の充実を望むだろうが，高所得者はそうでもないかもしれない。

いま，社会に家計1〜5がいるとする。それぞれの家計の効用曲線が図 4-5 のように描かれると考えよう。家計1の効用がピークとなる公共財の数量は X_1，家計2は X_2，家計3は X_3，家計4は X_4，家計5は X_5 となる。このとき，それぞれの家計が満足する公共財の数量は一致せず，全体としてはまちまちになる状況を想定する。

いま，家計の投票によって，公共財の数量を政治的に決定する方法を採用することにしよう。それぞれの家計は，それぞれ1票を平等にもっているとする。ここで，一度に X_1 から X_5 までの選択肢を与えてしまえば，家計1は X_1，家計2は X_2 などのように投票するため，公共財の数量を一意に選べない。そこで，選択肢を2つに限定して，5つの家計が投票を行う場合を考える。

まず，公共財の数量の組合せとして，X_1 と X_2 のどちらかを5つの家計が選ぶ。家計1はもちろん X_1 を選ぶ。家計2は X_2 を選ぶ。彼らにとって，この選択は最適である。しかし，家計3にとっては，双方とも最適ではない。しかし，どちらかと言えば X_2 のほうがよいので X_2 を選ぶ。家計4と家計5も，家計3と同じように X_2 を選ぶ。

投票結果は X_1 が1票，X_2 が4票となり，多数である X_2 が選ばれる。続いて，X_2 と X_3 を選択肢として投票を再度行う。今回は，家計1と家計2が X_2 を選び，家計3から家計5が X_3 を選ぶ。したがって，X_3 が選ばれる。

同様に，X_3 と X_4 も投票を行う。結果は X_3 が選ばれる。X_4 と X_5 の投票では，X_4 が選ばれる。これまで，数量を組み合わせて，合計4回の投票を行ったが，そのうち2回は X_3，X_2 と X_4 がそれぞれ1回ずつ，選ばれている。この結果から，政府は公共財の数量を X_3 に決定する。

投票を振り返って，なぜ X_3 が選ばれたのだろうか。カギとなるのは家計3である。家計3は，X_1 から X_5 までの範囲にある公共財の数量のうち，中位に位置する X_3 を好んでいるという意味で，**中位投票者**と呼

ばれる。

　単峰型の選好をもつ家計が，それぞれ異なる公共財の数量を好むとき，その順番で中位投票者となる家計が好む公共財の数量が，投票によって社会的に選ばれる。これが**中位投票者の定理**（Median Voter Theorem）である。

　ただし，中位投票者の定理によって選択される公共財の数量は，家計の純便益を最大にするという意味で，望ましい資源配分を満足するとは限らない。政治的な選択によって実現する公共財の数量は，経済的に望ましい数量と一致しない可能性がある。

4.6　2大政党制における政策

　中位投票者の定理が，政治において，どのような影響をもつかということについて検討しよう。いま，公共財の数量 X が，選挙の争点になっているとする。選挙に参加できる有権者が数多くいて，有権者一人ひとりが，もっとも望ましい公共財の数量 X を考えている。図4-6を参照されたい。

　たとえば，公共財の数量 X_1 の政策は，N_1 の数の有権者が支持している。または，数量 X_2 の政策は，N_2 の数の有権者が支持している。図4-6のように，公共財の数量 X の水準を横軸にして，その政策を支持する有権者の数を縦軸に積み上げれば，一つの山をもつ分布を描くことができるとしよう。有権者の総数は，面積 $OABCDEFGH$ で表現できる。

　この分布は，左に偏っていることに注意したい。分布の面積 $OABCDEFGH$ を半分に割ると，面積 OX_MDEFGH と面積 X_MABCD となる。つまり，中位投票者は公共財の数量 X_M を支持しており，中位投票者の有権者の数は N_M である。

　いま，この国に政党1と政党2の2大政党があり，公共財の数量 X を決定するための選挙が行われるとする。まず，政党1は X_1 の公共財の数量を政策とし，政党2は X_2 を政策として，有権者にアピールする

■図 4-6　2 大政党制における政策

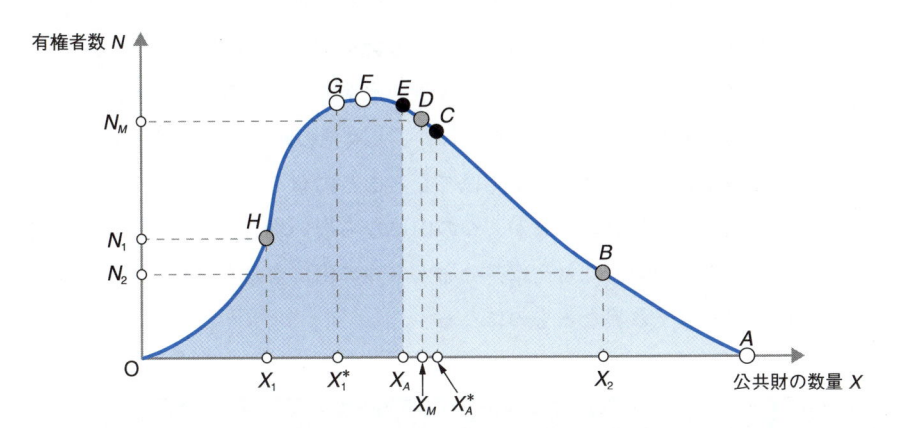

としよう（$X_1 < X_2$）。また，すべての有権者は，投票を棄権せず，白票や無効票を投じないと仮定する。

有権者は，X_1 と X_2 の中間の数量 $X_A (= (X_1 + X_2) \div 2)$ で，政党1と政党2の支持を変えるだろう。すなわち，政党1が獲得する有権者の票は面積 $\mathrm{O}X_A EFGH$，政党2が獲得する票は面積 $X_A ABCDE$ である。この場合，政党2が選挙で勝つ（面積 $\mathrm{O}X_A EFGH <$ 面積 $X_A ABCDE$）。選挙で勝った政党2は，議会で公共財の数量 X_2 を反映する予算を通すだろう。

政党1が選挙で負けたのは，政党1が中位投票者の票を取り込めなかったことにある。そこで政党1は，中位投票者の支持を得るために，新たに公共財の数量 X_1^* を政策として打ち出すことを考える。

政党2の政策である数量 X_2 に変化がないとすれば，中間の数量 X_A^*（$= (X_1^* + X_2) \div 2$）は，先の X_A よりも右にずれる。再度選挙がなされるならば，政党1の獲得票は面積 $\mathrm{O}X_A^* CDEFGH$，政党2の獲得票は面積 $X_A^* ABC$ となる。政党1は数量 X_M を支持する中位投票者の票を取り込むことに成功し，今回の選挙では勝つことができる（面積 $\mathrm{O}X_A^* CDEFGH >$ 面積 $X_A^* ABC$）。

政党 1 による数量 X_1 から数量 X_1^* への政策の変更は，数量 X_M を支持する中位投票者の取り込みを意識してなされた。同じことを政党 2 が実施するならば，政党 2 の政策である数量 X_2 も数量 X_M に近づく。

つまり，図のように公共財の数量の水準で支持する有権者が，一つの山をもつ分布で表現できるならば，2 大政党の政策は中位投票者が支持する政策に近くなり，次第に似てくることになる。

ただし，有権者の分布が一つの山にならない場合は，2 大政党の政策は近くならない。たとえば，分布が 2 つの山になるならば，2 大政党の政策はそれぞれ異なるものになる。

4.7　投票による公共財の配分

公共財の数量を決定するのは政府である。政府は予算を通して，公共財の供給に関与する。その予算を決めているのは，国民の代表者たる政治家である。政治家は国民から選挙によって選ばれる。

政府の財源は無尽蔵にあるわけではなく，国民のニーズに従って配分することが必要である。その配分を議会で決めるのが政治家ではあるが，ある政治家が考えている公共財のプライオリティ（優先順位）と，他の政治家のプライオリティが合致する保証はどこにもない。

この場合，議会で政治家が投票を行い，公共財の供給のための予算の配分を決定する。単純化のために，政治家が 3 人しかいない議会を考えよう。彼らを個人 1，個人 2，個人 3 とする。そして，議会で選択されるべき公共財は，公共事業，教育サービス，福祉サービスであるとする。

仮に，すべての個人が，公共事業が第 1 位，教育サービスが第 2 位，福祉サービスが第 3 位という選好順位をもつとしよう。このとき，投票結果は確実に公共事業となる。彼らの選好順位は予算に反映され，予算もそのプライオリティ通りに公共財を配分する。

ここで，一人の個人が，福祉サービスが第 1 位，教育サービスが第 2 位，公共事業は第 3 位だと主張するとしよう。いわば，この個人は野党

である。しかし，与党となった残る2人の個人の選好順位に変わりはない。そのため，投票結果は2対1で公共事業が第1位に選ばれ，予算の配分は先と変わらないであろう。

以上の2つのケースは，議会での投票による多数決という仕組みが，予算における公共財の配分を決定するのに，機能することを示している。とはいえ，投票で選好順位が反映されなかった野党にとっては，予算の配分は不満を残す結果となる。

野党を支持する国民がいるからこそ，野党の政治家が選出されている。野党を支持する国民が，野党の政治家と同じ選好順位をもつと考えれば，議会での多数決はすべての国民を満足させることができないことに注意しなければならない。

最後に，議会の3人の個人の選好がまったく合わないケースを考えよう。このときにも，多数決による投票は機能するのであろうか。

個人1の選好順位は，第1位が公共事業，第2位が教育サービス，第3位が福祉サービスとする。個人2の選好順位は，第1位が教育サービス，第2位が福祉サービス，第3位が公共事業とする。個人3の選好順位は，第1位が福祉サービス，第2位が公共事業，第3位が教育サービスとする。この状況を折れ線グラフで描いたものが，図 4-7 である。

このとき，3つの公共財を同時に投票にかけてしまえば，予算の配分を決定できない。なぜなら，個人1は公共事業，個人2は教育サービス，個人3は福祉サービスを支持するからである。そのため，同時に投票にかけることはできない。

それでは表 4-1 のように，2つの公共財について，順番に投票を行うことにしよう。すなわち，(1) 公共事業と教育サービス，(2) 教育サービスと福祉サービス，(3) 福祉サービスと公共事業の3つの組合せを考える。図 4-7 にある個人の選好順位に従い，投票結果を決めることができる。

第1に，(1) 公共事業と教育サービスのどちらを優先するかについて，投票を行う。この場合，個人1は公共事業，個人2は教育サービス，個人3は公共事業に投票する。公共事業が2票で教育サービスが1票であ

■図 4-7　投票のパラドックス

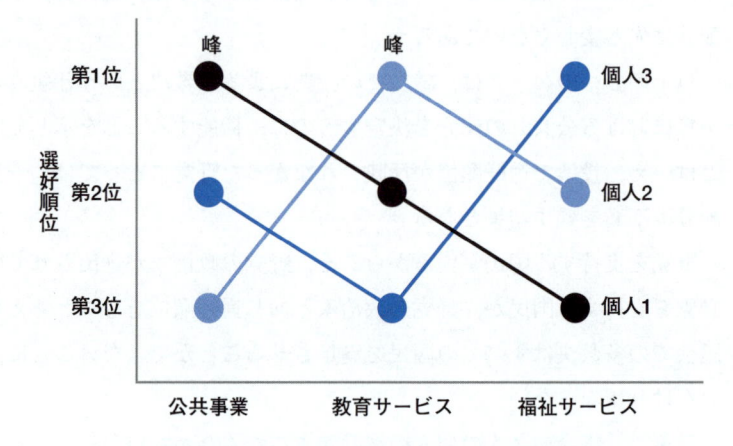

	公共事業	教育サービス	福祉サービス
個人 1	第 1 位	第 2 位	第 3 位
個人 2	第 3 位	第 1 位	第 2 位
個人 3	第 2 位	第 3 位	第 1 位

■表 4-1　投票のパラドックス

選択肢	(1) 公共事業 vs 教育サービス	(2) 教育サービス vs 福祉サービス	(3) 福祉サービス vs 公共事業
個人 1	公共事業	教育サービス	公共事業
個人 2	教育サービス	教育サービス	福祉サービス
個人 3	公共事業	福祉サービス	福祉サービス
投票結果	公共事業	教育サービス	福祉サービス

るから，投票結果は公共事業となる。

　第 2 に，(2) 教育サービスと福祉サービスについて投票を行う。このとき，個人 1 は教育サービス，個人 2 は教育サービス，個人 3 は福祉サービスに投票する。したがって，投票結果は教育サービスとなる。

　第 3 に，(3) 福祉サービスと公共事業について投票を行う。個人 1 は

公共事業，個人2は福祉サービス，個人3は福祉サービスとなり，投票結果は福祉サービスとなる。

　すべての投票を行った結果は，すべて異なる公共財が選択されており，優先順位を付けることができない。これが**投票のパラドックス**（Voting Paradox）である。ここで，なぜ投票のパラドックスが生じたのだろうか。それは，個人がもつ選好の順番にある。

　図4-7に戻ろう。個人1と個人2の選好順位を示す折れ線グラフは，頂点を示す「峰」が1つある単峰型である。しかし，個人3の選好順位の折れ線グラフは，「峰」が両端に2つあり，単峰型になっていない。

　このように，単峰型でない選好順位をもつ個人が存在するとき，投票のパラドックスが発生してしまう。このような場合，議会での投票により，予算による公共財の配分を決めることができない。したがって，状況によっては，多数決投票は万能でないことがわかる。

4.8　官僚による予算最大化

　現実の政府の行政には，公務員などの**官僚**が関わっている。ここで官僚は，自らの所属する組織，すなわち政府の維持と拡大によって，天下り先ポストを増やしたり，自らの権力を高めたり，これらによって所得の確保を目的とすると考える。

　一般的に官僚は政治家や国民よりも経済や政策の情報に通じており，そのことを利用して，政府の予算の規模をできるだけ大きくしようと行動するかもしれない。**ニスカネン**（W. A. Niskanen）は，官僚は**予算最大化**によって自らの効用を高めると考えた。

　図4-8上図の横軸は公共財の数量 X，縦軸には便益 B と費用 C がとられている。また下図では，縦軸に限界便益 MB と限界費用 MC がとられている。公共財の数量 X を増やせば上図の便益曲線 $B(X)$ は増加するが，下図の限界便益曲線 $MB(X)$ は逓減する。上図の費用曲線 $C(X)$ と下図の限界費用曲線 $MC(X)$ は，公共財の数量 X とともに増

■図 4-8 官僚による予算最大化

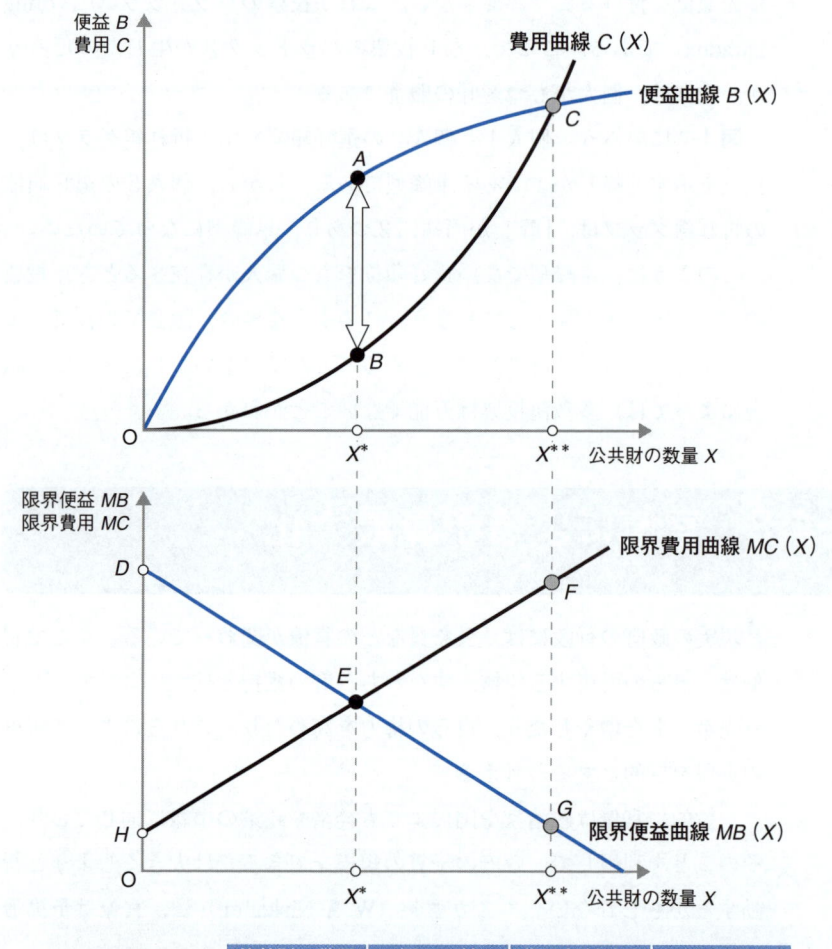

		公共財の数量	便　　益	費用(税負担)	純　便　益
最適な公共財の数量	上図	X^*	X^*A	X^*B	BA
	下図		□OX^*ED	□OX^*EH	△HED
官僚による予算最大化	上図	X^{**}	$X^{**}C$	$X^{**}C$	ゼロ
	下図		□$OX^{**}GD$	□$OX^{**}FH$	ゼロ

加する。

第3章の3.6節で学んだように，公共財の最適な数量は X^* となる。このとき，図4-8上図で便益 X^*A と費用 X^*B となり，家計の純便益 BA は最大になる。下図では均衡 E 点において，便益□OX^*ED と費用□OX^*EH となり，純便益△HED は最大となる。費用は家計の税負担である。

ここで，官僚が予算最大化を目指し，政治家や国民が費用曲線 $C(X)$ や限界費用曲線 $MC(X)$ の情報を知らないと考えよう。このとき，図4-8上図では C 点，下図は F 点および G 点によって，公共財の数量 X^{**} が決定される。

すなわち官僚は，家計の純便益を最大にすることを考えず，予算である費用を最大化するようにして公共財の数量 X^{**} を決定する。図4-8上図では便益と費用が同じ $X^{**}C$，下図でも便益□$OX^{**}GD$ と費用□$OX^{**}FH$ は同じとなり，純便益はゼロとなっている。官僚が予算規模を最大にするならば，それは家計の純便益を減らし，公共財の数量を過剰にする。

キーワード

中央政府，地方政府，資源配分機能，所得再分配機能，経済安定化機能，地方分権定理，地方公共財，国家的公共財，スピルオーバー，補助金，所得再分配政策，地方分権，地方分権定理，足による投票，ただ乗り，単峰型，中位投票者，中位投票者の定理，投票のパラドックス，官僚，予算最大化

復習問題

(1) 地方公共財の供給に関与する政府として，中央政府よりも地方政府のほうが望ましいことを，いくつかの論点から説明せよ。
(2) 中央政府が地方政府に補助金を支出する必要があるのは，どのような状況なのか。図を用いて説明せよ。
(3) 中位投票者の定理が，3人の家計でも成立することを確認せよ。
(4) 官僚による予算最大化がなされる場合に，家計の純便益が減ってしまう

ことを，図を用いて説明せよ．

発展問題

(1) スピルオーバーが発生する地方公共財に対して，国が地方政府に補助金を交付する状況を考える．このとき，国の補助金が過剰に交付され，公共財の限界費用が望ましい水準よりも低くなった場合，経済にはどのような効果がもたらされるか．図示して説明せよ．

(2) 支持する公共財の数量についての有権者の分布が2つの山になる場合，2大政党の政策が異なる可能性があることについて，図を用いて説明せよ．

(3) 図4-7において，福祉サービスを第1位，教育サービスを第2位，公共事業を第3位という選好順位を個人3がもつとする．このとき，投票のパラドックスが生じないことを確認せよ．

第 5 章

外部性

　本章では，外部性について学ぶ。外部性とは，市場の外から経済主体に対して与えられる何らかの影響である。外部性がある場合，市場の失敗が発生して資源配分の効率性が損なわれる。外部性には負の外部性と正の外部性がある。

　外部性の解決を内部化と呼ぶが，内部化のために政府が市場に介入することがある。政府は適切な課税や補助金によって外部性を内部化できる。ただし，政府によらなくても，当事者間の交渉によって外部性を内部化できる可能性もある。

本章のポイント

- 外部性には金銭的外部性と技術的外部性があり，市場を経ない技術的外部性が市場の失敗をもたらす。
- 経済主体に便益をもたらす正の外部性と，損失をもたらす負の外部性が存在するが，いずれの外部性が発生しても市場は失敗して資源配分の効率性が損なわれる。
- 外部性が発生する場合，社会的に望ましい消費量もしくは生産量が達成できず，超過負担が発生する。
- 市場の失敗を是正するため，政府が適切なピグー税もしくはピグー補助金を実施できれば，外部性が内部化し，社会的に望ましい消費量もしくは生産量を達成できる。
- 政府による介入がなくても，当事者間で自発的な交渉が行われる環境が整備できれば，外部性を内部化できる可能性がある。

5.1 外部性とは何か

家計や企業といった経済主体による様々な経済活動は，他の経済主体の経済活動に対し，何らかの便益や損失を与えることが考えられる。ある経済主体が市場取引を介さず他の経済主体に与える影響を**外部性**（Externality）と呼ぶ。

このとき，図5-1にあるように，その外部性が市場を経て影響しているかどうかが問題となる。たとえば，鉄道会社による新駅の建設により地域の利便性が高まり，その地域に住む人々の土地の価格が上昇するケースを考える。この場合，鉄道会社（経済主体）が地域の住民（経済主体）に影響を与えているが，地価の上昇は市場（土地市場）を通して実現したものである。このように市場の価格変化を経て影響する外部性を

■図5-1 金銭的外部性と技術的外部性

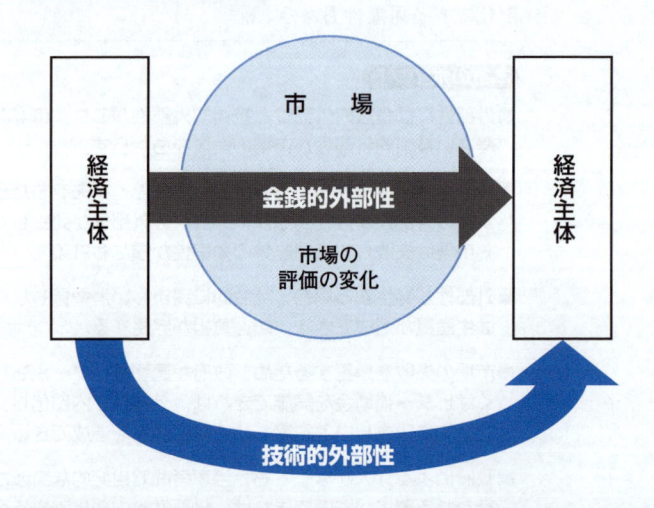

	市場を経るかどうか	市場の失敗を起こすかどうか
金銭的外部性	市場を経る	起こさない
技術的外部性	市場を経ない	起こす

金銭的外部性（Pecuniary Externality）と呼ぶ。

一方，上流の工場が，下流の人々への配慮なしに汚水を垂れ流し，下流の人々の生活に影響をもたらすケースを考える。この場合，工場（経済主体）は地域の住民（経済主体）に影響を与えているが，この外部性は市場を経て影響していない。市場を経ていない外部性を技術的外部性（Technological Externality）と呼ぶ。

金銭的外部性は市場を経ているから，外部性による便益や損失が市場によって評価され，市場の価格に反映されている。ところが，技術的外部性は市場を経ないため，外部性による便益や損失が市場で評価されていない。そのため，技術的外部性は市場の失敗を引き起こし，資源配分の効率性を損ねる。

一般的に外部性と呼ぶときは，技術的外部性を指すことが多い。外部性は，影響を受ける経済主体にとって，便益となるか損失となるかで分類できる。便益をもたらす外部性を正の外部性（Positive Externalities, 外部経済），損失をもたらす外部性を負の外部性（Negative Externalities, 外部不経済）と呼ぶ。

本章で扱うのは，市場の失敗をもたらす外部性である。これらの外部性に対しては，市場の失敗を是正するために，政府が関与しなければならないケースが登場する。

5.2　外部性の具体例

それでは，どのような外部性が例として挙げられるだろうか。表5-1では，外部性の具体例を示している。家計も企業も，影響を与える経済主体になり，影響を受ける経済主体にもなる。

第1に，家計から家計に影響する外部性（分類Ⅰ）がある。たとえば，家計Aが吸うタバコの煙は，タバコの嫌いな家計Bの満足度を下げる。

第2に，家計から企業に影響する外部性（分類Ⅱ）がある。海水浴客（家計）のジェットスキーなどで楽しむ行為が，漁場を荒らしてしまい，

■表 5-1　外部性の具体例と分類

影響を与える主体 \ 影響を受ける主体	家　計	企　業
家　計	分類 Ⅰ タバコの煙 隣家の騒音 授業中の私語 教育 自宅前の花壇 予防接種	分類 Ⅱ 海水浴客による漁場荒らし 教育
企　業	分類 Ⅲ 工場による河川の汚染 工場による大気汚染 環境破壊など公害	分類 Ⅳ 工場による河川の汚染 工場による大気汚染 リンゴ農家と養蜂農家

(備考)　青字のものは正の外部性を意味する。その他は負の外部性である。

漁師（企業）の収穫を減らしてしまうケースが該当する。

　第3に，企業から家計に影響する外部性（分類Ⅲ）がある。工場（企業）による大気汚染は，周辺の住民（家計）に健康被害をもたらす。一般的に，環境破壊などの公害は，企業から家計への負の外部性となる。

　第4に，企業から企業に影響する外部性（分類Ⅳ）がある。上流の工場（企業）による河川の汚染が，下流の農家（企業）の収穫を減らすケースが該当する。

　以上の具体例は，影響を受ける経済主体に損失をもたらす負の外部性のケースであった。同様に，正の外部性についても考えることができる。

　たとえば，自宅の前の花壇を花で飾ることは，その前を通行する他の家計の気分をよくするだろう。また，ある家計が教育を受けることで，社会の治安が維持でき，文化的な水準が高まることで，他の家計や企業の便益になる。ある家計が予防接種を受けることが，伝染病の蔓延を防ぐことから，他の家計にも便益をもたらす。

　企業間で正の外部性が発生するケースとしては，リンゴ農家と養蜂農家の場合がある。リンゴ農家（企業）は近くに養蜂農家（企業）がいる

ことで，受粉作業を省くことができる。養蜂農家も，近くにリンゴ農家がいることで，蜂蜜の生産が容易となる。

5.3　負の外部性の具体例：タバコの喫煙

　負の外部性の身近な例として，タバコの喫煙を考えよう。図 5-2 を参照する。上図と下図は異なる図であるが，同じ経済を表現している。

　図 5-2 上図には喫煙者の効用曲線 $U(X)$ が描かれている。喫煙量 X が増えるほど，効用は増えていくが，限界効用逓減の法則に従って，その増え方は落ちていくとする。そのために，下図の喫煙者の限界効用曲線 $MU(X)$ は，右下がりとなっている。

　喫煙者は，タバコ費の負担を考えて喫煙量 X を決定する。図 5-2 上図のタバコ費曲線 $P \cdot X$ は，タバコ価格 P の傾きをもち，喫煙量 X が増えれば増加する。そのために下図では，一定の１本当たりタバコ価格 P が描かれている。

　喫煙者は，効用 U からタバコ費 $P \cdot X$ を差し引いた消費者余剰を最大にするように喫煙量 X^* を決定する。図 5-2 上図では DC が消費者余剰に相当し，効用 X^*C とタバコ費 X^*D の差が最大になっている。下図では限界効用曲線 $MU(X)$ と１本当たりタバコ価格 P が交わる均衡 E 点で喫煙量 X^* が決まる。このとき，喫煙者の効用は□OX^*EI，支払うタバコ費は□OX^*EG，消費者余剰は△GEI となる。

　ここで，喫煙者の隣に非喫煙者がいるとする。タバコの嫌いな非喫煙者は喫煙者の吸うタバコから負の効用，すなわち不効用（Disutility）を感じている。図 5-2 上図には非喫煙者の不効用曲線 $DU(X)$ が，喫煙者による喫煙量 X が増えるほど逓増するように描かれている。そのために，下図では非喫煙者の限界不効用曲線 $MDU(X)$ が右上がりとなっている。

　喫煙者が X^* まで喫煙するならば，非喫煙者は図 5-2 上図で X^*S，下図で△OX^*K の不効用を受けている。喫煙者は非喫煙者の不効用を

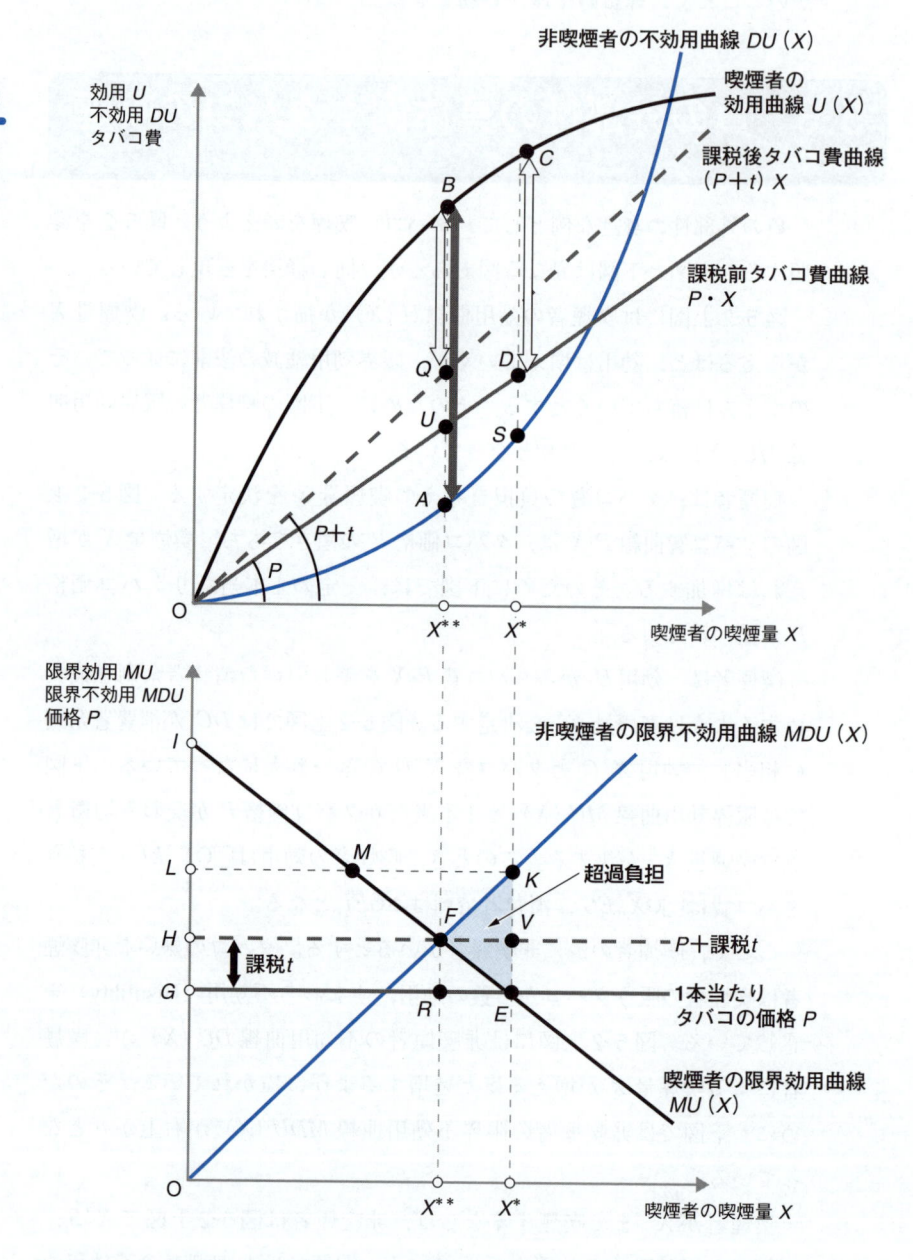

図5-2 タバコの喫煙による外部性

■図 5-2 タバコの喫煙による外部性（つづき）

		喫煙者			非喫煙者
		①効用	②支払うタバコ費	③消費者余剰（=①-②）	④不効用
課税前喫煙量 X^*	上図	X^*C	X^*D	DC	X^*S
	下図	□OX^*EI	□OX^*EG	△GEI	△OX^*K
課税後喫煙量 X^{**}	上図	$X^{**}B$	$X^{**}Q$	QB	$X^{**}A$
	下図	□$OX^{**}FI$	□$OX^{**}FH$	△HFI	△$OX^{**}F$

		⑤社会の総効用（=①-④）	⑥超過負担
課税前喫煙量 X^*	上図	SC	$AB-SC$
	下図	△OFI - △EKF	△EKF
課税後喫煙量 X^{**}	上図	AB	なし
	下図	△OFI	なし

考慮せずに喫煙量を決定しているので，非喫煙者は負の外部性を被っている。

喫煙者の効用 U から非喫煙者の不効用 DU を差し引けば，この社会の総効用を計算できる。すなわち，図 5-2 上図では SC，下図では △OFI から △EKF を差し引いた面積（=□OX^*EI - △OX^*K）が，社会全体の総効用に相当する。

続いて，喫煙者と非喫煙者の社会における望ましい喫煙量 X を考える。その場合，図 5-2 上図では喫煙者の効用 U と非喫煙者の不効用 DU の距離が最大となる喫煙量 X^{**} が社会的に望ましくなる。つまり，喫煙者が非喫煙者の不効用に配慮せずに決めていた喫煙量 X^* は過大であったことになる。

図 5-2 上図で AB は，喫煙者の効用 U と非喫煙者の不効用 DU を合わせた社会全体の総効用を示す。下図では，喫煙者の限界効用曲線 $MU(X)$ と非喫煙者の限界不効用曲線 $MDU(X)$ が交わる F 点で，喫煙量 X^{**} が決定されたとしよう。このとき，喫煙者の効用は □$OX^{**}FI$，非喫煙者の不効用は △$OX^{**}F$ であるから，両者の差となる社会全体の総効用は △OFI となる。

喫煙者が非喫煙者に配慮せずに X^* の喫煙を行う場合の社会全体の総効用（$\triangle OFI - \triangle EKF$）と，非喫煙者の損失を考慮した社会全体の総効用（$\triangle OFI$）を比較すれば，後者が$\triangle EKF$だけ大きい。これが，外部性によって失われた効用であり，超過負担に相当する。喫煙者が非喫煙者の不効用を考慮せずに喫煙量を決定すると，社会は超過負担を被る。

超過負担が発生しない喫煙量 X^{**} を達成するために，政府による課税が考えられる。タバコ1本当たりに t の課税を行うならば，図 5-2 上図で傾き（$P+t$）をもつ課税後のタバコ費曲線を描くことができる。喫煙者が効用から課税後タバコ費を差し引いた消費者余剰を最大にするとき，喫煙量 X^{**} が決定できるとする。

このとき，図 5-2 上図で喫煙者の効用は $X^{**}B$，下図で喫煙者の効用は$\square OX^{**}FI$，支払うタバコ費は上図で $X^{**}Q$，下図で$\square OX^{**}FH$（このうちタバコ税の税収は$\square GRFH$，タバコ企業の収入は$\square OX^{**}RG$），これらを差し引いた消費者余剰は上図で QB，下図で $\triangle HFI$ である。

5.4　負の外部性による市場の失敗

より一般的に，負の外部性が存在する場合に，市場の失敗が発生することを，図 5-3 によって確認しよう。

たとえば，企業の大気汚染が周辺の家計に負の外部性を及ぼしている状況を考える。企業が生産する財の価格 P，数量 X とする。その財に対する家計の需要曲線 $D(P)$ または限界効用曲線 $MU(X)$ は，右下がりで描かれるとする。また，この財に対する企業の供給曲線 $S(P)$ または限界費用曲線 $MC(X)$ は，右上がりで描かれるとする。

この企業は，大気汚染が周辺の家計に悪影響を与えている事情を考えずに私的に生産を行っている。この場合，供給曲線 $S(P)$ は**私的限界費用曲線**（Private Marginal Cost Curve）$PMC(X)$ に一致する。したがって，限界効用曲線 $MU(X)$ と私的限界費用曲線 $PMC(X)$ が交わる均衡 E 点において，価格 P^* と数量 X^* が実現する。

■図 5-3　負の外部性による過剰生産

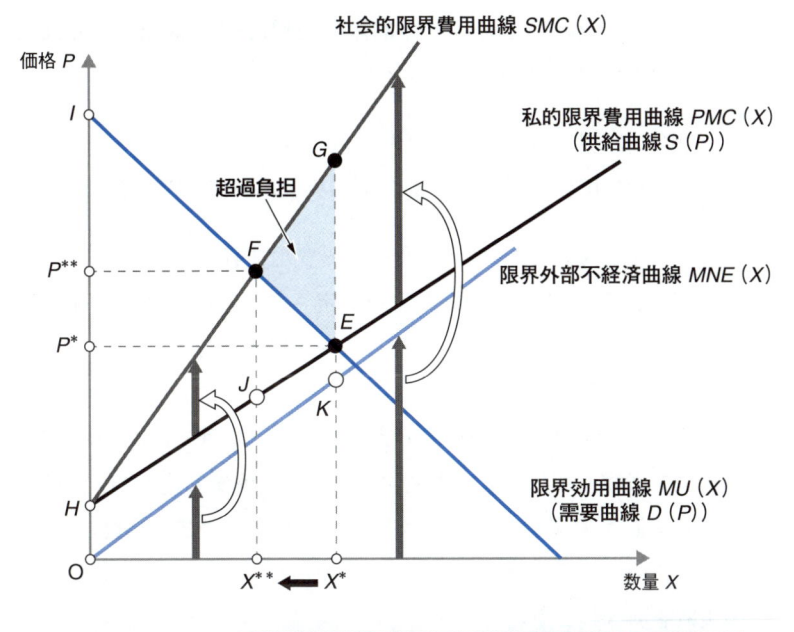

価格 P 軸上・図中ラベル：I、社会的限界費用曲線 $SMC(X)$、私的限界費用曲線 $PMC(X)$（供給曲線 $S(P)$）、超過負担、G、F、P^{**}、P^*、E、限界外部不経済曲線 $MNE(X)$、J、K、H、限界効用曲線 $MU(X)$（需要曲線 $D(P)$）、O、X^{**}、X^*、数量 X

	数量	総余剰	超過負担
負の外部性が存在する場合（E点）	X^*	$\triangle HEI - \triangle HEG$ （$\triangle OX^*K$）$= \triangle HFI - \triangle FEG$	$\triangle FEG$
負の外部性が存在しない場合（F点）	X^{**}	$\triangle HFI$	なし

　しかしながら，この企業が生産量 X を増やすほど，大気汚染による負の外部性が発生する。生産量 X が限界的に増加するときに，社会が被る損失も増加する様子を**限界外部不経済曲線**（Marginal Negative Externality Curve）$MNE(X)$ によって図示している。

　生産量 X がゼロのとき，社会の損失はゼロだが，生産量 X が増えるほど，大気汚染による社会的な損失が増加している。私的限界費用曲線 $PMC(X)$ は，限界外部不経済曲線 $MNE(X)$ を織り込んでいないという点で，市場の失敗を引き起こしている。

　ここで，この企業が，大気汚染による損失を企業自身が費用として負

担し，生産を行う場合を考える。このとき，企業の限界費用曲線は，限界外部不経済曲線 $MNE(X)$ の部分だけ私的限界費用曲線 $PMC(X)$ よりも大きくなる。これが，**社会的限界費用曲線**（Social Marginal Cost Curve）$SMC(X)$ である。すなわち，下記の式が成立する。

$$
\begin{aligned}
&社会的限界費用\ SMC(X) \\
&= 私的限界費用\ PMC(X) + 限界外部不経済\ MNE(X)
\end{aligned} \tag{5.1}
$$

限界効用曲線 $MU(X)$ と社会的限界費用曲線 $SMC(X)$ による均衡 F 点では，価格 P^{**} と数量 X^{**} が決定される。限界外部不経済曲線 $MNE(X)$ を企業が織り込んだ社会的限界費用曲線 $SMC(X)$ では，市場の失敗は生じていない。

均衡の E 点と F 点の違いを考えてみたい。E 点では，大気汚染による損失を考慮せずに企業が生産するため，考慮する場合の F 点に比べて，生産量 X が過剰となっている（$X^* > X^{**}$）。つまり，負の外部性にかかる費用を考慮しない分，企業の生産が過剰になり，このことが市場の失敗を引き起こす。

総余剰はどのように変化するだろうか。負の外部性が存在しない F 点の場合，総余剰は $\triangle HFI$ である。一方，負の外部性が存在する E 点の場合，総余剰は $\triangle HEI$ から負の外部性による損失の $\triangle HEG$（$\triangle OX^*K$）を控除した部分，すなわち（$\triangle HFI - \triangle FEG$）である。したがって，負の外部性が発生する場合の超過負担は $\triangle FEG$ となる。

5.5　正の外部性の具体例：街灯の明かり

次に，正の外部性の具体例として，街灯の明かりを考えよう。図5-4を参照する。上図と下図は異なる図であるが，同じ経済を表現している。

いま，家計 A の自宅前には電灯があり，家計 A は電灯の明るさを調整できるが，その費用として電気料金を自己負担で支払う。さらに，家計 A の隣に家計 B が住んでおり，家計 A が電灯の明かりを強めれば，

■図 5-4　電灯の明かりによる外部性

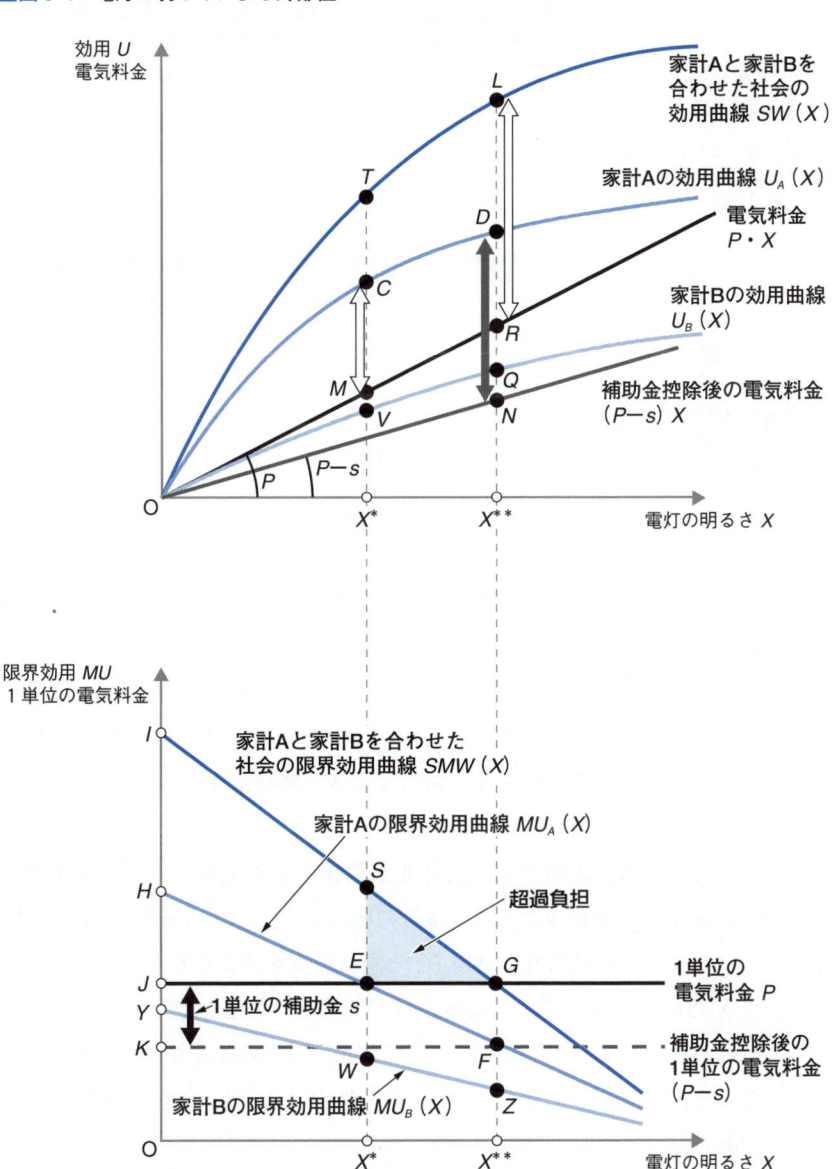

■図 5-4　電灯の明かりによる外部性（つづき）

		家計 A		
		①効用	②電気料金	③消費者余剰（＝①－②）
電気料金Pのもとでの電灯の明るさ X^*	上図	X^*C	X^*M	MC
	下図	□OX^*EH	□OX^*EJ	△JEH
補助金sのもとでの電灯の明るさ X^{**}	上図	$X^{**}D$	$X^{**}N$	ND
	下図	□$OX^{**}FH$	□$OX^{**}FK$	△KFH

		家計 B	社会全体	
		④効用	⑤効用（＝①＋④）	⑥総余剰（＝⑤－②）
電気料金Pのもとでの電灯の明るさ X^*	上図	X^*V	X^*T	MT
	下図	□OX^*WY	□OX^*SI	□$JESI$
補助金sのもとでの電灯の明るさ X^{**}	上図	$X^{**}Q$	$X^{**}L$	NL
	下図	□$OX^{**}ZY$	□$OX^{**}GI$	△JGI

家計 B もその光の便益を享受できる状況を考える。つまり，家計 A の電灯は，家計 B に対して正の外部性をもっている。

図 5-4 上図には，電灯の明るさに対する家計 A の効用曲線 $U_A(X)$ と家計 B の効用曲線 $U_B(X)$ が描かれている。家計 A のほうが家計 B よりも，同じ電灯の明るさ X に対して大きく便益を評価している。

ここでは簡単化のため，電灯が明るいほど，電気料金が単純に増えていくと考える。このとき，家計 A が負担する電気料金 $P\cdot X$ は，1 単位の電気料金 P を傾きとして，電灯の明るさ X に従って線形で増加する。

いま，家計 A は自身の効用 U_A と電気料金を考えながら，電灯の明るさ X の程度を選択する。効用から電気料金の負担を差し引いた消費者余剰が最大となる X^* において，家計 A は電灯の明るさを設定する。このとき，家計 A の効用は X^*C，電気料金は X^*M，消費者余剰は MC である。

図 5-4 下図は，上図と同じ状況を描いている。電灯の明るさ X が大きくなれば，家計 A の限界効用 MU_A と家計 B の限界効用 MU_B は減少

する。そのために，それぞれの限界効用曲線 $MU(X)$ は右下がりで示されている。一方，電気料金は P で一定となる。

このとき，家計 A は限界効用曲線 $MU_A(X)$ と電気料金 P が交わる E 点において，X^* の電灯の明るさを選択する。家計 A の効用は □OX^*EH，電気料金は □OX^*EJ，家計 A の消費者余剰は △JEH である。

しかしながら，家計 A に隣接する家計 B が電灯から受ける効用 U_B を考えれば，社会的に望ましい電灯の明るさは X^* ではない。図 5-4 上図にあるように，家計 A と家計 B を合わせた社会の効用曲線 $SW(X)$ を描けば，電気料金との差である総余剰が最大となる X^{**} が，社会的に望ましい電灯の明るさとなる。このときの家計 A の効用は $X^{**}D$，家計 B の効用は $X^{**}Q$（$=DL$），家計 A が負担する電気料金は $X^{**}R$，社会の総余剰は RL となる。

図 5-4 下図でも，家計 B の限界効用曲線 $MU_B(X)$ と社会の限界効用曲線 $SMU(X)$ が描かれている。社会の限界効用曲線 $SMW(X)$ と電気料金 P が交わる G 点において，社会的に望ましい電灯の明るさ X^{**} が決められる。このとき，社会の効用は □$OX^{**}GI$，家計 A が負担する電気料金は □$OX^{**}GJ$，社会の総余剰は △JGI となる。

家計 A が自身の効用を最大にするとき，電灯の明るさは X^* となり，社会的に望ましい X^{**} と比べて過小になる（$X^* < X^{**}$）。家計 A は社会的に望ましい X^{**} を自発的に選ぶことはない。

そこで，政府が家計 A の電気料金の負担に対して，補助金を支給することを考えよう。電灯の明るさ 1 単位当たり電気料金 P に対して 1 単位の補助金 s を考える。図 5-4 上図で，補助金を控除した後の電気料金の総額は，$(P-s)$ を傾きとする線形で増加する。

いま，家計 A は総効用 U_A と補助金控除後の電気料金 $(P-s)X$ の差である消費者余剰を最大にするようにして電灯の明るさ X を決定する。政府が適切に家計 A に対して補助金を支給できれば，家計 A は自発的に X^{**} の電灯の明るさを選択する。このとき，家計 A の効用は $X^{**}D$，家計 A が負担する補助金控除後の電気料金は $X^{**}N$，家計 A の消費者余剰は ND となる。また，家計 B の効用は $X^{**}Q$，社会全体の

効用は $X^{**}L$ となっている。

一方，図5-4下図でも，同じ状況を確認できる。家計Aが直面する電気料金 P は補助金 s を差し引いた $(P-s)$ にまで低下する。家計Aは，限界効用曲線 $MU_A(X)$ と補助金控除後の電気料金 $(P-s)$ の交わる F 点において，X^{**} の電灯の明るさを決定する。このとき，社会全体の効用は□$OX^{**}GI$，家計Aの負担する補助金控除後の電気料金は□$OX^{**}FK$，補助金総額は□$KFGJ$，社会の総余剰は△JGI となる。

なお，補助金がない場合は，社会全体の効用は□$OX^{*}SI$，電気料金は□$OX^{*}EJ$，総余剰は□$JESI$ である。したがって，外部性による超過負担は△EGS となる。

5.6　正の外部性による市場の失敗

より一般的に，正の外部性が存在する場合，市場の失敗が発生することを示そう。たとえば図5-5において，教育の価格 P，数量 X とした教育市場を考えてみる。

教育サービスを供給する企業などの経済主体は，右上がりの供給曲線 $S(P)$ もしくは限界費用曲線 $MC(X)$ をもつとする。一方，教育を受ける家計は，教育の価格 P に応じて消費する教育サービスの数量 X を決める。そのため，家計は右下がりの**私的限界効用曲線**（Private Marginal Utility Curve）$PMU(X)$ をもつ。

私的限界効用曲線 $PMU(X)$ と限界費用曲線 $MC(X)$ が交わる均衡 E 点において，価格 P^* と数量 X^* が実現する。ところが，家計の教育サービスの消費量 X^* は社会的に望ましい水準ではない。なぜなら，ある家計が受けた教育は，その家計が受ける効用にとどまらない。社会全体の治安を維持し，文化的な水準を引き上げる効果があり，他の家計にも便益を及ぼす正の外部性をもつ。

教育サービスの消費が限界的に増えるときに，一定の正の外部性が発生すると考えれば，図のような**限界外部経済曲線**（**Marginal Positive**

■図 5-5　正の外部性による過少消費

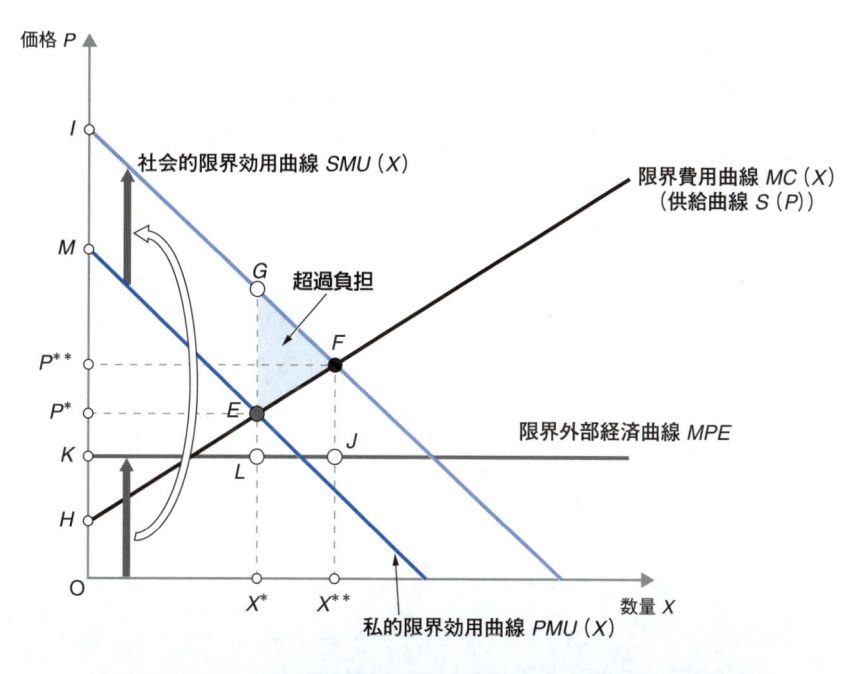

数量	総余剰	超過負担
正の外部性が存在する場合（E点）	X^*	□HEGI（＝△HEM＋□MEGI）	△EFG
正の外部性が存在しない場合（F点）	X^{**}	△HFI	なし

Externality Curve) MPE を示すことができる。家計が直面している私的限界効用曲線 $PMU(X)$ に限界外部経済曲線 MPE を加えれば，他の家計への正の外部性を考慮した**社会的限界効用曲線**（Social Marginal Utility Curve) $SMU(X)$ を考えることができる。すなわち，下記の式が成立する。

$$\begin{aligned}&社会的限界効用\ SMU(X)\\&\quad =私的限界効用\ PMU(X)+限界外部経済\ MPE\end{aligned} \tag{5.2}$$

社会的限界効用曲線 $SMU(X)$ と限界費用曲線 $MC(X)$ が交わる均

衡 F 点では，価格 P^{**} と数量 X^{**} が実現する。正の外部性を織り込んだ社会的効用曲線 $SMU(X)$ によって決定される均衡であるから，市場の失敗は生じていない。

均衡の E 点と F 点の違いを考えてみたい。E 点では，教育による社会への便益を考慮せずに家計が教育を消費するため，考慮する場合の F 点に比べて，消費量が過小になっている（$X^* < X^{**}$）。つまり，正の外部性にかかる便益を考慮しない分，家計の消費が過小となり，このことが市場の失敗を引き起こす。

総余剰はどのように変化するだろうか。正の外部性が存在する E 点の場合，総余剰は△HEM に正の外部性による便益の□MEGI（□OX*L K）を加えた□HEGI である。一方，正の外部性が存在しない F 点の場合，総余剰は△HFI である。したがって，正の外部性が発生する場合の超過負担は△EFG となる。

5.7 税と補助金による外部性の内部化

　外部性による生産の過剰や消費の過小がもたらす超過負担の発生は，効率的な資源配分の観点から望ましくない。タバコと電灯の例にあったように，政府が市場に介入することで，外部性が解決できる可能性がある。一般的に，外部性が解消して市場の失敗が解決することを外部性の内部化（Internalizing Externalities）と呼んでいる。

　まず，内部化を達成する課税を考える。このような租税を提唱者の名前をとってピグー（A. C. Pigou）税と呼んでいる。図5-6 にあるように，負の外部性が存在するもとでは，家計の限界効用曲線 $MU(X)$ と企業の私的限界費用曲線 $PMC(X)$ が交わる均衡 E 点が実現している。

　過剰な生産を抑制するために，政府が企業に対して，生産量1単位当たりに課税 t を行う。税務当局に対して納税を行う企業は，課税の負担だけ費用が増加するために，限界費用曲線（供給曲線）がシフトする（第2章コラム参照）。そのため，課税前の私的限界費用曲線 $PMC(X)$

■図 5-6　ピグー税による負の外部性の内部化

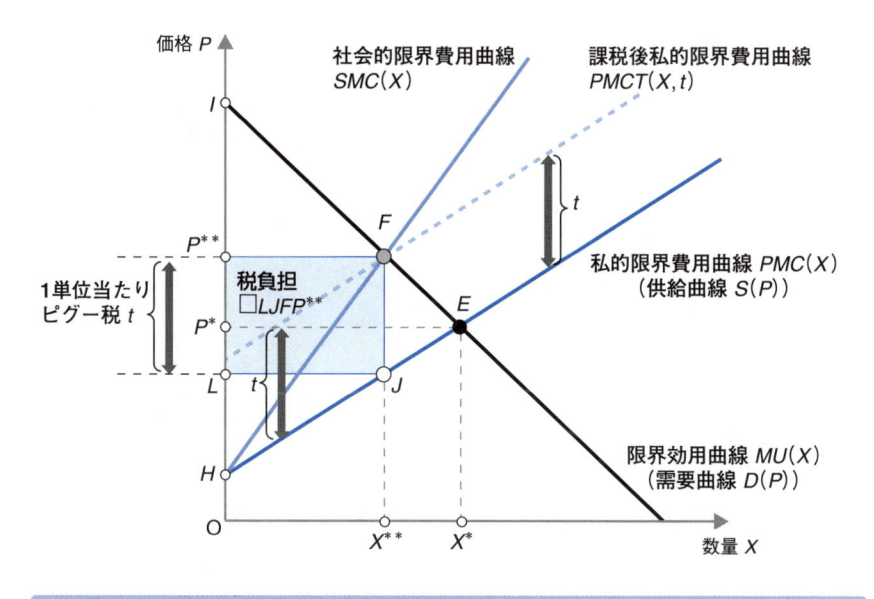

よりも，課税後私的限界費用曲線 $PMCT(X,t)$ は課税 t だけ切片が大きくなる。すなわち，下記の式が成立する。

$$
\begin{aligned}
&課税後私的限界費用\ PMCT(X,t) \\
&= 私的限界費用\ PMC(X) + 1 単位当たりピグー税\ t
\end{aligned} \tag{5.3}
$$

限界効用曲線 $MU(X)$ と課税後私的限界費用曲線 $PMCT(X,t)$ の均衡が，市場の失敗を解決する均衡 F 点に一致するならば，この課税は負の外部性を内部化できたことになる。このとき，税負担額は □$LJFP^{**}$ で表される。

次に，内部化を達成するための補助金を考える。これを**ピグー補助金**と呼ぶ。図 5-7 にあるように，正の外部性が存在すると，家計の私的限界効用曲線 $PMU(X)$ と企業の限界費用曲線 $MC(X)$ が交わる均衡 E 点が実現している。

過小な消費を促進するために，政府が家計に対して，消費量 1 単位当

■図 5-7　ピグー補助金による正の外部性の内部化

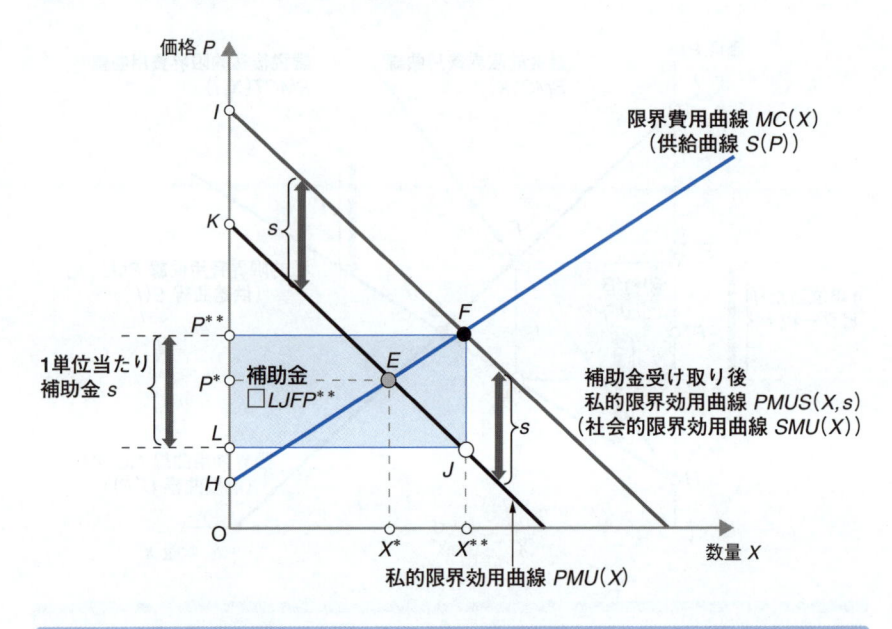

たりに補助金 s を支出する。補助金は家計の限界効用曲線（需要曲線）を引き上げる（第2章コラム参照）。そのため，補助金のない私的限界効用曲線 $PMU(X)$ よりも，補助金を受けた後の私的限界効用曲線 $PMUS(X,s)$ は，補助金 s だけ切片が大きくなる。すなわち，下記の式が成立する。

$$
\begin{aligned}
&補助金受け取り後私的限界効用\ PMUS(X,s) \\
&\quad =私的限界効用\ PMU(X)+1単位当たりピグー補助金\ s
\end{aligned} \tag{5.4}
$$

限界費用曲線 $MC(X)$ と補助金受け取り後私的限界効用曲線 $PMUS(X,s)$ が交わる均衡が，市場の失敗を解決する均衡 F 点に一致するならば（補助金受け取り後私的限界効用曲線 $PMUS(X,s)$ が社会的限界効用曲線 $SMU(X)$ に一致するならば），この補助金は負の外部性を内部化できたことになる。このとき，補助金支給額は $\square LJFP^{**}$ で表される。

とはいえ，政府が1単位当たりの課税 t や補助金 s を適切に設定でき

るとは限らない。仮に適切な水準から乖離し，課税 t や補助金 s が大きすぎたり，または小さすぎるならば，市場の失敗を解決する均衡 F 点は実現できない。その場合は，超過負担が生じてしまうことになる。

5.8 コースの定理

政府による課税や補助金に頼らなくても，外部性を内部化できる可能性がある。そのためには，当事者が自由に交渉できる環境が整備されなければならない。

いま，ある地域の企業が汚染物質を排出し，その地域の住民に損失をもたらす負の外部性の状況を想定する。図 5-8 上図には，企業の生産量 X に依存する利潤曲線 $\Pi(X)$ が描かれている。企業の生産が周辺環境の汚染に直結すると考えるならば，生産量 X は汚染量 X と読み替えてもよい。下図では，企業の限界利潤曲線 $MP(X)$，住民の限界損失曲線 $ML(X)$ が描かれている。

生産量が増える（汚染が進む）ほど，企業は利潤 Π を増やす。生産量 X^{**} をピークにして利潤が減るのは，費用が生産量 X に対して逓増することを想定するためである。

仮に，企業が住民に配慮せず，利潤 Π を最大にするように行動すると考える。このとき，企業は図 5-8 上図の C 点で生産量 X^{**} を決定し，利潤 Π は上図で $X^{**}C$，下図で $\triangle OX^{**}Y$ となる。一方，住民の損失 L は，上図で $X^{**}M$，下図で $\triangle X^{***}X^{**}R$ となる。

この状態では，企業が負の外部性を住民にもたらしている。本来，企業の利潤 Π から住民の損失 L を差し引いた部分（図 5-8 上図では AB が一例）が最大となる生産量 X^* が，社会的に望ましい。すなわち，下図では限界利潤曲線 $MP(X)$ と限界損失曲線 $ML(X)$ が交わる W 点が，外部性が内部化された状態である。

いま，この企業が環境汚染権をもつ場合を考える。環境汚染権とは，企業が環境を汚染できることを認める権利である。このような企業は，

■図 5-8 コースの定理

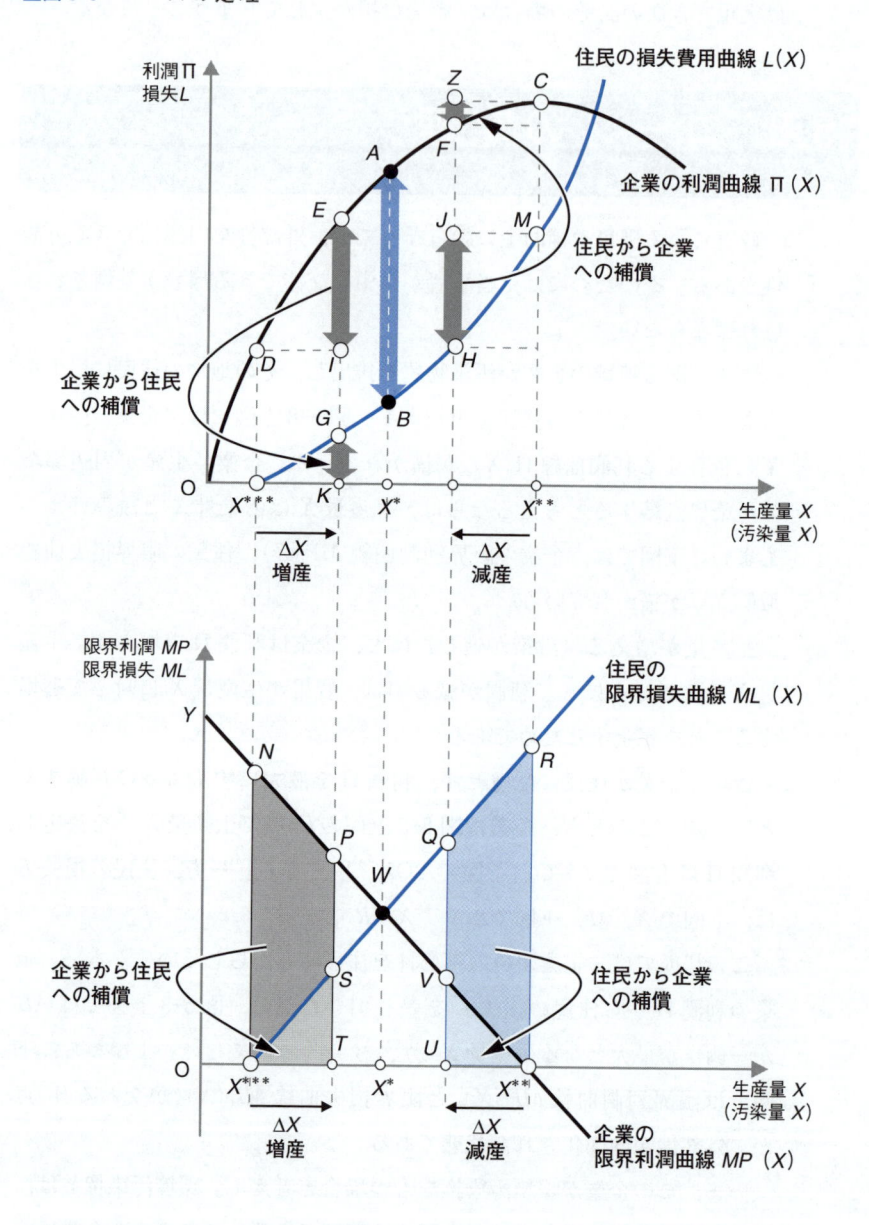

利潤 Π を最大にするように生産量 X^{**} を決める。

このとき住民は，企業に ΔX だけの減産を提案する。仮に減産 ΔX が実現すれば，企業は図 5-8 上図で FZ，下図で $\triangle UX^{**}V$ の利潤を失う。しかし，住民は上図で HJ，下図で $\square UX^{**}RQ$ の損失が軽減される。企業の失う利潤よりも，住民の損失の軽減のほうが大きい（$FZ＜HJ$，$\triangle UX^{**}V＜\square UX^{**}RQ$）。そのため，住民が企業に補償を行えば，企業は減産の提案を受け入れる。住民による企業への補償は，上図で（$HJ-FZ$），下図で（$\square UX^{**}RQ-\triangle UX^{**}V$）の範囲内で行われる。

このような交渉を続ければ，最終的に生産量 X^* に到達する。このとき，政府の介入なしに，外部性は内部化される。生産量 X^* のもとでは，住民がさらなる減産を求めても，企業は応じない。なぜなら，追加的な減産による住民の損失の軽減では，企業の利潤の減少を補償できなくなるからである。

逆に，住民が環境維持権をもつ場合を考える。環境維持権とは，住民が環境を維持できることを認める権利である。このもとでは，企業は住民の損失 L をゼロにしなければならず，生産量 X^{***} となる。企業の利潤 Π は図 5-8 上図で $X^{***}D$，下図で $\square OX^{***}NY$ となる。

このとき企業は，住民に ΔX だけの増産を提案する。仮に増産 ΔX が実現すれば，住民は図 5-8 上図で KG，下図で $\triangle X^{***}TS$ の損失を被る。しかし，企業は上図で IE，下図で $\square X^{***}TPN$ の利潤を得る。住民が被る損失よりも，企業が得る利潤は大きい（$KG＜IE$，$\triangle X^{***}TS＜\square X^{***}TPN$）。そのため，企業が住民に補償を行えば，住民は企業の増産の提案を受け入れる。企業による住民への補償は，上図で（$IE-KG$），下図で（$\square X^{***}TPN-\triangle X^{***}TS$）の範囲内で行われる。

このような交渉を続ければ，最終的に生産量 X^* に到達する。生産量 X^* のもとでは，企業がさらなる増産を求めても，住民は受け入れない。なぜなら，追加的な増産による利潤で，住民の損失を補償できなくなるからである。

このように，当事者間の自発的な交渉によって，外部性が内部化することを**コース**（R. H. Coase）**の定理**（Coase Theorem）と呼んでいる。

コースの定理において重要なのは，交渉前に当事者のどちらかに権利が付与されていることである。ここでの例ならば，企業の環境汚染権もしくは住民の環境維持権である。さらに，コースの定理が成立するためには，いくつかの条件が必要である。

第1に，当事者の誰に権利が存在するかが，交渉前に明確でなければならない。誰が外部性を発生させ，誰が外部性から損失を受けているのかが，はっきりしている必要がある。誰が誰に補償すべきかがわからなければ，交渉することはできない。

第2に，当事者の数が多すぎるならば，交渉に相当のコストがかかってしまう。当事者の数が多くなれば，誰が加害者で誰が被害者なのかを判別することも難しくなる。意見を集約できなければ，交渉は決裂するかもしれない。交渉のための費用を**取引費用**（Transaction Cost）と呼ぶが，取引費用が無視できるほど小さいことが，コースの定理には必要となる。しかしながら現実には，取引費用が小さい場合はまれである。

キーワード

外部性，金銭的外部性，技術的外部性，市場の失敗，正の外部性（外部経済），負の外部性（外部不経済），私的限界費用曲線，限界外部不経済曲線，社会的限界費用曲線，私的限界効用曲線，限界外部経済曲線，社会的限界効用曲線，内部化，ピグー税，ピグー補助金，補助金，コースの定理，取引費用

復習問題

(1) 負の外部性の例を挙げよ。
(2) 負の外部性が過剰生産をもたらすことを，私的限界費用曲線と社会的限界費用曲線を描くことで示せ。また，ピグー税によって外部性が内部化できることも図示せよ。
(3) 正の外部性が過少消費をもたらすことを，私的限界便益曲線と社会的限界便益曲線を描くことで示せ。また，ピグー補助金によって外部性が内部化できることも図示せよ。

発展問題

(1) ピグー税やピグー補助金によって，外部性が完全に内部化できるためには，どのような条件が必要か。
(2) 図 5-8 下図において W 点が実現するならば，企業もしくは住民による補償によって，生産量がもはや変更されないことを図によって示し，説明せよ。

5.8 コースの定理

❖コラム　排出権取引

本章で登場した環境汚染権の概念は，地球温暖化の抑制に利用されている。下の図のように，生産過程において，二酸化炭素 CO_2 を排出している企業が 2 つあるとする。CO_2 排出の抑制は，地球温暖化を防ぐ方法の一つである。そこで政府は，それぞれの企業に対して，過去の実績の排出量よりも少ない排出量を目標とするように規制をかける。この規制で認められた排出量が排出権である。

実際に企業が経済活動を行った結果，企業 A の実際の排出量が，定められた排出権をオーバーし，企業 B は排出権よりも実際の排出量を抑制できたとしよう。企業 A は，排出権をオーバーした部分について，排出権よりも抑制できた企業 B から，その部分に相当する排出権を金銭で購入しなければならない。これが排出権取引の仕組みである。

結果として，企業 A と企業 B の全体で見れば，最初の目標を達成することができ，CO_2 排出量を抑制できたことになる。

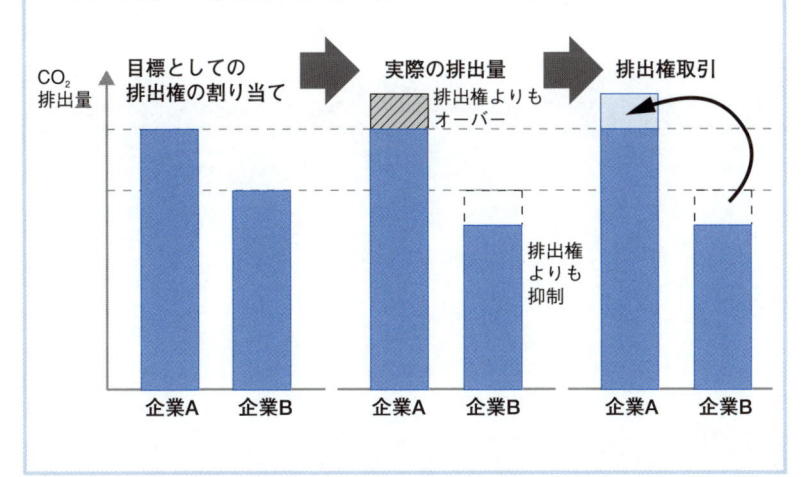

第6章

自 然 独 占

　本章では，自然独占について学ぶ。市場は様々な特徴をもち，規模の経済が働く場合，巨額の固定費用が存在する場合などで，自然独占が形成されることがある。独占企業が利潤を最大化する場合は，高い価格と少ない生産量で正の利潤が発生するため，政府が価格規制を行うことがある。規制の方法によっては，異なる経済効果がもたらされる。

本章のポイント

- ■完全競争市場が成立するには，いくつかの条件が必要であり，その条件が満たされなければ不完全市場となる。
- ■独占企業は価格受容者ではなく，市場での価格の設定に影響力をもつ。
- ■規模の経済や巨額の固定費用，劣加法性の成立によって自然独占が形成される。
- ■独占企業は完全競争市場の企業とは異なる行動をとり，利潤最大化による均衡においては，生産量は小さく，価格は高く，正の利潤が発生する。
- ■限界費用価格規制は最大の総余剰をもたらすものの，損失の発生が避けられず，平均費用価格規制で独立採算が実現するが，超過負担を覚悟しなければならない。
- ■二部料金制度は，超過負担をゼロにしつつ，独立採算を維持できる。

6.1 完全競争市場の条件

第2章の2.1節では，個々の多くの企業の供給曲線を集計することで，市場供給曲線が得られること，個々の多くの家計の需要曲線を集計することで，市場需要曲線が得られることを学んだ。

そのような市場では，当初に超過需要もしくは超過供給が発生していたとしても，価格メカニズムが機能し，需要と供給が一致するような均衡価格が得られる（第2章の2.2節参照）。均衡においては，家計の消費者余剰，企業の生産者余剰，これらを合わせた総余剰が最大になっており，効率性の観点から望ましい資源配分が達成できる。

このような特徴をもつ市場は，**完全競争市場**（Perfectly Competitive Market）と呼ばれている。厳密に言えば，完全競争市場の成立には，下記のような4つの条件が必要である。

> (1) 市場に多数の売り手と多数の買い手が存在する（経済主体の多数性）
> (2) 企業の市場への参入と退出が自由に可能である（参入・退出の自由性）
> (3) 市場で取引される財の質が同じである（財の同質性）
> (4) 財の質と価格に対する情報が完全に知れ渡っている（完全情報）

これらの条件がすべて満たされるとき，ある企業が他の企業よりも高い価格を付けることはできない。なぜなら，価格を引き上げた企業の財を，家計は買うことがないからである。このことを図で確認する。

図6-1は，完全競争市場に参入している企業Aの費用曲線および供給曲線を示している。当初，価格が P^* の水準で，財の生産量は X^* であったとしよう。このとき，企業Aの収入は□OX^*EP^*，総費用は□OX^*FH，利潤は□$HFEP^*$ である。

企業Aが正の利潤を享受していることは，別の企業Bが市場に参入

■図 6-1　費用曲線と供給曲線（図 1-8 の再掲）

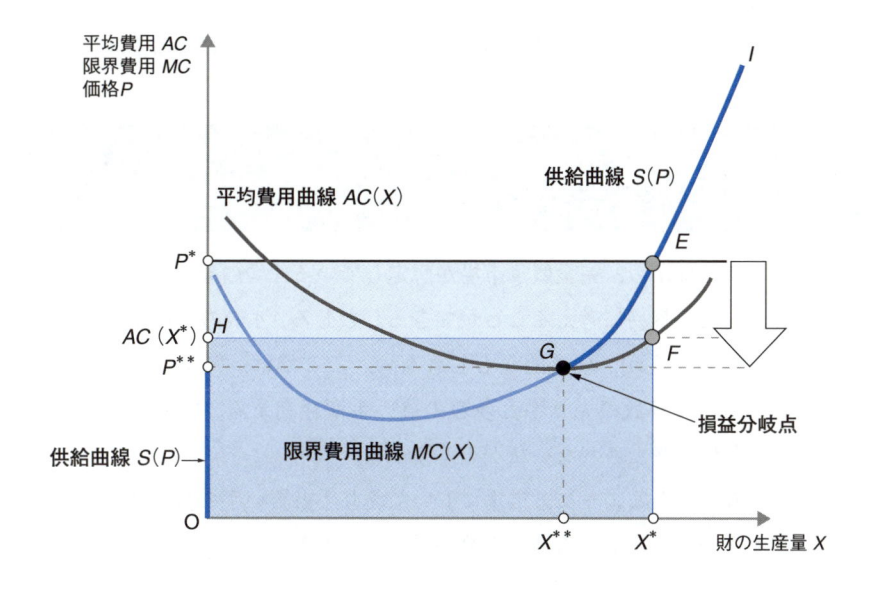

する余地を与える。企業 B は P^* よりも低い価格 P^{**} を設定するとしよう。このとき，企業 A は価格 P^* で売ることができなくなる。企業 A も価格を P^{**} に設定せざるをえなくなり，財の生産量は X^{**} となる。価格 P^{**} のもとでは，企業 A の収入は □$OX^{**}GP^{**}$，総費用も □$OX^{**}GP^{**}$ であるから，利潤はゼロとなる。

さらに，新たに市場に参入した企業 C が価格 P^{**} よりも低い価格を設定すれば，企業 A は負の利潤（すなわち損失）を被ることになる。この状態が長期間続くならば，企業 A は市場から退出せざるをえない。

このように，完全競争市場では，絶えず価格競争が繰り返される。その結果として，市場にて生き残る企業の利潤は長期的にゼロへ向かう。企業 A が市場において生き残るならば，価格 P^{**} の水準に市場の価格が決定される。そのため，企業は市場で決定される価格を前提に行動する価格受容者（プライス・テイカー，Price Taker）となる。

価格受容者ならば，一つの企業の行動が市場に与える影響は無視でき

るほど小さい。このように，もっとも望ましい資源配分を達成できる完全競争市場の成立には，いくつかの条件が必要であり，これらが満たされなければ資源配分の効率性は損なわれてしまうことになる。

6.2　不完全競争の市場構造

しかしながら，完全競争市場が想定している4つの条件が満たされない市場も，容易に考えることができる。むしろ，4つの条件を満たさない市場のほうが，現実的かもしれない。ここでは，先の条件のうち，(1) 市場に多数の売り手と多数の買い手が存在する（経済主体の多数性）条件が満たされない状況を考えよう。

表 6-1 にあるように，市場において売り手と買い手の数がどの程度存在するかによって，市場の性質が異なってくる。

完全競争市場には，多数の買い手と売り手が存在する。市場で取引される財が最終消費財ならば，買い手は家計であり，売り手は企業である。市場で取引される財が，原材料などのように企業間で取引する中間財ならば，買い手も売り手も企業となる。

ところが独占（Monopoly）では，売り手もしくは買い手の数が1つのみとなる。売り手が1つならば売り手独占（Seller's Monopoly），買い手が1つならば買い手独占（Buyer's Monopoly）である。たとえば日本では，国産の葉タバコは日本たばこ産業株式会社（JT）のみが製造できる権利をもち，市場での供給を独占（売り手独占）している。また，日本で戦闘機を購入するのは自衛隊のみであり，市場での需要を独占（買い手独占）している。

さらに，売り手が少数の場合を寡占（Oligopoly），2つの場合を複占（Duopoly）と呼ぶ。日本の場合，ビール産業や航空産業は寡占であると考えられる。また，比較的多数の企業が，商品のデザインやブランド力によって他の企業の商品との差別化を競っている状態が独占的競争（Monopolistic Competition）である。バックや時計などブランド品販売

■表6-1　様々な市場構造

		買い手	売り手
完全競争		多数	多数
不完全競争	売り手独占	多数	1つ
	買い手独占	1つ	多数
	寡　占	多数	少数
	複　占	多数	2つ
	独占的競争	多数	比較的多数

業や都市部のホテル業は，独占的競争の例である。

　以上のように，市場に参加する買い手と売り手の数によって市場構造が異なってくる。買い手や売り手が多数でなくなるとき，その経済主体は市場に対して影響力をもちはじめ，価格受容者でなくなる。まさに，その状況が**不完全競争**（Imperfect Competition）である。

　不完全競争が発生するとき，市場に影響力をもつ経済主体が，価格に対してある程度の支配力をもつようになる。たとえば売り手独占で言えば，市場への供給を一つの企業が独占しているから，その企業は他の企業の動きを気にせずに，価格を設定できる。

　そのような独占企業は，独占できるのをよいことに，高い価格を設定し，正の利潤を享受するかもしれない。明らかに完全競争市場とは異なる状況が出現することになる。独占の市場では，資源配分の効率性が阻害され，市場が失敗する。そのために，政府の介入が必要となる場合がある。

　ここでは，不完全競争のなかでも，特に独占の問題について取り扱う。以下で独占とは，売り手独占を意味する。

6.3　自然独占の形成①：規模の経済

　特定の性質をもつ市場では，当初に多数の企業が存在していたとして

も，それらが合併を繰り返すことで，最終的には独占に至ると考えられる。このようにして発生する独占を**自然独占**（Natural Monopoly）と呼ぶが，そのようになる市場の性質には，どのようなものが考えられるだろうか。

まず，**規模の経済**（Scale of Economy）が働く場合である。図6-2には，規模の経済に関する3つのパターンを示している。まず，(1) 生産関数の図では，生産要素と生産量 X の関係が示されている。生産関数 $F(L, K)$ は，生産要素である労働 L と資本 K を投入することで生産量 X が産出される関係を示している。

$$生産量\ X = F（労働\ L, 資本\ K） \tag{6.1}$$

労働 L および資本 K の生産要素を同時に n 倍にしたときに，生産量 X も n 倍になる関係を (a) **規模に関して収穫一定**（Constant Returns to Scale），生産量 X が n 倍以上になる関係を (b) **規模に関して収穫逓増**（Increasing Returns to Scale），生産量 X が n 倍以下になる関係を (c) **規模に関して収穫逓減**（Decreasing Returns to Scale）と呼ぶ。n は任意の数字である。

労働市場では賃金率 w，資本市場では利子率 r が決定されていると考えれば，企業の総費用は

$$総費用\ C = 賃金率\ w \cdot 労働\ L + 利子率\ r \cdot 資本\ K \tag{6.2}$$

のように表現できる。企業は，生産に投入した労働 L と資本 K に対して，それぞれの報酬として，労働費用 wL と資本費用 rK を支払う。

図6-2の (2) 総費用曲線の図では，(a)〜(c) までの費用曲線を示している。さらに，総費用 C を生産量 X で除算することで，平均費用 $AC\ (= C/X)$ を計算して図示したものが，(3) 平均費用曲線の図である。

生産量 X に対して，(a) 規模に関して収穫一定の平均費用は一定，(b) 規模に関して収穫逓増の費用曲線は逓減，(c) 規模に関して収穫逓減の費用曲線は逓増となることがわかる。

■図6-2 規模の経済

(1) 生産関数

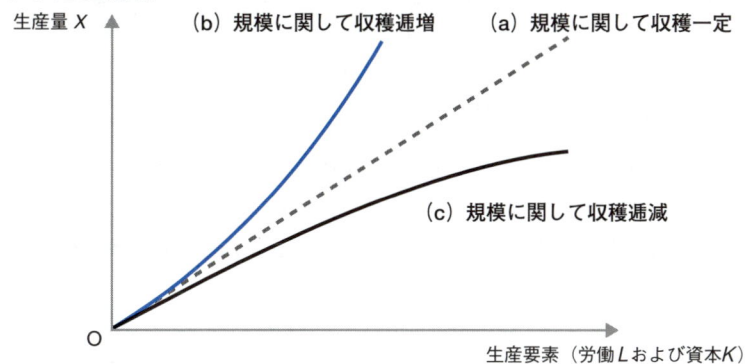

- 生産量 X 軸
- (b) 規模に関して収穫逓増
- (a) 規模に関して収穫一定
- (c) 規模に関して収穫逓減
- 横軸：生産要素（労働 L および資本 K）

(2) 総費用曲線

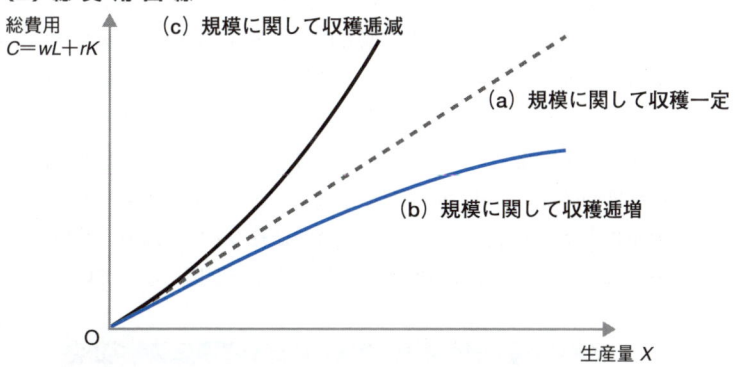

- 総費用 $C = wL + rK$
- (c) 規模に関して収穫逓減
- (a) 規模に関して収穫一定
- (b) 規模に関して収穫逓増
- 横軸：生産量 X

(3) 平均費用曲線

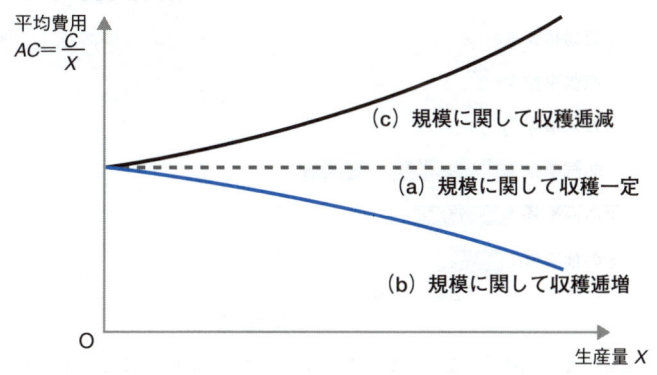

- 平均費用 $AC = \dfrac{C}{X}$
- (c) 規模に関して収穫逓減
- (a) 規模に関して収穫一定
- (b) 規模に関して収穫逓増
- 横軸：生産量 X

ここで，規模の経済が働く場合は（b）規模に関して収穫逓増のケースに該当する。この場合は，生産量 X を増やせば増やすほど費用を節減できるために，企業は規模を拡大し，自然独占が形成されやすくなる。

❖コラム　地域独占の地方公営企業

　規模の経済が働くがゆえに，地域独占の形態をとっている企業（もしくは事業）を，日本の地方財政に多く見出すことができる。次の図は，地方公営企業法が適用される地方公営企業（法適用企業）の数（2008年度決算）を示している。

　地方公営企業とは，地方自治体が運営に関わっている企業である。たとえば，上下水道事業，地下鉄やバスなどの交通事業，ダムなどの水力発電所，ガス事業，病院事業が挙げられる。通常，これらの事業を行うには大規模設備が必要なこともあり，地方自治体が事業の運営に関わっている。

　図には，黒字と赤字の事業数も示されている。地方公営企業が独占であるからといって，必ずしも黒字事業ばかりではない。価格（料金）を高く設定すれば黒字化できるだろうが，公営の企業であるゆえに低所得者などへの配慮が必要となり，価格を高く設定できず，赤字事業も多い。特に病院事業に赤字が多く見られる。地方公営企業の赤字は地方自治体によって補塡されるが，それが地方財政の悪化を招く一要因になっている。

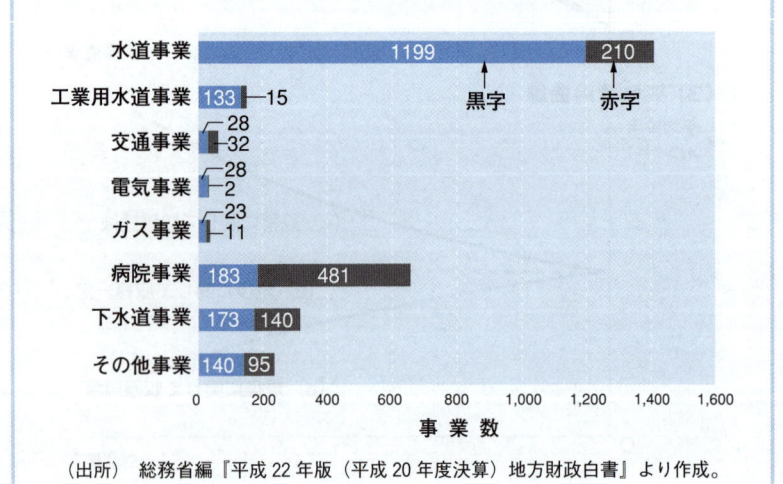

事業	黒字	赤字
水道事業	1199	210
工業用水道事業	133	15
交通事業	28	32
電気事業	28	2
ガス事業	23	11
病院事業	183	481
下水道事業	173	140
その他事業	140	95

（出所）総務省編『平成22年版（平成20年度決算）地方財政白書』より作成。

6.4　自然独占の形成②：巨額の固定費用

さらに，規模の経済が発生しやすくなる条件としては，巨額の固定費用の存在が挙げられる。図 6-3 のように，総費用曲線 $C(X)$ が変動費用曲線 $VC(X)$ と固定費用 F の合計であるとき，生産量 X に対する平均費用曲線 $AC(X)$ は逓減し続ける（$AC^* > AC^{**} > AC^{***}$）。この傾向は，固定費用 F が大きければ大きいほど強くなる。

このように，平均費用 AC が生産量 X の増加に沿って減少するような産業を費用逓減産業（Decreasing Cost Industry）と呼んでいる。たとえば，電気事業，ガス事業，水道事業などは，事業を開始するにあたり，巨額の固定費用（主に設備）が必要となる。水道事業であれば，浄水設備や水道管などが固定費用に相当する。

このような産業では，複数の企業が同じ財・サービスを供給するよりも，一つの企業が独占して供給するほうが，費用を低く設定できる。たとえば図 6-3 において，企業 A が生産量 X^*，企業 B が生産量 X^{**} まで生産しているとする。このとき，企業 A の総費用は上図で X^*D，下図で □OX^*GJ となる。また，企業 B の総費用は $X^{**}E$，下図で □$OX^{**}HK$ となる。

企業 A と企業 B の双方の生産量を合わせれば $X^{***}(=X^*+X^{**})$ となるが，総費用の合計は図 6-3 上図で $X^{**}M(=X^{**}E+EM)$，下図では □OX^*GJ と □$OX^{**}HK$ を合わせた部分になる。ところが，別の企業 Q が独占的に生産量 X^{***} を供給するならば，総費用は上図で $X^{***}F$，下図では □$OX^{***}IL$ となる。独占企業である企業 Q による供給のほうが，上図ならば $FN(=X^{**}M-X^{***}F)$ の費用を節約できる。

したがって，企業 A と企業 B は合併することで新たに企業 Q を立ち上げるほうが，総費用 C を FN だけ節約できる。このような市場においては，自然独占が発生することになる。

より一般的に考えてみよう。生産量 X^* と X^{**} の合計が $X^{***}(=X^*+X^{**})$ で，これらの総費用がそれぞれ $C(X^*)$，$C(X^{**})$，$C(X^{***})$

■図 6-3　固定費用の存在と劣加法性

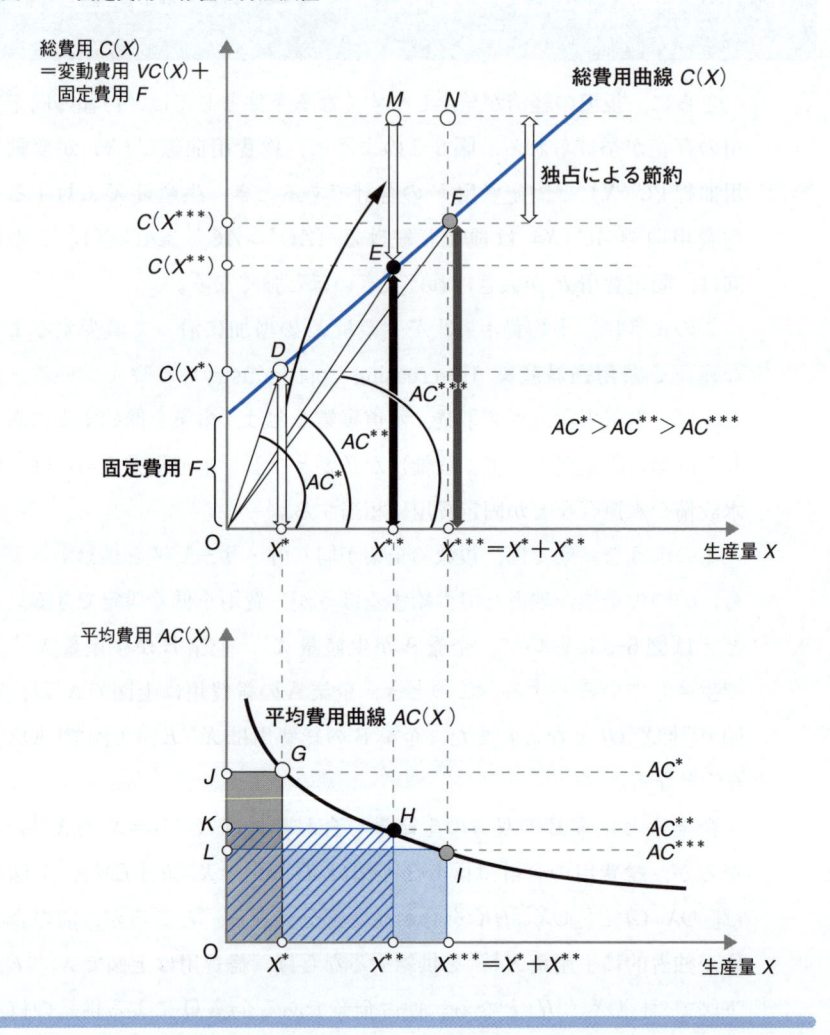

とする。このもとで下記の関係が成立するとき，自然独占が市場で発生する。

$$C(X^{***}) < C(X^*) + C(X^{**}) \tag{6.3}$$

この関係を**劣加法性**（Subadditivity）と呼び，この条件を満たすならば

自然独占が発生する。ここでは企業Aと企業Bの2つの企業を例としたが，3つ以上の企業でも同様である。

　市場で自然独占が形成された後も，自然独占は維持されるだろう。なぜなら，固定費用が巨額なため，他の企業の新規参入が困難だからである。仮に，巨額の固定費用をかけた企業が倒産した場合，その設備の他用途への転用は難しい。このような固定費用は**埋没費用**（**サンク・コスト**，Sunk Cost）となり，回収することが難しい。

　いま，兵庫県内にて独占で水道を供給している兵庫水道会社があるとして，兵庫県内の芦屋市のみに水道を供給する芦屋水道会社が競争を挑む状況を考えてみよう。当然ながら，企業の規模は，既存企業である兵庫水道が芦屋水道よりも大きい。

　図6-3にあるように，規模が大きいほど総費用を節約できるのが費用逓減産業の特徴である。そのため，兵庫水道は芦屋市内の料金を引き下げ，芦屋水道に価格競争を仕掛けるだろう。これらの企業が同じ質の水道を供給しているならば，芦屋市内の家計や企業は料金の低い兵庫水道の水道を消費する。

　価格引き下げ合戦になれば，規模の大きい兵庫水道に軍配が上がる。一方の芦屋水道は収入を得ることができなくなる。価格引き下げ競争の結果，芦屋水道は倒産するだろう。

　このように，費用逓減産業で競争がなされることは，好ましいのだろうか。芦屋水道が芦屋市内で水道を供給するには，兵庫水道と同様に巨額の設備が必要だったはずである。ところが，芦屋水道の倒産によって，その設備は他に転用することができず，無駄になってしまった。これは効率的な資源配分とは言えない。自然独占が発生しやすい産業では，ある程度は政府が生産の権限を規制しておく必要がある。

　なお，自然独占でなくても，独占が形成されることもある。たとえば，政府が規制することで独占企業のみに生産や販売の権限を与えることがある。日本たばこ産業株式会社がこの場合に相当する。また，その企業が当初にもっている自然条件によって，必然的に独占となることがある。たとえば，特定の天然資源の採掘権をもっている企業は，独占となる可

能性が高い。

6.5　独占企業の利潤最大化行動

　費用逓減産業では，生産量の増加に従って平均費用曲線が下がり続ける。このために，完全競争市場における企業とは異なる経済行動が見られる。このことを図6-4において確認しよう。

　まず，独占企業が供給する財・サービスについて，それを消費する家計は図6-4下図のような需要曲線 $D(P)$ もしくは限界効用曲線 $MU(X)$ をもっている。この財・サービスを消費する経済主体は，ここでは家計に限定する。なお，ある市場において売り手独占の企業が1つしかないということは，家計は必ず独占企業の財・サービスを消費しなければならないことを意味する。

　ここで独占企業は，独占がゆえに，生産量 X だけでなく，価格 P をも操作しながら利潤を最大化することになる。価格 P を操作できることが，価格受容者であった完全競争市場の企業とは決定的に異なる。

　そうは言っても，独占企業があまりに高い価格付けを行ってしまえば，家計の需要はゼロになる。図6-4下図ならば，価格 P_h に設定するとき，家計の需要曲線 $D(P)$ に沿えば消費量 X はゼロになる。このときの独占企業の収入曲線 $R(X)$（$=P(X)\cdot X$）は，上図で原点 O のゼロである。そのため，独占企業とは言えども，価格は P_h よりも低く設定せざるをえない。

　在庫の存在を無視するとき，独占企業が徐々に価格 P を下げていけば，限界効用曲線 $MU(X)$ に沿って家計の消費量 X は増えていく。その消費量 X を満たすために，独占企業は生産量 X を同じだけ増やす。

　このようにして，独占企業が価格 P_h のもとでの生産量ゼロから価格 P を下げていきつつ，生産量 X を増やしていくとき，独占企業の収入 R は増えていく。しかし，生産量が X_m に到達した時点で，収入 R は最大となり，それ以上に生産量 X を増やしても収入 R は減少していく。

■図 6-4　独占企業の利潤最大化行動

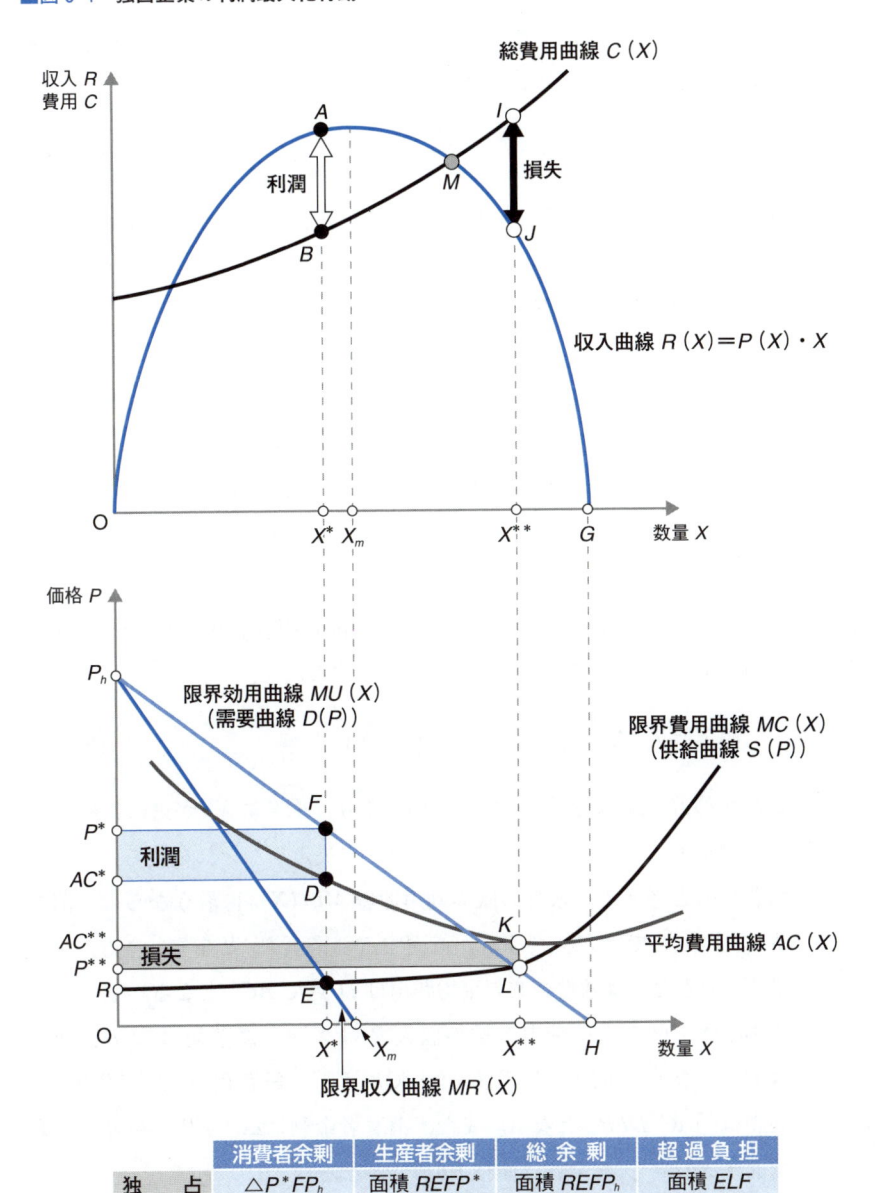

	消費者余剰	生産者余剰	総余剰	超過負担
独　　占	△P^*FP_h	面積 $REFP^*$	面積 $REFP_h$	面積 ELF
完全競争	△$P^{**}LP_h$	面積 RLP^{**}	面積 RLP_h	なし

この様子は図 6-4 上図の収入曲線 $R(X)$ が上に頂点をもつ凸型となっていることで示される。

ここで，生産量 X を少し増やしたときの収入 R の増分を**限界収入**（Marginal Revenue）MR とする。

$$\text{限界収入 } MR(X) = \frac{\Delta(P(X) \cdot X)}{\Delta X} \tag{6.4}$$

図 6-4 下図では，**限界収入曲線** $MR(X)$ が描かれている。1 単位の生産量 ΔX を増やせば，独占企業は限界収入 MR を得る。生産量が X_m に到達すれば限界収入 MR はゼロとなる。

一方，生産量 X を増やせば総費用 C も増加する。図 6-4 上図であれば，総費用曲線 $C(X)$ が生産量 X とともに増えていく。ここで，独占企業の経済行動が，利潤の追求であるならば，独占企業は最大の利潤を得るような生産量 X を選択するであろう。すなわち，上図ならば収入曲線 $R(X)$ と総費用曲線 $C(X)$ の幅である利潤 BA が最大となる生産量 X^* が選ばれることになる。

このとき，図 6-4 下図では限界収入 MR と限界費用 MC が一致する均衡 E 点が選ばれていることがわかる。すなわち，

$$\text{限界収入 } MR(X) = \text{限界費用 } MC(X) \tag{6.5}$$

これが独占企業の利潤最大化の条件となり，生産量 X^* が選ばれる。

利潤を追求する独占企業は生産量 X^* を決定し，それを直ちに家計が消費すると考える。家計の限界効用曲線 $MU(X)$ に沿うならば，消費量 X^* のもとでは F 点で家計が直面する価格が P^* となる。一方，生産量 X^* のもとでは独占企業の平均費用は D 点で AC^* となる。

図 6-4 上図ならば独占企業の収入 R は X^*A，総費用は X^*B，利潤は BA となる。下図ならば収入は □OX^*FP^*，総費用は □OX^*DAC^*，利潤は □AC^*DFP^* となる。また，消費者余剰は △P^*FP_h，生産者余剰は面積 $REFP^*$，総余剰は面積 $REFP_h$ となる。

もし，独占企業が完全競争市場の企業と同じように行動する場合，均衡はどうなるだろうか。第 2 章の 2.2 節で見たように，完全競争市場に

おける企業は，

$$\text{限界効用 } MU(X) = \text{限界費用 } MC(X) \tag{6.6}$$

の条件が満たされるように生産量 X を決定する。図 6-4 下図によると，限界効用曲線 $MU(X)$ と限界費用曲線 $MC(X)$ が交わる均衡 L 点において，生産量 X^{**} および価格 P^{**} となる。

ところが，生産量 X^{**} のもとでの平均費用は K 点で AC^{**} となり，価格 P^{**} よりも高い。図 6-4 上図であれば $X^{**}J$ の収入に対して，総費用は $X^{**}I$ となり，損失は JI となる。下図ならば収入は□$OX^{**}LP^{**}$，総費用は□$OX^{**}KAC^{**}$，損失は□$P^{**}LKAC^{**}$ となる。また，消費者余剰は△$P^{**}LP_h$，生産者余剰は面積 RLP^{**}，総余剰は面積 RLP_h となり，超過負担はない。

完全競争の場合の均衡では，超過負担が存在しないために，もっとも望ましい資源配分が達成されている。独占と完全競争市場の総余剰を比較すると，独占では面積 ELF の超過負担が発生している。

また，損失が発生するために，独占企業は完全競争での均衡 L 点を自発的に選択しようとしない。独占企業が自発的に利潤の最大化を追求すれば均衡 E 点が実現する。このような独占での均衡では，完全競争の均衡に比べ，生産量は小さく，価格は高く，消費者余剰は小さく，生産者余剰は大きくなる。

さらに，完全競争市場の企業は長期的に利潤がゼロとなる（6.1 節参照）のに対し，独占企業は正の利潤を獲得できる。正の利潤があるゆえに，効率的な経営努力がなされないという可能性がでてくる。たとえば，労働者や経営者に対する高い報酬の温存や生産性の改善につながらない設備投資などが挙げられる。このような意味での非効率性を**X 非効率**（X-inefficiency）と呼び，この側面からも独占には問題がある。

6.6 独占企業への価格規制

　独占企業が利潤の最大化を目指すならば，少ない生産量と高い価格付けによって利潤を確保しようとするために，市場に超過負担が発生し，望ましい資源配分が達成できない。それゆえに，政府が独占企業に介入する必要がでてくる。政府の介入には様々な方法があるが，図6-5において価格規制（Price Regulation）をとりあげてみたい。

　まず，この企業が独占企業として利潤を最大化すれば，均衡 E 点となることは先の図6-4と同じである。この均衡では面積 ELF の超過負担が発生し，望ましい資源配分とは言えない。

　そこで，超過負担をゼロにするような価格を実現するように，政府が価格規制を行う。たとえば，独占企業に価格を P^{**} に設定させる。この価格は，先の図6-4で考察した限界効用曲線 $MU(X)$ と限界費用曲線 $MC(X)$ が交わる均衡 L 点と同じである。そのために限界費用価格規制（Marginal Cost Pricing）と呼ばれる。

　ただし，完全競争における均衡と同じく，損失□$P^{**}LKAC^{**}$ が発生してしまう。政府は損失を穴埋めするために，租税などの財源によって補助金を独占企業に与えなければならない。

　損失が補塡されるようになった独占企業は，効率的な経営努力を怠るかもしれない。独占企業が損失を事後的にカバーするような制度が存在する場合，独占企業には費用を抑制するなどの経営努力を行う誘因が乏しくなる。

　誰かが事後的に損失を補塡してくれるような仕組みのもとでは企業の無駄遣いが避けられない。これはソフト・バジェット問題（Soft Budget Problem）と呼ばれ，政府などが損失を補塡することで，その対象となる経済主体の経営努力にマイナスの誘因を与えてしまうことを指す。

　損失の発生と政府による損失の補塡が問題であるならば，ある程度の超過負担の発生を覚悟しても，損失をゼロにするような価格規制を考えることができる。平均費用価格規制（Average Cost Pricing）は，価格

■図 6-5 独占企業への価格規制

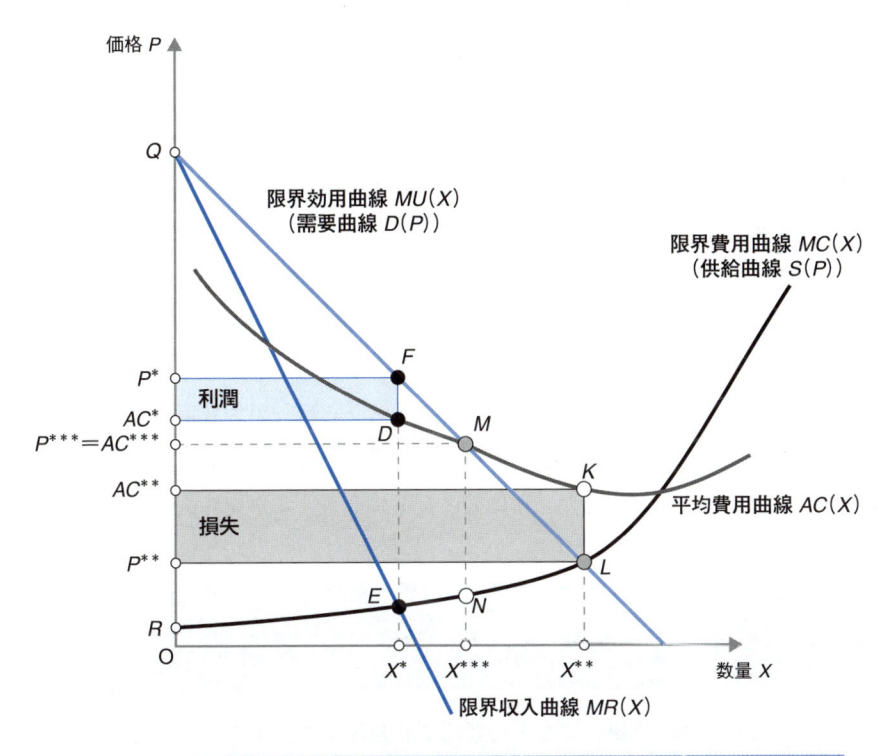

価格 P の縦軸, 数量 X の横軸のグラフ。点 Q から始まる限界効用曲線 $MU(X)$（需要曲線 $D(P)$）, 限界費用曲線 $MC(X)$（供給曲線 $S(P)$）, 平均費用曲線 $AC(X)$, 限界収入曲線 $MR(X)$ が描かれている。縦軸上に P^*, AC^*, $P^{***}=AC^{***}$, AC^{**}, P^{**}, R の点があり,「利潤」と「損失」の領域が示されている。横軸上に X^*, X^{***}, X^{**} の点がある。曲線上の点として F, D, M, K, L, E, N が示されている。

	消費者余剰	生産者余剰	総余剰	超過負担
独　　占	△P^*FQ	面積 $REFP^*$	面積 $REFQ$	面積 ELF
限界費用価格	△$P^{**}LQ$	面積 RLP^{**}	面積 RLQ	なし
平均費用価格	△$P^{***}MQ$	面積 $RNMP^{***}$	面積 $RNMQ$	面積 NLM

P^{***} に設定するような規制である。

このとき，平均費用曲線 $AC(X)$ と限界効用曲線 $MU(X)$ が交わる M 点で，数量 X^{***} が決定される。独占の場合の数量 X^* よりも多いが，限界費用価格の場合の数量 X^{**} よりも少ない。また，独占企業の収入と家計の支払金額は□$OX^{***}MP^{***}$ で同じとなり，利潤もしくは損失はちょうどゼロとなる。先の図 6-4 上図ならば，収入曲線 $R(X)$ と総費用曲線 $C(X)$ が交わる M 点に相当する。

平均費用価格 P^{***} の M 点のもとで、消費者余剰は $\triangle P^{***}MQ$、生産者余剰は面積 $RNMP^{***}$ となる。限界費用価格 P^{**} の L 点と比較すれば、平均費用価格 P^{***} においては超過負担が面積 NLM だけ発生する。損失がゼロとなる平均費用価格規制は、独占企業に独立採算を求める規制だと考えることもできる。

独占企業が利潤を最大にする場合、総余剰は面積 $REFQ$ となる。限界費用価格規制のもとでの総余剰は面積 RLQ となる。平均費用価格規制のもとでの総余剰は面積 $RNMQ$ となる。

したがって、最大の総余剰をもたらすのは限界費用価格規制であるが、損失の発生と政府による損失の補填が必要となる。損失を発生させない独立採算のもとで、総余剰を最大にするならば、平均費用価格規制が望ましいと言えるが、それは超過負担を覚悟しなければならない。これらを勘案しながら、どのように独占企業に介入するかを考える必要がある。

6.7 二部料金制度

限界費用価格規制でも平均費用価格規制でも、損失または超過負担の発生を免れることができなかった。その原因は、独占企業が供給する財・サービスを消費する家計に対して、同じ価格を適用することにある。

ここでは、異なる2つの価格を設定する方法を検討する。たとえば、電話、水道、電力やガスの利用料金は、原則として基本料金と従量料金に分けられる。基本料金とは、その財・サービスを消費する家計すべてに一律に課される料金（価格）である。一方、従量料金とは、その財・サービスの消費量に応じて負担する料金（価格）である。このような方式を二部料金制度（Two-part Tariff）と呼び、広く一般に利用されている。

図6-6 にあるように、超過負担が発生しないように価格を設定するならば、限界費用曲線 $MC(X)$ と限界効用曲線 $MU(X)$ が交わる均衡 L 点が望ましかった。すなわち、数量 X^{**} で価格 P^{**} である。

■図 6-6 二部料金制度

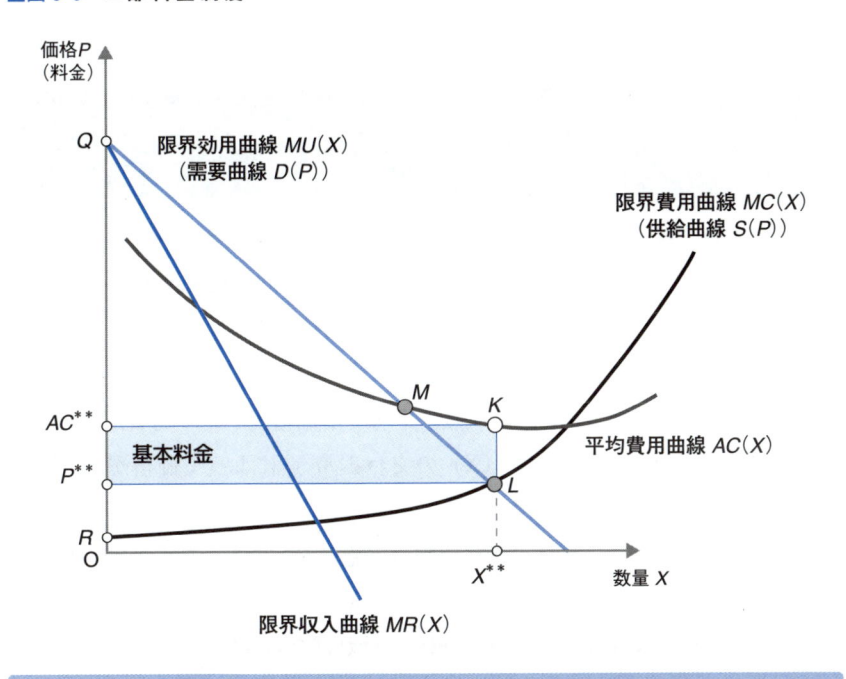

しかしながら，この価格設定では□$P^{**}LKAC^{**}$の損失が独占企業に発生する。そこで，この財・サービスを消費する家計に対して，消費量にかかわらず一律に基本料金の負担を求めることで，損失を解消すればよい。

この財・サービスを消費する家計数をNとすれば，一つの家計当たりの基本料金は，□$P^{**}LKAC^{**}/N$となる。また，家計は消費量Xに応じて価格P^{**}を負担する。

二部料金制度が導入されれば，従量料金は限界費用価格規制と同じように価格P^{**}を決定することで超過負担をゼロにし，基本料金で独占企業の損失をカバーし，独立採算を維持できる。

しかしながら，独占企業が供給する電力や水道やガスなどの財・サービスはおおむね生活必需品であり，基本料金が高くなるならば，特に低所得者は重い負担を強いられるだろう。そのため，いかに資源配分の効

率性の観点から望ましいとは言え，あまりに高い基本料金の設定には，公平性の問題が発生する。

6.8　価格規制の限界と他の規制手段

本章では，独占企業に対する価格規制について考察したが，いずれの価格規制も正しく行うために必要な条件がある。図 6-5 と図 6-6 を再び参照されたい。

限界費用価格規制と二部料金制度は限界費用曲線 $MC(X)$ と限界効用曲線 $MU(X)$ が交わる L 点，平均費用価格規制は平均費用曲線 $AC(X)$ と限界効用曲線 $MU(X)$ の交わる M 点によって価格が決められた。

したがって，いずれの価格規制の実施においても，独占企業の平均費用曲線 $AC(X)$ と限界費用曲線 $MC(X)$，さらには限界効用曲線 $MU(X)$ の正しい形状を，政府は知らなければならない。

しかしながら，利潤を確保したい独占企業は，政府に対して虚偽の費用曲線を報告する可能性がある。たとえば，利潤をゼロにするためになされるはずである平均費用価格規制のもとでも，独占企業が平均費用曲線 $AC(X)$ を高く報告すれば，独占企業は利潤を確保できる。そのために，独占企業にとっては，虚偽の平均費用曲線を報告するインセンティブが発生する。

政府が独占企業や市場の情報を正しく把握できないよう場合，本来あるべき価格 P^{**} よりも価格は高くなり，数量も少なくなり，超過負担が発生して総余剰は減る。そもそも独占企業の経営状態については，独占企業自身のほうが情報をもっており，政府が把握している情報は乏しい。このように，政府と独占企業の間に**情報の非対称性**（Asymmetric Information）がある場合，価格規制は機能しない可能性が高い。

さらには，独占企業は競争相手がいないため，経営努力を怠る可能性が高い。そこに価格規制を政府が行うならば，独占企業は利潤獲得の機

会を奪われ，自発的に価格を設定することができなくなるために，経営努力がさらに損なわれていく。

そこで，独占企業の経営努力を促すような規制が考案されることになる。これをインセンティブ規制（Incentive Regulation）と呼ぶ。

一つの例としては，プライス・キャップ規制（価格上限規制，Price-cap Regulation）がある。政府は企業が設定する価格に対して上限を定めるが，上限以下の価格設定は自由とする。

この規制のもとでは，企業の経営努力は利潤の増加につながるために，一定の効果を期待できる。ただし，上限を高く設定しすぎるならば，インセンティブを保持できなくなる。そのために，政府が企業と市場の情報を正しく把握しておく必要がある。

いま一つの例としては，ヤードスティック競争（Yard-stick Competition）がある。自然独占となる企業には，電力事業やガス事業のように地域独占の企業が多い。これらの企業は同じ財・サービスを，異なる地域のなかで独占的に供給している。

これらの独占企業の情報を開示すれば，どの独占企業が効率的なのか，もしくは非効率なのかを知ることができる。すなわち，他地域の企業の情報をヤードスティック（物差し）として，その地域の企業の経営の効率化を求めていく方法である。1987年に国鉄が民営化されて誕生したJRは，ヤードスティック競争の考え方によって地域分割された。

キーワード

完全競争市場，価格受容者，独占，売り手独占，買い手独占，寡占，複占，独占的競争，不完全競争，自然独占，規模の経済，規模に関して収穫一定，規模に関して収穫逓増，規模に関して収穫逓減，費用逓減産業，劣加法性，埋没費用（サンク・コスト），限界収入，限界収入曲線，X非効率，価格規制，限界費用価格規制，ソフト・バジェット問題，平均費用価格規制，二部料金制度，情報の非対称性，インセンティブ規制，プライス・キャップ規制（価格上限規制），ヤードスティック競争

復習問題

(1) 市場において，自然独占が形成される条件とは何か。
(2) 独占企業が利潤最大化を行うときの市場を図示し，説明せよ。
(3) 独占企業に対する限界費用価格規制と平均費用価格規制の違いを図示し，説明せよ。
(4) 独占企業に二部料金制度が適用される際のメリットとデメリットについて説明せよ。

発展問題

独占企業に対して平均費用価格規制が適用されているとする。政府が真の平均費用曲線を知らずに，独占企業が高めの平均費用曲線を政府に報告していたとき，独占企業には正の利潤が発生することを図示して示せ。

第7章

租　税

　本章では，租税について学ぶ。近代民主主義国家における租税は，様々な原則に従って構築されなければならない。なかでも，経済主体の経済行動を大きく変えないような税制を求める中立の原則と，垂直的および水平的な公平の原則は重要である。とはいえ，中立と公平の原則は，互いに成り立たない可能性が高い。

本章のポイント

- 租税は，近代民主主義国家における財源調達の一つの手段であり，政府が家計や企業から強制的に調達する資金などを指す。
- 中立の原則は，租税が家計や企業の経済行動に歪みをもたらさず，資源配分の効率性を損ねないことを要請する。
- 公平の原則には，公共サービスの対価としての租税の負担を求める応益原則と家計の能力に応じた租税の負担を要請する応能原則があり，後者には垂直的公平と水平的公平の考え方がある。
- 納税義務者とは異なる経済主体に税負担が転嫁され，法制的帰着と経済的帰着が異なることもある。
- 市場における需要曲線と供給曲線の形状によって，課税の超過負担の大きさが決まる。
- 一定の税収を確保する際に，超過負担が最小となる税制を探るのが最適課税の考え方である。

7.1 租税とは何か

近代民主主義国家の政府は，公共財の供給や，家計への社会保障給付（公的年金，医療，介護などの給付），特定の企業に補助金を与えるといった経済活動を行っている。

政府そのものは，労働や資本といった生産要素をもたない。政府が様々な経済活動を行うためには，生産要素市場から生産要素を雇用しなければならない。または，財・サービス市場から財・サービスを消費しなければ，政府の活動は成り立たない。

生産要素の雇用や財・サービスの消費には財源が欠かせない。そこで，財源調達が政府の経済活動に加わる。政府の財源調達方法には大きく分けて2つある。一つが**租税**（Tax）であり，いま一つが公債である。公債については第8章で取り扱い，本章では租税について学習する。

近代民主主義国家の政府は課税権をもつ。課税権とは，政府の経済活動のために必要な財源を，家計や企業から強制的に調達できる権利である。国家のなかで，課税権は政府にしか認められていない。

すなわち**租税とは，政府の経済活動のために，政府が家計や企業から強制的に調達する資金**などを指す。租税を家計や企業に対して課すことを**課税**と呼ぶ。

国民主権を基本とする近代民主主義国家では，政府に課税権があるといっても，むやみやたらと家計や企業に対して課税できるわけではない。近代民主主義国家の政府は，国民による民主的な選挙を経て選ばれた政治家によって運営されるからである。

民主主義が確立する以前の前近代的国家においては，専制君主による収奪は珍しくなかった。しかし，近代民主主義国家の政府は，課税権をもつ代わりに，国民への公共サービスや社会保障給付を行う。一方的に国民が収奪されるわけではないことが，前近代的国家との大きな違いである。

7.2　3つの租税原則

　財源調達の手段としての租税は，**租税原則**（Principle of Taxation）を満たすべきだと考えられてきた。租税原則は時代を反映して歴史的に変化してきたが，現代の租税原則は以下の3つに集約されている。

　第1は**中立の原則**（Principle of Neutrality）である。課税は経済主体の経済行動を変えるかもしれない。

　たとえば，家計の労働所得に対して所得税が課税される場合を考えてみよう。このとき家計は，労働よりも（課税がなされていない）余暇（たとえば睡眠）に時間を割こうとするかもしれない。逆に，課税によって減った手取りの所得を増やすために，より一層，労働に時間を割こうとするかもしれない。

　このように，租税が家計や企業の経済行動に**歪み**（Distortion）をもたらすことは，資源配分の効率性を損ない，望ましくないとするのが中立の原則である。租税があるときの経済行動が，課税で失った所得が保障されたとしても，租税がないときの経済行動と違いがあるならば，その租税が経済行動に歪みをもたらしていると考える。

　第2は**公平の原則**（Principle of Equity）である。公平の原則には，**応益原則**（Benefit Principle）と**応能原則**（Ability to Pay Principle）の2つの考え方がある。

　応益原則は，政府が供給する公共サービスの対価として，租税を位置付ける。この考え方によれば，公共財の利益を多く受ける経済主体ほど，税負担が大きくなることが公平となる。

　公共財の最適な数量には，家計の限界効用の合計が限界費用に等しくなる条件が必要であることを第3章の3.6節で学習した。この条件では，公共財の限界効用が大きい家計ほど，税負担が大きくなる。したがって，応益原則の考え方による公平の原則が適用されている。

　応能原則とは，経済主体の能力に応じて税負担を決定すべきという考え方である。応益原則とは異なり，公共サービスとの対応は考慮されて

いない。

　家計は，労働もしくは資本を生産要素市場において供給することで，企業などから分配される所得を受け取っている。市場による所得分配では，能力の高い家計や資産家ほど所得が多くなる。そのために，租税を負担できる能力も，能力の高い家計や資産家ほど大きい。そこで，応能原則によれば，能力の高い家計に対して，高い租税の負担を求める。

　第3は**簡素の原則**（Principle of Simplicity）である。租税の制度，すなわち税制は，わかりやすく簡素でなければならない。課税は政府に税収をもたらす反面，政府は徴税のための費用を負担しなければならない。これを**徴税費用**（Administrative Cost of Taxation）と呼ぶ。

　仮に，税制が複雑であれば，その複雑さを利用して脱税を試みる者が現れるかもしれない。それを防ぐために税務当局が査察などを行っているが，このような費用は極力少ないことが望ましい。徴税費用を抑制するためにも，税制は簡素である必要がある。

　一方，課税される経済主体も，納税申告書などに記入する手間があり，すなわち**納税費用**（Compliance Cost of Taxation）を負担している。複雑な税制になるほど，納税費用は増えていくだろう。徴税費用と納税費用を最小にするためにも，簡素の原則は重要である。

　脱税や節税への努力は生産的ではない。仮にその時間が労働に充てられるならば，社会の生産量を増やすことができる。複雑な税制は，経済主体の経済行動に歪みを与え，中立の原則を侵害するかもしれない。さらには，一部の者だけが脱税や節税が可能ならば，そのこと自体が公平の原則に反していると言える。

7.3　垂直的公平と水平的公平

　応能原則では，家計の租税の支払能力（**担税力**，Pay of Ability）に応じた税負担を求める。以下では便宜的に，所得や資産で担税力を測るとしよう。「等しい人の等しい取り扱い（異なる人の異なる取り扱い）」と

いう観点から，公平の原則には**垂直的公平**（Vertical Equity）と**水平的公平**（Horizontal Equity）の考え方がある。

第1に垂直的公平は，高所得者には相対的に大きな税負担を課し，低所得者には相対的に少ない税負担を課すことを要請する。図 7-1 のように，高所得者，中所得者，低所得者がいる場合，高所得者ほど税負担が重くなる税制を求めるのが垂直的公平である。

日本の所得税では，所得が大きい者には大きな税負担，所得が少ない

■図 7-1　垂直的公平と水平的公平

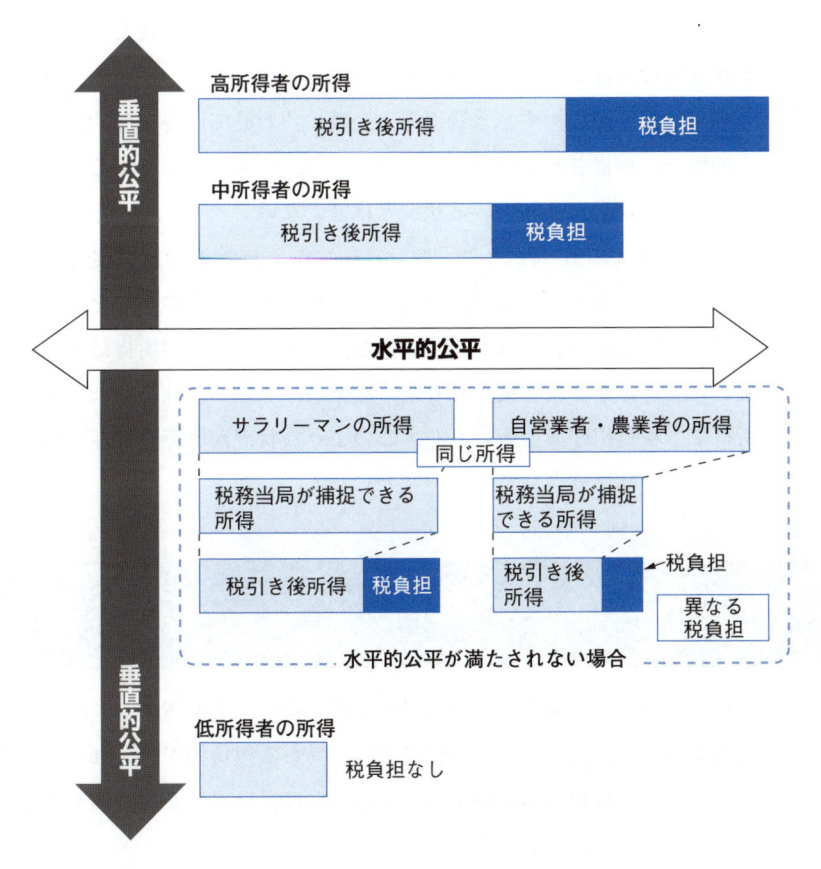

垂直的公平

高所得者の所得
　税引き後所得　　税負担

中所得者の所得
　税引き後所得　税負担

水平的公平

サラリーマンの所得　　　自営業者・農業者の所得
　　　　　　　同じ所得
税務当局が捕捉できる所得　　税務当局が捕捉できる所得
税引き後所得　税負担　　税引き後所得　←税負担
　　　　　　　　　　　　　　　異なる税負担
水平的公平が満たされない場合

垂直的公平

低所得者の所得
　　税負担なし

者には少ない税負担となっている。所得が一定額に満たない者には、税負担が課されていない。また、日本の相続税も、遺産を多く相続した者に対して、相対的に大きな税負担が課される。しかし、遺産が一定額に満たない場合は課税されない。

第2に水平的公平は、どのような職業に就いていたとしても、同じ所得であれば、同じ税負担であることを要請する。仮に所得が同じでも、職業間で異なる税負担であれば、水平的公平は満たされていない。

図7-1にあるように、サラリーマンと自営業者・農業者が同じ所得を得ているとする。ここで、税務当局が把握している所得の情報が、職業によって異なるとしよう。たとえば、自営業者が営業用の自動車を自宅用に使ったり、農業者が田畑でとれた農作物を自宅で消費したりすれば、税務当局の捕捉が困難な所得が発生する。

本来は家計が負担すべき費用を、企業に負わせて所得を節約できる。この場合、捕捉される所得だけでなく、税負担も異なってくる。これは水平的公平が満たされている状況とは言えない。

クロヨン（9・6・4）とは、サラリーマン、自営業者、農業者のそれぞれの所得のうち、日本の税務当局が捕捉できる所得の割合を指していると言われている。これが正しければ、サラリーマンの所得は9割が捕捉されているが、自営業者は6割、農業者は4割しか捕捉されず、同じ所得でも税負担が異なる。もし、このような状況が実際に存在すれば、水平的公平は達成されていないことになる。

7.4 累進税と逆進税

垂直的公平は「異なる人々の異なる取り扱い」を要請する。所得が担税力ならば、高所得者と低所得者には、異なる税負担が課される。このとき、所得と税負担の関係を図示するならば、いくつかの税制を考えることができる。図7-2において考察しよう。

図7-2上図において、横軸の所得 Y が増えるほど、税負担 T が増え

■ 図 7-2　累進税と逆進税

(1) 平均税率が異なる税制

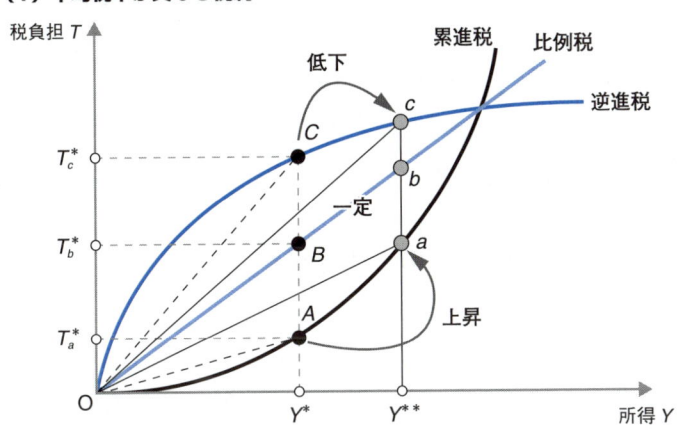

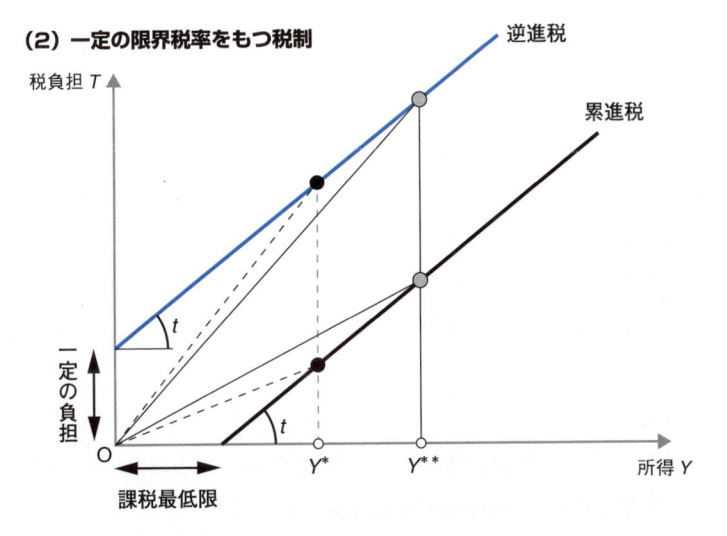

(2) 一定の限界税率をもつ税制

る税制を3つ考えている。所得 Y^* に対して T_a^*，T_b^*，T_c^* の税負担となっている。それぞれの税制では，所得の増え方と税負担の増え方は一様ではない。

所得に対する税負担の割合 T/Y を**平均税率**（Average Tax Rate）と呼ぶ。たとえば，500万円の所得を稼いでいる家計の税負担が100万円

の場合は，平均税率は20%（＝100/500）となる。このとき，所得Y^*からY^{**}の増加に対して，平均税率がどのように動くかによって，それぞれの税制の**累進度**（Degree of Progression）が特徴付けられる。

第1に，所得Y^*で税負担T_a^*のA点において，この税制の平均税率はT_a^*/Y^*である。この税制のもとで所得がY^{**}に増え，a点の税負担T_a^{**}とすれば，平均税率はT_a^{**}/Y^{**}に上昇する。所得の増加によって，平均税率が上昇（$T_a^*/Y^* < T_a^{**}/Y^{**}$）する税制を**累進税**（Progressive Tax）と呼ぶ。

第2に，所得Y^*で税負担T_b^*のB点において，この税制の平均税率はT_b^*/Y^*である。この税制のもとで所得Y^{**}のとき，b点における税負担T_b^{**}とすれば，平均税率はT_b^{**}/Y^{**}となる。所得の増加でも平均税率は一定（$T_b^*/Y^* = T_b^{**}/Y^{**}$）となる税制を**比例税**（Proportional Tax）と呼ぶ。

第3に，所得Y^*で税負担T_c^*のC点において，この税制の平均税率はT_c^*/Y^*である。この税制のもとで所得Y^{**}のとき，c点における税負担T_c^{**}とすれば，平均税率はT_c^{**}/Y^{**}に低下する。このように，所得の増加で平均税率が低下（$T_c^*/Y^* > T_c^{**}/Y^{**}$）する税制を**逆進税**（Regressive Tax）と呼ぶ。

税制の累進度は平均税率によって測られる。累進度の高い累進税では，高所得者ほど平均税率が高くなる。逆に，累進度の低い逆進税では，低所得者ほど平均税率が高くなる。そのため，平均税率は垂直的公平に関わってくる。

一方，所得の微少な増加ΔYに対する税負担の増加ΔTの割合$\Delta T/\Delta Y$を**限界税率**（Marginal Tax Rate）と呼ぶ。たとえば，500万円の所得を稼いでいる家計が，追加的な労働で1,000円（ΔY）を稼いだとき，その1,000円に対する税負担が400円（ΔT）ならば，限界税率は40%（＝400/1,000）となる。

限界税率は中立の原則に関わる。たとえば，所得に対する課税は，労働の価値である（課税後の）賃金率を下げる。そのため，課税がない場合に比べ，家計は労働時間を変更するかもしれない。このように課税が

経済行動に歪みをもたらすならば，中立の原則から逸脱する。

図 7-2 において限界税率とは，所得 Y と税負担 T の関係を示す曲線の傾きとなる。上図の比例税ではどんな所得でも限界税率は一定であるが，累進税と逆進税では，所得によって限界税率が変化する。限界税率が一定であっても，比例税だとは限らない。

図 7-2 下図には，2 つの直線が示されている。直線の場合は傾き t が限界税率に他ならない。傾きは同じであるが，いずれも原点を通る直線ではないことに注意しなければならない。

この場合，平均税率は一定ではなく，累進税と逆進税を描くことができる。ここでの累進税は，課税がなされない所得（**課税最低限**，Minimum Taxable Income）をもつ税制である。一方，逆進税は，所得に関わらず一定の負担を求める税制となっている。

7.5　犠 牲 説

　家計の税引き後の所得を減らすために，課税は家計の生活水準に関わってくる。低所得者と高所得者には，異なる税負担を求めるのが垂直的公平であるものの，累進度の程度までは規定されていない。つまり，どれだけの税負担を，低所得者と高所得者に求めるべきかという問題がある。

　垂直的公平を確保するためには，どのぐらいの累進度を税制にもたせるべきなのだろうか。しかしながら，目標とする垂直的公平の程度は，人によって異なるだろう。

　ある人は，すべての家計の生活水準を課税後に平等にするべきだと主張するかもしれない。その場合の税制の累進度は相当大きくなる。その一方で別の人は，課税で家計の生活水準を低めることは望ましくないと主張するかもしれない。その場合の税制の累進度は小さくなる。

　したがって，税制の累進度を一つに決めることは，かなりの困難さをもっている。その原因は，それぞれの人が考える望ましい垂直的公平の

程度が異なるからである。

そこで，課税前後の効用水準を指標とすることで，税制の累進度を一つに決める方法を模索することにしたい。このような問題を考察するのが，**犠牲説**（Sacrifice Theory）である。

所得が増えれば，家計はそれだけの消費を行うことができ，効用水準を高めることができる。そこで，所得が効用を決定すると考える。横軸に所得，縦軸に効用をとれば，所得の増加とともに効用も大きくなる。

しかし，高所得になるほど限界的な効用は下がるだろう。たとえば，低所得者にとって追加的に得る100円の価値は高いだろうが，高所得者にとって追加的な100円の価値は低いと思われる。横軸に所得，縦軸に限界効用をとれば，所得の増加とともに所得の限界効用曲線は右下がりとなる。

図7-3には，低所得者と高所得者の所得の限界効用曲線が示されている。双方の曲線は，同じ形状をもつと考える。課税前において，低所得者はI_L，高所得者はI_Hの当初所得をもつとする。課税前の効用は，低所得者は□$OI_LW_LP_L$，高所得者は□$OI_HW_HP_H$である。また，所得の限界効用は，低所得者はI_LW_L，高所得者はI_HW_Hである。犠牲説は，彼らの所得への課税によって減少する効用水準の観点から，公平な税制のあり方を検討する。

第1に，低所得者の課税後の所得がR_L，高所得者がR_Hとなるように課税する。課税で失う効用水準は，低所得者は□$R_LI_LW_LQ_L$，高所得者は□$R_HI_HW_HQ_H$となり，これらは等しい。これが (1) **均等絶対犠牲**であり，失う効用水準が等しくなるように課税することが公平という考え方である。

第2は，課税後の所得が低所得者はT_L，高所得者はT_Hとなるように課税する。課税で失う効用に対する課税前の効用の割合は，低所得者が□$T_LI_LW_LS_L$/□$OI_LW_LP_L$，高所得者が□$T_HI_HW_HS_H$/□$OI_HW_HP_H$となり，これらは等しい。これが (2) **均等比例犠牲**であり，失う効用の課税前の効用に対する割合が等しくなるように課税することが公平という考え方である。

■ 図 7-3　犠 牲 説

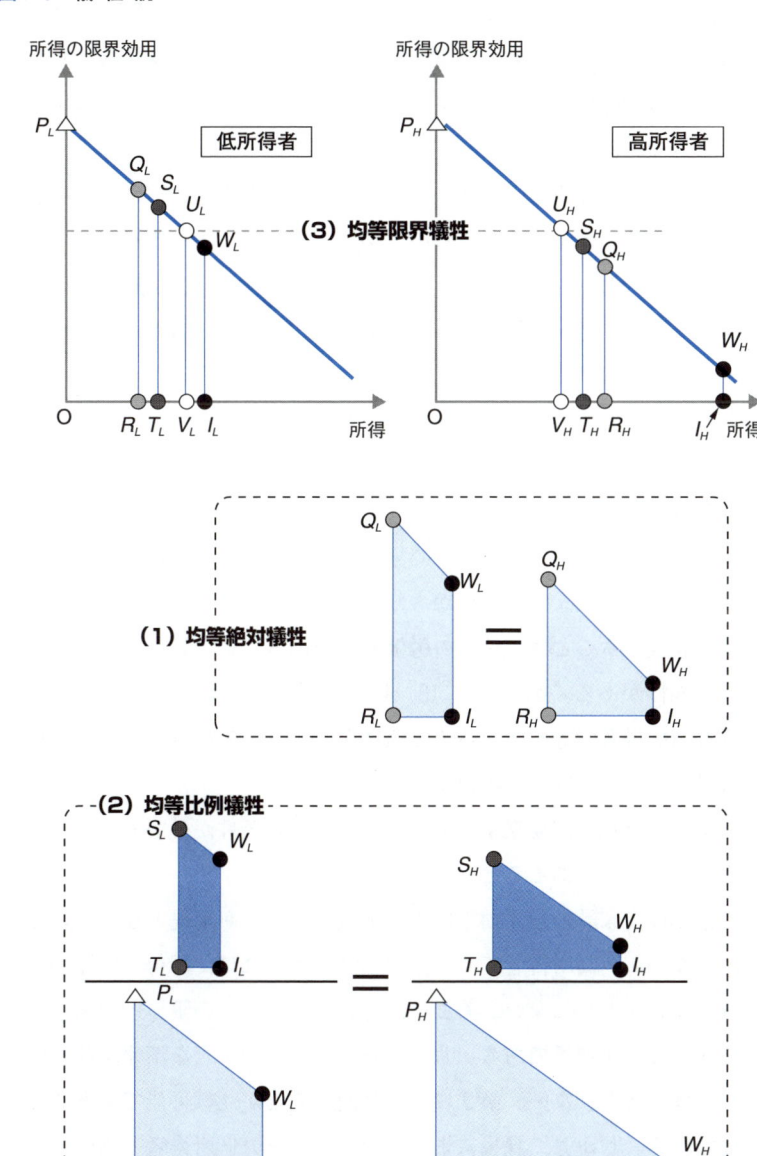

第3は，課税後の所得が低所得者はV_L，高所得者はV_Hとなるように課税する。課税後の所得の限界効用は，低所得者は$V_L U_L$，高所得者は$V_H U_H$となり，これらは等しい。これが（3）**均等限界犠牲**であり，課税後の所得の限界効用が等しくなるように課税することが公平という考え方である。

これらの犠牲説によると，所得が増えるほど平均税率が高くなる累進税を正当化できる。それぞれの平均税率は，(1) 均等絶対犠牲の低所得者は$R_L I_L/OI_L$，高所得者は$R_H I_H/OI_H$，(2) 均等比例犠牲の低所得者は$T_L I_L/OI_L$，高所得者は$T_H I_H/OI_H$，(3) 均等限界犠牲の低所得者は$V_L I_L/OI_L$，高所得者は$V_H I_H/OI_H$となる。いずれの場合でも，高所得者のほうが低所得者よりも平均税率が高く，これらは累進税であることがわかる（$R_L I_L/OI_L < R_H I_H/OI_H$，$T_L I_L/OI_L < T_H I_H/OI_H$，$V_L I_L/OI_L < V_H I_H/OI_H$）。

垂直的公平を追求することで累進税を正当化する犠牲説であるが，中立の面からは望ましくないかもしれない。 たとえば，高所得者の所得に重く課税することは，彼らの労働意欲を削ぎ，経済行動に歪みをもたらす可能性がある。**図7-3** の (3) 均等限界犠牲は課税後の所得が低所得者と高所得者で等しくなること（$OV_L = OV_H$）を要請するが，それは高所得者にとって厳しい課税に違いないだろう。

また，犠牲説が成立するには，いくつかの条件が必要であり，その前提が非現実的であることが指摘できる。

第1に，家計の限界効用曲線が逓減することが前提となっている。しかしながら，高所得者でも「金の亡者」であれば，所得の限界効用は逓減しないかもしれない。第2に，それぞれの家計の限界効用曲線が計測できることが前提である。しかしながら，そのような情報を政府がもつことは考えられない。第3に，家計間で効用が比較可能であることが前提である。しかし，課税による効用の低下を，低所得者と高所得者で客観的に比較することは困難だろう。

7.6　課税の転嫁と帰着

これまでは，暗黙的に所得に対する課税を想定してきたが，課税には様々な形態がある。課税の対象となる**課税ベース**（課税標準，Tax Base）によって分類するならば，所得に対する課税が**所得課税**（Income Taxation），消費に対する課税が**消費課税**（Consumption Taxation），資産に対する課税が**資産課税**（Property Taxation）である。

日本の税制では，所得課税としては個人所得税（国税），個人住民税（地方税），法人税（国税），事業税（地方税）などがある。消費課税としては消費税（国税および地方税），たばこ税（国税および地方税）などがある。資産課税としては，固定資産税（地方税）などがある。

これらの租税について，最終的にある経済主体に税負担が確定することを**帰着**（Incidence）と呼ぶ。帰着においては，法律と経済学の考え方が異なる。

図 7-4 (1) にあるように，法律が予定している税負担の帰着が**法制的帰着**である。この考え方によると，実際に税務当局に対して納付手続を行う**納税義務者**に税負担が帰着する。たとえば，個人所得税，個人住民税，固定資産税（土地および家屋）などは，家計が負担すると法律で想定されている。一方，消費税，法人税，事業税などは企業が負担する。

しかしながら，経済学の考え方では，家計と企業のどちらに税負担が帰着するかは，市場の状況によって決定される。場合によっては，ある経済主体が他の経済主体に税負担を**転嫁**（Shifting）して押し付ける可能性もある。

図 7-4 (2) にあるように，課税のインパクトが経済主体 A にもたらされたのち，転嫁が繰り返されることがある。経済主体 A は経済主体 B や経済主体 C に税負担を転嫁する。さらに，経済主体 C は経済主体 D に，経済主体 D は経済主体 E に転嫁する。この場合，税負担は経済主体 B と経済主体 E に帰着している。これが**経済的帰着**である。

法人税を例に具体的に見ていこう。企業に法人税が課税されたとき，

■図 7-4 課税の帰着の概念

(1) 法制的帰着

納税義務者	家　計	企　業
租　税	個人所得税 個人住民税 固定資産税	消費税 法人税 事業税

(2) 経済的帰着と転嫁

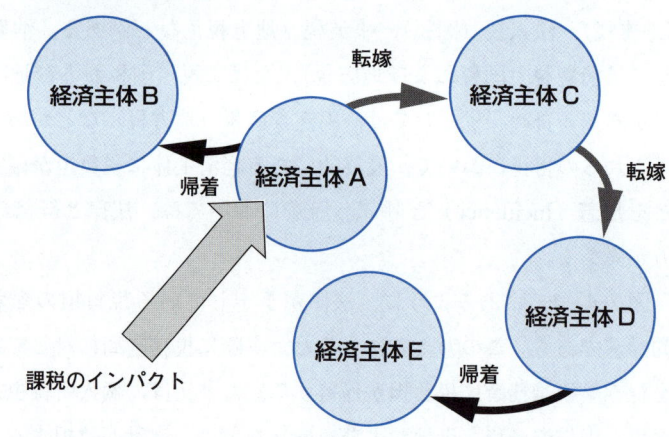

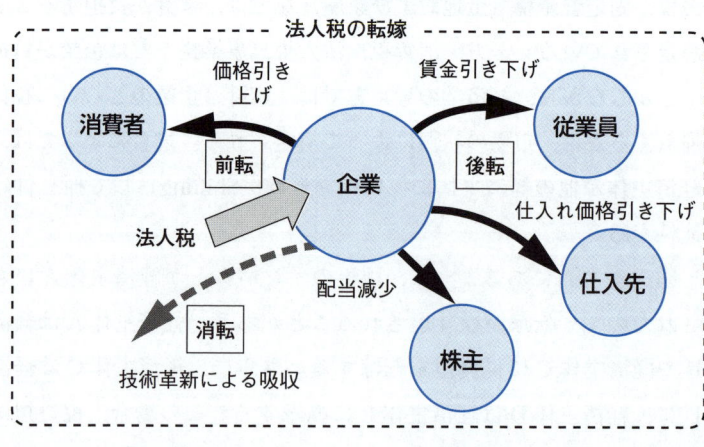

```
         転嫁
経済主体B ← 経済主体A → 経済主体C
   ↑帰着              ↓転嫁
課税のインパクト    経済主体D
         経済主体E ← 帰着
```

法人税の転嫁

- 価格引き上げ（前転）→ 消費者
- 賃金引き下げ（後転）→ 従業員
- 仕入れ価格引き下げ → 仕入先
- 配当減少 → 株主
- 技術革新による吸収（消転）
- 法人税 → 企業

法人税の負担は企業に帰着すると考えるのが法制的帰着である。しかしながら，企業は経済活動を通して，税負担を様々な経済主体に転嫁する可能性があり，法制的帰着は必ずしも経済的帰着と一致しない。

たとえば，製品価格を引き上げて消費者に税負担を転嫁する**前転**（Forward Shifting）がある。また，賃金を引き下げて従業員に，仕入れ価格を引き下げて仕入れ先に，配当の減少で株主に税負担を転嫁する**後転**（Backward Shifting）もある。

このように，転嫁が発生するならば，課税された経済主体は他の経済主体に税負担を移す。法人税の法制的帰着は企業であるが，経済的帰着によれば，法人税を消費者や従業員などが負担する可能性がある。

また，技術革新によって企業の生産性が向上すれば，この企業を取り巻く経済主体に税負担を転嫁することなく，税負担を吸収できることがある。これを**消転**（Evasion）と呼ぶ。

7.7 消費課税の経済効果

図7-5では，消費課税の経済効果を図示している。消費課税であるから，需要は家計，供給は企業である。消費課税においては，納税義務者が家計か企業かを区別する必要がある。ここでは，税率が一定の課税を想定する。

第1に，(1) 企業が納税義務者の場合，課税前供給曲線と課税後供給曲線を区別する必要がある。課税前においては，需要曲線 $D(P)$ と課税前供給曲線 $S(P)$ の交わる均衡 E 点において，価格 P^* と数量 X^* が決められている。このとき，家計の消費者余剰は△P^*EH，企業の生産者余剰は△IEP^*，総余剰は△IEH である。

課税 T（$=P^H-P^F>0$）による課税後供給曲線 $S^T(P,T)$ が，需要曲線 $D(P)$ と交わる均衡は F 点となる。数量は X^T となり，課税によって数量は減少する。また，家計の課税後価格 P^H，企業の課税後価格 P^F が実現する（$P^H=P^F+T$）。家計の消費者余剰は△P^HFH，企業の

■図 7-5　消費課税の経済効果

（1）企業が納税義務者の場合

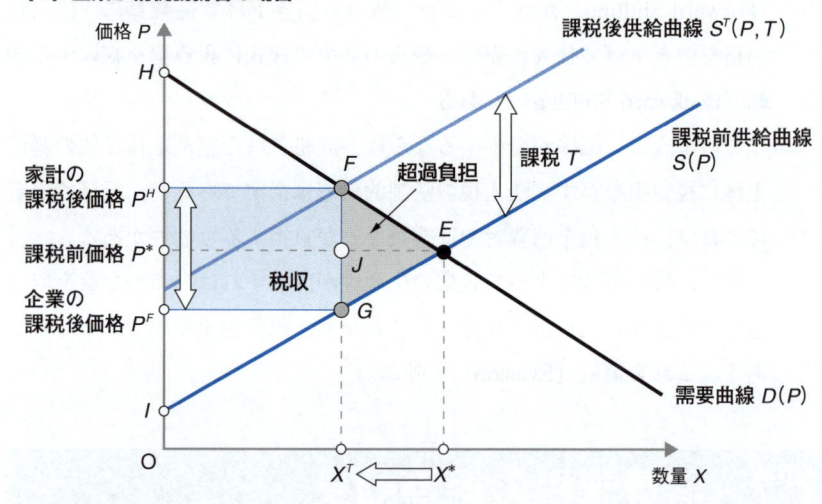

価格 P

- H
- 家計の課税後価格 P^H
- 課税前価格 P^*
- 企業の課税後価格 P^F
- I
- 課税後供給曲線 $S^T(P,T)$
- 課税前供給曲線 $S(P)$
- 需要曲線 $D(P)$
- 課税 T
- 超過負担
- 税収
- 点 F, J, E, G
- O, X^T, X^*, 数量 X

（2）家計が納税義務者の場合

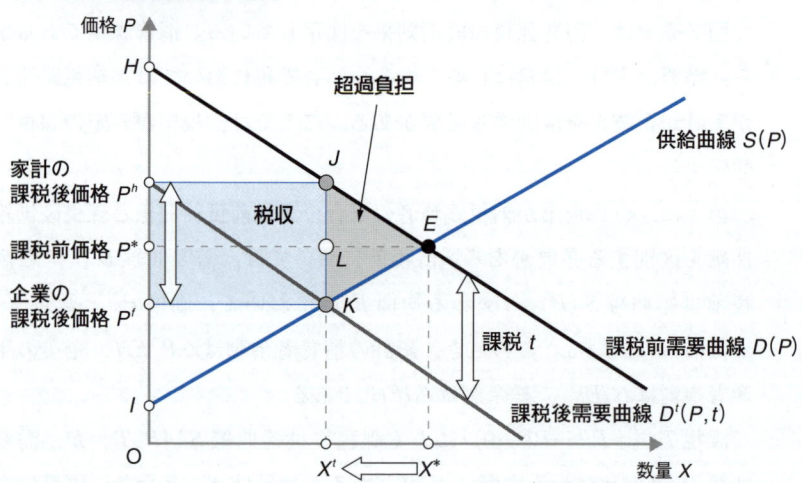

価格 P

- H
- 家計の課税後価格 P^h
- 課税前価格 P^*
- 企業の課税後価格 P^f
- I
- 供給曲線 $S(P)$
- 課税前需要曲線 $D(P)$
- 課税後需要曲線 $D^t(P,t)$
- 課税 t
- 超過負担
- 税収
- 点 J, E, L, K
- O, X^t, X^*, 数量 X

生産者余剰は$\triangle IGP^F$，税負担でもある政府の税収は$\square P^F GFP^H$となる。

税負担は家計負担と企業負担に分解できる。家計負担は$\square P^* JFP^H$，企業負担は$\square P^F GJP^*$となる。企業が納税義務者であって，法制的帰着は企業でも，経済的帰着では家計にも税負担が及ぶことが示されている。

公共サービスや補助金などにより，税収を家計や企業へ戻すことを考えて，税収も総余剰に含むとする。このとき，課税後の総余剰は$\square IGFH$となるが，課税前の総余剰に比べれば，小さくなってしまう。税収を家計や企業に対して補償しても，減ってしまう余剰が超過負担である。この場合，$\triangle GEF$が消費課税による超過負担である。

第2に，(2) 家計が納税義務者の場合，課税前需要曲線と課税後需要曲線を区別する必要がある。まず，課税前の均衡E点は先と同じだとする。課税t（$=P^h-P^f>0$）によって，課税前需要曲線$D(P)$と課税後需要曲線$D^t(P,t)$がもたらされる。

供給曲線$S(P)$と課税後需要曲線$D^t(P,t)$が交わる均衡K点により，数量X^t，家計の課税後価格P^h，企業の課税後価格P^fが実現する（$P^h=P^f+t$）。家計の消費者余剰は$\triangle P^h JH$，企業の生産者余剰は$\triangle IKP^f$，税収は$\square P^f KJP^h$である。家計負担は$\square P^* LJP^h$，企業負担は$\square P^f KLP^*$である。税収を含む総余剰は$\square IKJH$であるから，課税による超過負担は$\triangle KEJ$となる。

7.8　所得課税の経済効果

図7-6は所得課税の経済効果を図示している。家計は限りある1日24時間の制約のなかで，余暇時間と労働時間を決めている。どれだけ労働に時間を費やすかは，その家計に与えられる賃金率Wによって決定されると考えよう。

たとえば，時給800円で6時間働くならば，時給が賃金率であり，6時間が労働時間となる。労働市場において，家計は企業に対して労働を供給している。賃金率Wが高くなるほど，家計の労働供給L^sが増え

■ 図 7-6　所得課税の経済効果

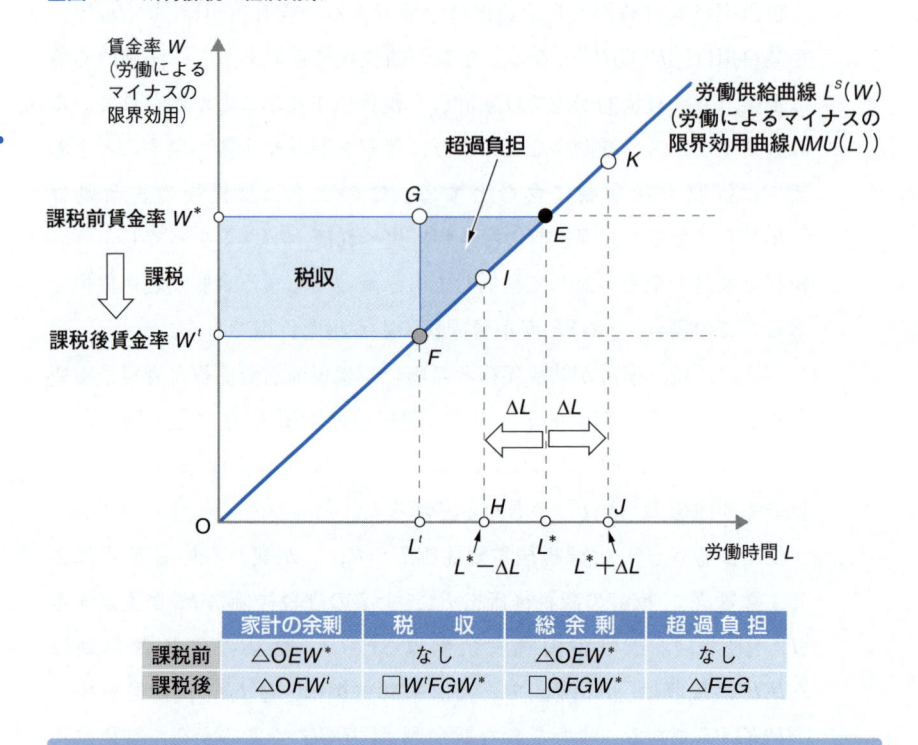

	家計の余剰	税　　収	総 余 剰	超過負担
課税前	△OEW^*	なし	△OEW^*	なし
課税後	△OFW'	□$W'FGW^*$	□$OFGW^*$	△FEG

ると考えるならば，図 7-6 のように家計の**労働供給曲線**（Supply Curve of Labor）$L^s(W)$ は右上がりになる。

　いま，課税前の賃金率 W^* とする。賃金率 W^* と労働供給曲線 $L^s(W)$ が交わる均衡 E 点において，家計の労働時間は L^*，家計の所得 □OL^*EW^* となる。なお，限りある時間を余暇に割けば，家計にプラスの効用をもたらすが，苦痛をともなう労働に時間を割けば，マイナスの効用をもたらす。実のところ，労働供給曲線 $L^s(W)$ は，家計が追加的な労働から得るマイナスの限界効用曲線 $NMU(L)$ でもある。

　このように考えれば，均衡 E 点の意味をくみ取ることができる。仮に家計が L^* よりも少ない労働時間（$L^*-\Delta L$）を選ぶならば，家計のマイナスの限界効用 $NMU(L^*-\Delta L)$ よりも賃金率 W^* が高くなる（$HI<W^*$）。そのため，家計は労働時間を増やすことで所得を増やし，

均衡 E 点に向かう。

逆に L^* よりも多い労働時間（$L^*+\Delta L$）ならば，家計のマイナスの限界効用 $NMU(L^*+\Delta L)$ が賃金率 W^* を超えてしまう（$W^*<JK$）。そのため，家計は労働時間を減らすことで均衡 E 点が実現する。すなわち，均衡 E 点では，マイナスの限界効用 $NMU(L^*)$ と賃金率 W^* が一致する（$L^*E=W^*$）。

したがって，課税前において，労働によるマイナスの効用は△OL^*E で示される（マイナスの限界効用は L^*E である）。そこで，家計の所得□OL^*EW^* からマイナスの効用△OL^*E を差し引けば，家計の余剰△OEW^* を得ることができる。

次に，賃金に対して課税する税率 t（$0<t<1$）の所得課税を想定し，課税後の賃金率 $W^t=(1-t)W^*$ とする。労働供給曲線 $L^s(W)$ と交わる均衡 F 点において，家計の労働時間は L^t となる。

このとき，家計の税込み所得□OL^tGW^*，税抜き所得□OL^tFW^t，税負担額かつ税収□W^tFGW^* である。さらに，家計の労働によるマイナスの効用△OL^TF を所得から差し引けば，家計の余剰△OFW^t を得ることができる。さらに，税収を含めた総余剰は□$OFGW^*$ である。

したがって，所得課税による超過負担は△FEG となる。消費課税と同じく超過負担が発生し，所得課税が中立でないことがわかる。超過負担が発生するならば，効率的な資源配分が達成できておらず，課税は中立とは言えない。超過負担が発生するのは，家計や企業などの経済主体の選択に課税が影響するからである。

7.9　需要の価格弾力性と最適課税

超過負担の大小は，需要曲線と供給曲線の形状に依存する。財市場における消費課税を例にして説明しよう。図 7-7 には，(1) 需要の価格弾力性が大きい財と (2) 需要の価格弾力性の小さい財の需要曲線が示されている。簡略化のため，供給曲線は価格弾力性が無限大で，水平とな

■ 図 7-7　需要の価格弾力性と最適課税

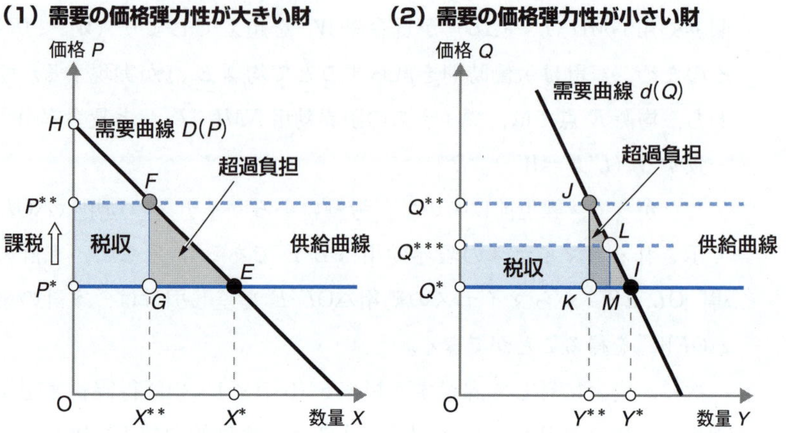

(1) 需要の価格弾力性が大きい財

(2) 需要の価格弾力性が小さい財

る状況を想定する（価格弾力性については第 2 章の 2.8 節を参照）。

(1) 需要の価格弾力性が大きい財の需要曲線 $D(P)$ は，緩やかな傾きをもっている。課税前の価格 P^* と需要曲線 $D(P)$ が交わる均衡 E 点において，数量 X^* が決定される。家計の総効用は□OX^*EH，支払金額は□OX^*EP^*，消費者余剰は△P^*EH となる。

納税義務者が企業のとき，課税後の価格 $P^{**}(=P^*+t)$ となる課税がなされるならば，需要曲線 D と交わる均衡 F 点において数量 X^{**} が実現する。このとき，家計の総効用は□$OX^{**}FH$，支払金額は□$OX^{**}FP^{**}$，税負担額または税収は□P^*GFP^{**}，消費者余剰は△$P^{**}FH$ となる。その結果，超過負担は△GEF である。

(2) 需要の価格弾力性が小さい財についても，同じように均衡を描くことができる。課税前の均衡は I 点，課税後の均衡は J 点である。超過負担は△KIJ である。なお，$Q^{**}=(1+t)Q^*$ であり，(1) の場合と比較ができるよう，課税前価格 P^* と Q^* の水準は同じだとする。

超過負担の大きさは，両者で大きく異なっている（△$GEF>$△KIJ）。それは，需要の価格弾力性に理由がある。(1) 需要の価格弾力性が大きい財の場合は，需要曲線の傾きが緩やかである。そのため，課税によっ

て数量は大きく変化する（$X^* \to X^{**}$）。一方，(2) 需要の価格弾力性が小さい財の場合は，需要曲線の傾きが急であるから，同じ課税でも数量は大きく変わらない（$Y^* \to Y^{**}$）。

このことを踏まえて，次のような問題を考えてみよう。ある程度の税収を確保しなければならない政府が，消費課税によって財源調達を行う場合，どのように課税することが望ましいだろうか。

このとき，(1) 需要の価格弾力性が大きい財のみの課税で，調達できる税収の規模が□P^*GFP^{**}とする。このとき，課税後価格 $P^{**}(=P^*+t)$ である。この税収規模を (2) 需要の価格弾力性が小さい財のみの課税で調達するならば，課税後価格 $Q^{***}(=Q^*+v)$ として，税収は□Q^*MLQ^{***} となる。両者の税収の規模は同じだが，前者の税率 t よりも，後者の税率 v は低い（$t > v$）。

すなわち，同じ税収を調達するのであれば，需要の価格弾力性が小さい財に対する消費課税のほうが，必要な税率が低くて済む。低い税率は，家計の経済行動を大きく変更しないため，中立の原則に沿ったものとなり，超過負担も小さくなる。税率 v の場合の超過負担は△MIL である。

ある規模の税収を確保する際に，資源配分の効率性を重視して，超過負担を最小にするような税制を**最適課税**（Optimal Taxation）と呼んでいる。消費課税の場合は，需要の価格弾力性が小さい財に対して高い税率の課税を行うことが，最適課税となる。

より一般的には，需要の価格弾力性の逆数に比例して税率を決めることが，超過負担を最小化できることが知られている。これを**逆弾力性ルール**（Inverse Elasticity Rule）と呼んでいる。たとえば，需要の価格弾力性が 2 の財には，逆数の 1/2 に比例した税率が適用される。また，需要の価格弾力性が 1/3 の財には，逆数の 3 に比例した税率となる。

ただし，ある財・サービスの価格の変化が，他の財・サービスの需要に影響を与えないことが，逆弾力性ルールの条件となる。すなわち，個々の財・サービスの需要は，その財・サービスの価格にしか影響を受けないことが前提である。

現実の税制に逆弾力性ルールを適用できるだろうか。需要の価格弾力

性が小さい財とは，生活必需品に他ならない。課税によって課税後価格が高くなっても，家計は生活のために買わざるをえないため，数量は大きく減少しない。

一方，需要の価格弾力性が大きい財とは贅沢品である。贅沢品は生活する上で必ずしも必要でないから，課税によって課税後価格が高くなれば，数量は大きく減少する。

逆弾力性ルールは，生活必需品への税率を高くし，贅沢品への税率を低くすることを要請する。しかし，このような税制は，一般的な感覚からずれている。むしろ生活必需品への税率は低く，贅沢品への税率は高くすることが，通常は要請されやすいだろう。

このギャップが生じるのは，逆弾力性ルールが租税の中立の原則のみを追求しているからである。中立の原則によると，経済主体の経済行動を変えず，超過負担が生じない税制が望ましい。しかし，公平の原則から言えば，生活必需品へ高い税率を適用することは，低所得者に厳しい税制となり，望ましいとは言えない。

超過負担をほとんど生じない税制に人頭税（Poll Tax）がある。人頭税は，所得や消費の実績がなくても，国内に住んでいる人に課税する。人頭税から逃れるには，国外に移住しなければならず，超過負担はほとんど発生しない。しかし，低所得者にとっては重い負担となる。

このように，中立の原則と公平の原則はトレード・オフ（二律背反）の関係にある。どちらかを追求すれば，他方をあきらめざるをえない。中立と公平の原則の狭間で，どのように望ましい税制を構築していくかが重要であり，両者の原則を区別する視点が必要である。

7.10　特殊な市場への課税

価格弾力性の大小は，需要曲線の傾きだけでなく，供給曲線の傾きにも影響を与える。先の図 7-7 において，供給曲線が水平であったが，これは供給の価格弾力性が無限大のケースに相当する。

図7-8 には，需要と供給の価格弾力性が，無限大もしくはゼロの場合の特殊なケースにおいて，企業が納税義務者であるとした場合の消費課税の経済効果を図示している。すべてのケースにおいて，課税前の均衡 E 点であり，課税後の均衡は F 点となる。また，家計の課税後価格 P^H，企業の課税後価格 P^F である。

(1) 需要の価格弾力性がゼロのケースでは，需要曲線が垂直となる。課税後の数量は不変で，超過負担は発生せず，家計が税をすべて負担する。

(2) 需要の価格弾力性が無限大のケースでは，需要曲線が水平となる。課税後の数量は減少するので超過負担が発生し，企業が税をすべて負担する。

(3) 供給の価格弾力性がゼロのケースでは，供給曲線が垂直となる。課税後の数量は不変で，超過負担は発生せず，企業が税をすべて負担する。

(4) 供給の価格弾力性が無限大のケースでは，供給曲線が水平となる。課税後の数量は減少するので超過負担が発生し，家計が税をすべて負担する。

これらのように，市場における需要曲線と供給曲線の形状が，超過負担を含めた課税の経済効果を左右し，家計と企業の経済的帰着を決定する。

■ 図 7-8 特殊な市場への課税

(1) 需要の価格弾力性がゼロのケース

超過負担ゼロ
家計が税をすべて負担

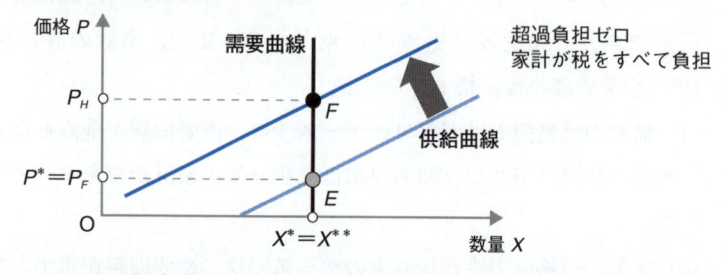

(2) 需要の価格弾力性が無限大のケース

超過負担が発生
企業が税をすべて負担

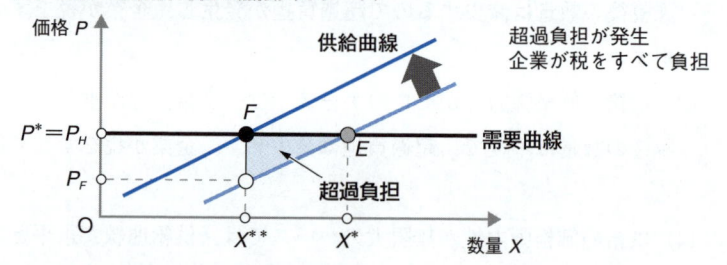

(3) 供給の価格弾力性がゼロのケース

超過負担ゼロ
企業が税をすべて負担

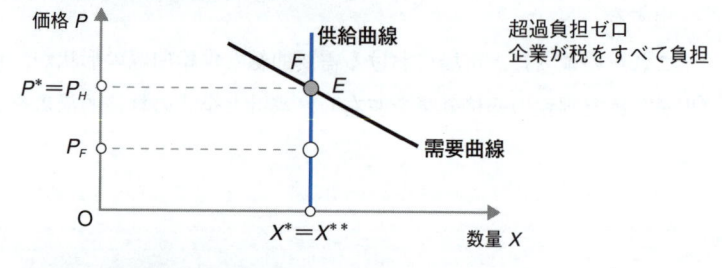

(4) 供給の価格弾力性が無限大のケース

超過負担が発生
家計が税をすべて負担

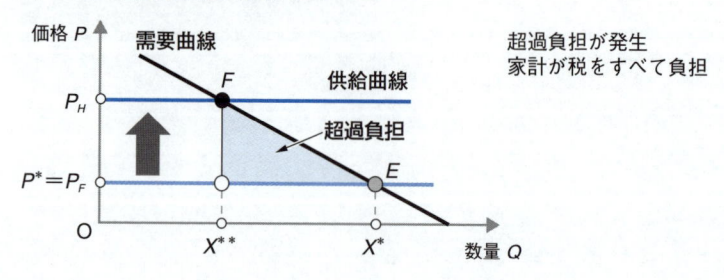

キーワード

租税，課税，租税原則，中立の原則，歪み，公平の原則，応益原則，応能原則，簡素の原則，徴税費用，納税費用，担税力，垂直的公平，水平的公平，クロヨン，平均税率，累進度，累進税，比例税，逆進税，限界税率，課税最低限，犠牲説，均等絶対犠牲，均等比例犠牲，均等限界犠牲，課税ベース，所得課税，消費課税，資産課税，帰着，法制的帰着，納税義務者，転嫁，経済的帰着，前転，後転，消転，労働供給曲線，最適課税，逆弾力性ルール，人頭税

復習問題

(1) 税制の累進度はどのようにして測られるのか。
(2) 犠牲説は，いかにして累進税を正当化しようとするのか。図示して説明せよ。
(3) 法制的帰着が経済的帰着と異なることを，法人税を例にして説明せよ。
(4) 納税義務者である企業が生産している財に対して消費課税が適用される場合に，超過負担が発生することを図示して説明せよ。

発展問題

(1) 所得 Y，所得控除 D（所得から差し引く経費），税率 t とし，所得税額が $T=t(Y-D)$ のように表現できるとき，この税制は累進税であることを示せ。ただし，D および t はプラスで一定とする（$0<t<1$）。
(2) 納税義務者が企業の場合に，ある財に対して課税を行う。この際，その財の価格 P に対して一定の税率 t を課税する方法を採用する。このような消費課税がなされたときの経済効果について図示して説明せよ。また，図7-5との違いを考察せよ。
(3) 課税にともなう超過負担は，家計や企業の経済活動を租税が変化させ，歪みがもたらされることが原因で発生する。では，家計の経済行動がまったく変化せず，歪みを発生させない租税とは，どのようなものが考えられるか。

第 8 章

公　債

本章では，公債について学ぶ。租税とともに政府の財源調達手段として用いられる公債であるが，その特徴は租税とは異なる。特に，社会資本の建設の財源として利用されることが多い。とはいえ，政府は債券市場の状況を見ながら，財政の持続可能性に配慮しなければならない。また，公債の負担については様々な考え方がある。

本章のポイント

■ 公債は租税と並ぶ政府の重要な財源調達の手段である。

■ 政府は公債と呼ばれる債券を発行し，その債券を購入してくれる経済主体から資金を調達する。

■ 公債は，社債や株式などと同じく，資産運用の一形態である。

■ 日本では，公債発行は原則的に禁止されているが，社会資本の建設のための財源調達として，公債を発行することは例外的に認められている。

■ 民主主義の政治制度のもとでは，公債発行が常態化する可能性がある。

■ 公債残高対 GDP 比の動きは，財政悪化もしくは財政健全化を表現し，プライマリー・バランスに加えて利子率と経済成長率に依存する。

■ 公債の中立命題が成り立てば，政府の財源調達方法は，家計の経済行動に何らの影響をもたらさない。

8.1 公債と政府の財政運営

租税と並び，**公債**（Public Debt）も政府の重要な財源調達の手段である。公共サービスや社会保障給付などの政府の支出が，租税による収入でまかないきれない場合，その差額は**財政赤字**（Budget Deficit）となる。財政赤字の財源を調達するために，政府は公債を発行する。

または，政府が積極的に公債を発行することもある。景気が落ち込むと失業率が高くなるが，失業者を雇用するために政府が公共事業を行うことがある。もしくは，減税で家計の可処分所得（消費や貯蓄として自由に処分できる所得）や企業所得を増やし，消費や投資を促進して景気回復を狙うこともある。

当然ながら，景気低迷は税収も減らす。そのため，公共事業や減税の財源は税収に多くを期待できない。そこで政府は，公共事業や減税の財源として，公債を発行することがある。

とはいえ，公債は政府の借金である。借金であるから，政府は公債の返済義務を負う。公債を最終的に返済することが**償還**である。また，償還までの間，政府が**利払費**（支払利子）を負担することも，通常の借金と同じである。なお，一時点の公債の残高が**公債残高**である。

景気低迷時に公債を発行しても，景気が回復して税収が増えたときには，公債を償還することが望ましい。発行した公債を確実に償還できれば，公債残高が極端に膨らむことはない。

ところが，公債発行が常態化すれば，公債残高が積み上がってくる。政府の利払費も巨額になり，公共サービスや社会保障給付のための支出をまかなうことが難しくなる。これが**財政の硬直化**である。

このとき，政府の支出を減らすか，収入を増やすかによって，**財政再建**が実施されることがある。支出を減らすならば，公共サービスや社会保障給付が減り，収入を増やすならば増税である。

8.2 公債の特徴

政府は**債券**（Bond）を発行し，その債券を購入してくれる経済主体から資金を調達する。一般的に債券とは，将来の収益を期待できる資産を意味する。たとえば企業は，社債と呼ばれる債券を発行して，資金調達を行うことがある。

企業が社債によって資金を調達できるかどうかは，その企業の返済能力に依存する。もし，その企業に返済能力がないと市場が判断するならば，誰もその企業の社債を買わないだろう。それと同様に，政府も公債という債券を発行することで，資金を調達するのである。

したがって，家計や企業が公債を購入する理由は，公債の保有によって利払いが期待できるからである。社債や株式などと同じく，公債も資産運用の一形態である。公債を含めた債券を売り買いする市場が**債券市場**（Bond Market）である。

家計が直接的に公債を購入することはあまりないが，金融機関が家計から預かった預貯金を運用するために，公債を購入することは多い。そのために，家計は間接的に公債を保有している。家計が預貯金から受け取る利子収入の一部は，公債の利子収入が原資である。

図 8-1 には，債券としての公債の特徴が図示されている。まず，発行時点において，政府の公債を家計が購入する。このとき，家計から政府へ資金が流入する。政府はその資金で公共サービスや減税を行う。政府は家計に対して債務を負うが，家計は政府に対して資産をもつことになる。

償還までの期間，家計は公債を保有する。政府はその時々の利子率に応じて利払費を支出し，公債を保有する家計は利子収入を受け取る。企業は収益から社債の利払費を支出するが，政府は課税によって利払費を支出できる。

預貯金を多くもつ高所得者ほど，公債によって資産を運用していると考えられる。しかし，利払費をまかなう租税は，所得にかかわらず，低

■図 8-1 公債の特徴

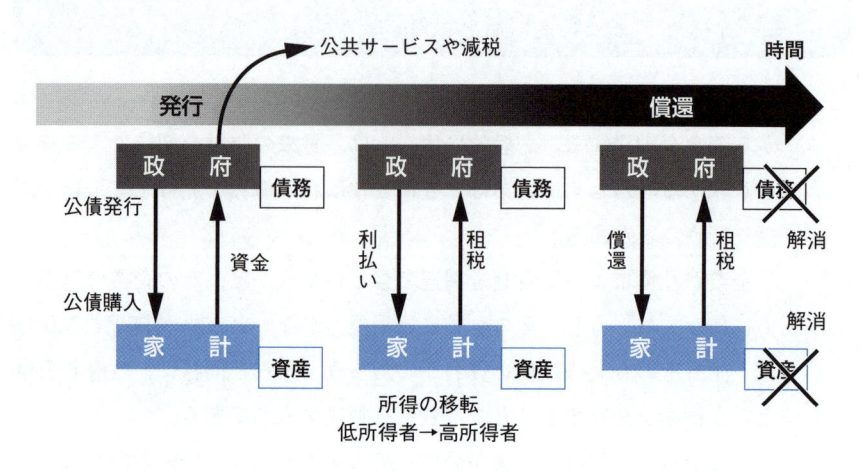

```
                    公共サービスや減税                        時間
         発行 ─────────────────────── 償還 ──────────▶
      ┌──政 府──┬──債務──┐  ┌──政 府──┬──債務──┐  ┌──政 府──┬─債務✕┐
公債発行│         │        │利│        │租│   償還│        │租│   解消
      │        資│        │払│        │税│        │        │税│
公債購入│         金        │い│         │  │        ▼        │  │   解消
      ┌──家 計──┬──資産──┐  ┌──家 計──┬──資産──┐  ┌──家 計──┬─資産✕┐
                                所得の移転
                             低所得者→高所得者
```

所得者にも課税される。この場合，公債の利払費と租税を通して，低所得者から高所得者への所得の移転が発生する。

　償還時点で，政府は公債を返済する。ここでも，政府は償還のための財源として租税を利用できる。償還によって，政府に対する家計の資産，家計に対する政府の債務，これらの両者の関係が完全に解消される。

　なお，利払費と償還費の財源に租税を充てず，追加的に発行する公債を充てる方法も考えられる。債券の返済をまかなうために発行する債券を **借換債**（Refinancing Bond）と呼ぶ。「借金の返済を借金でまかなう」ことになるが，政府の財政運営において借換債は珍しくない。

8.3　公債と租税の違い

　公債と租税は双方とも政府の財源調達の手段だが，その特徴は大きく異なる。表 8-1 には，公債と租税の違いをまとめている。

　第 1 に，公債は家計や企業などが自発的に購入するが，租税は家計や企業から強制的に徴収される。

■表8-1　公債と租税の違い

公債の特徴	租税の特徴
●家計や企業が自発的に購入する資産運用の一形態である。 ●債券市場が正常ならば，政府による短期間の財源確保が容易である。 ●租税に比べて，公債による財源の確保は，景気の影響を受けない。 ●償還時期を将来にずらすことで，負担を世代間に分散できる。	●強制的に家計や企業から徴収される。 ●短期間の増税は困難である。 ●税収は景気の影響を受けやすい。 ●課税時点の世代に負担が集中する。

　第2に，租税よりも公債のほうが，短期間の財源確保が容易である。租税による財源確保とは増税であるが，議会での議決を経て決められる予算に増税を短期間で反映するのは難しい。一方，債券市場が正常で，公債が魅力的な資産ならば，家計や企業が公債を購入するために，政府による短期間での財源確保は容易である。

　第3に，租税による財源調達は，公債に比べて景気の影響を受ける。景気が悪化すれば，税収は落ち込む。一方，公債は景気が悪化していても，債券市場が正常ならば，財源調達が可能である。

　第4に，租税は課税する時点の世代に負担が集中するが，公債は償還時期が将来なので，利払費や償還費のための税負担を世代間に分散できる。このことは，将来にわたって国民に便益をもたらし続ける社会資本を建設する財源を調達する際に，望ましい効果をもたらす。図8-2にて説明しよう。

　いま，政府がダムの建設を決定したとする。この政府がダムの建設の財源として，租税を選択した場合，その時点で生存している世代1に対して課税がなされ，ダムの建設がはじまる。ダムの完成が世代1の死亡後ならば，世代2以降の世代がダム利用からの便益を受ける。

　これでは，世代1は負担をしたものの，ダム利用からの便益が受けられず，世代間で不公平が発生している。そこで，公債を財源としてみよう。

■図 8-2　利用時払いの原則

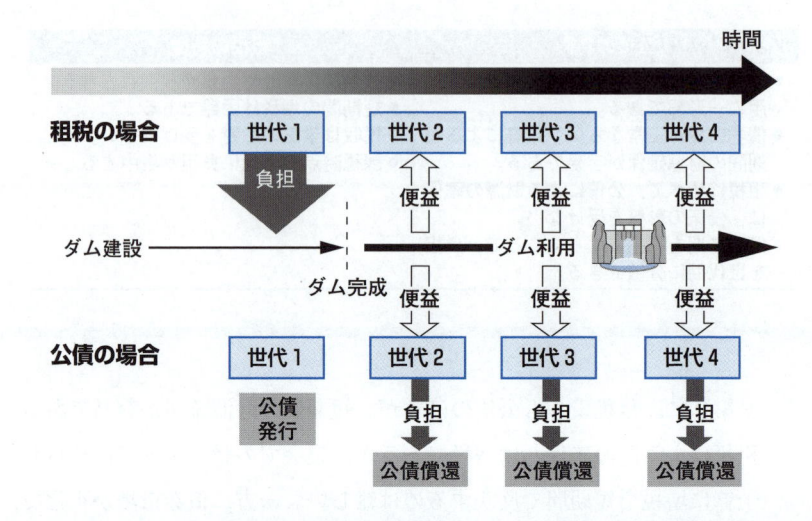

世代1の生存期間中に公債が発行される。その公債の償還期限を将来にずらしていくことで，世代2以降の世代が，償還のための租税を負担する。そうすれば，世代2以降の世代が受け取るダム利用の便益に応じて，負担を世代間に分散し，不公平を回避できる。このように，**社会資本の便益に合わせて，公債の負担を分散させる**ことが**利用時払いの原則**である。

なお，**日本の法律では，公債発行は原則的に禁止されている**（財政法第4条）。ただし，**公共事業のように社会資本の建設のための財源調達として，国会の議決を経て公債を発行することは例外的に認められている**（財政法第4条但書）。これを**建設公債の原則**と呼ぶ。

ところが，政府の人件費や社会保障給付のように，現時点の国民の便益にはなるが，将来にわたる持続的な便益が期待できない支出に対しても，日本の政府は公債を発行してきた。これが**赤字公債**（国の場合は**赤字国債**，Deficit Financing Bond）である。

赤字公債を発行するため，日本の国会は1年に限って有効な特例法（公債特例法）を毎年制定してきた。**赤字公債は，社会資本のような資**

産の裏付けがなく，将来の世代に利払費や償還費のための税負担を押し付ける性質をもつために望ましくない。

しかし，現時点で生きる世代のみが投票権をもち，政治に参加する現在の民主主義のルールでは，投票権をもたない将来世代は政治に参加できない。そのために，現時点の世代が，現時点の便益を優先して税負担を回避し，公債発行で将来に負担を残す選択を行うならば，選択権をもたない将来世代の負担が増えてしまう。

このように，民主主義の政治制度のもとでは公債発行が常態化し，将来世代の負担の増加を危惧したのがブキャナン（J. M. Buchanan）である。そのためにブキャナンは公債発行を認めず，租税による収入で政府の支出をまかなうべきとする**均衡予算主義**を主張した。

8.4 公債と市場の関係

債券市場では，公債をはじめとした債券が取引される。債券の発行もしくは売却する経済主体が債券供給側，債券を購入する経済主体が債券需要側である。債券市場では，その債券についての利子率が決定される。

将来性が疑問視される企業が発行する社債を，金融機関は買いたがらないだろう。なぜなら，その社債を購入しても，その企業が倒産してしまったならば，社債の購入資金は戻らないからである。

信用力に乏しい企業の社債を購入する場合，金融機関は高い利子率を要求する。なぜなら，倒産するリスクを負うからである。高い利子率による利子収入を得ることができるなら，その企業の社債を購入する金融機関が現れるかもしれない。逆に言えば，信用力に乏しい企業は，社債の利子率を高く設定しなければ，誰も社債を買ってくれない。

すなわち利子率の水準は，債券を発行する経済主体の信用力を反映している。通常，政府の信用力は，その国のなかでもっとも大きい。政府の信用力が大きいのは，企業とは異なり，強制的な課税権をもっているからである。資金が不足すれば，企業は倒産を選択せざるをえないが，

政府は増税を選ぶことができる。そのため，公債の利子率は，あらゆる国内の債券のなかで，もっとも低くなる。

とはいえ，政府の公債発行が多額になれば，政府の信用力も低下する。このとき，債券市場は高い利子率を要求する。公債の利子率（**長期金利**）は，他のあらゆる利子率の水準に影響するために，公債の利子率が上昇すれば，他の利子率も上昇する。利子率が高くなれば，企業が金融機関から資金を借り入れたり，家計が住宅ローンを組むことが難しくなる。

図 8-3 は公債市場を図示している。政府は公債を発行し，公債市場に債券を供給する。その債券を購入する金融機関があれば，政府は財源を調達できる。また，金融機関が保有する公債を売却することもある。

主に公債を購入する経済主体は，民間金融機関である。民間金融機関は，家計の預貯金などを財源として，公債を購入する。さらに，通貨発行権をもつ中央銀行が，公債市場で公債を購入することがある。中央銀行は自ら発行した貨幣を財源として公債を購入する。

■図 8-3　公債市場と市中消化の原則

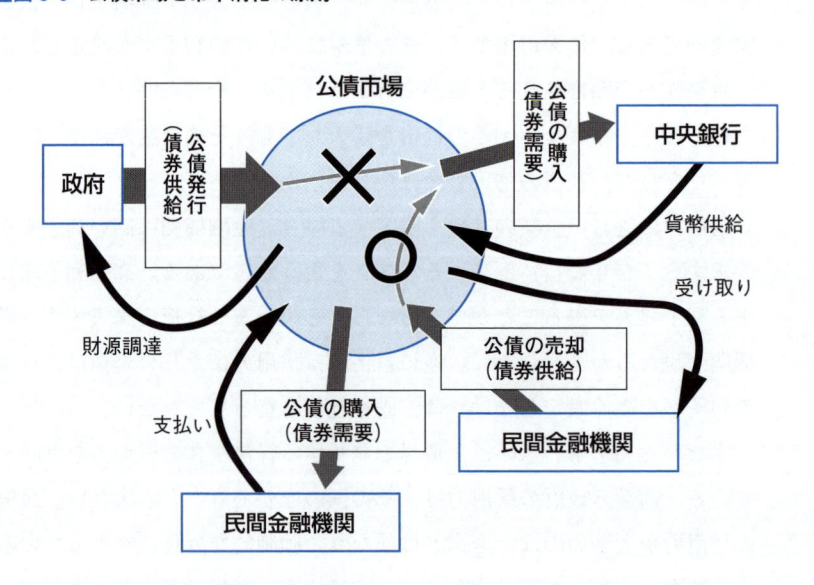

多くの国では，中央銀行による公債の購入に制限が設けられている。日本でも，中央銀行たる日本銀行は，政府が新しく発行する新発債（New Issue Bond）の国債を購入できない。日本銀行が新発債を購入することを，日銀引き受けと呼ぶ。

日銀引き受けが可能ならば，通貨発行権をもつ日本銀行が発行した通貨でもって，政府が発行した公債を日本銀行が直接購入できる。言わば，政府の借金を日本銀行が引き受けることで，市場に貨幣が流れていく。

このことは，第2次世界大戦中の日本やドイツにおいて実際に行われた。戦争の財源を捻出したい政府が，中央銀行の協力のもとで，大量の公債を発行したのである。市場で取引される財・サービスの数量が変わらないのに，貨幣だけが増えるならば，その結果は物価上昇しかない。市場に流れた膨大な貨幣によって，物価が急騰するハイパー・インフレーションが発生した。

一切れのパンを購入するにも，札束を積まねばならず，国民は生活に支障を来した。額面に金額が示されている公債の価値は紙切れ同然となり，家計や企業の資産は失われた。その一方で，政府の借金はハイパー・インフレーションによって帳消しとなった。

ハイパー・インフレーションは，政府と通貨の信用力が失墜したときに発生する。公債を乱発する政府を中央銀行が支え続けるならば，市場が反乱を起こす。このような経験から，中央銀行は政府から独立した機関であることが求められる（中央銀行の独立性）。

日本では，日銀引き受けは禁止されており，新発債は市中銀行をはじめとする日本銀行以外の民間金融機関などの経済主体によって購入されなければならない。これが市中消化の原則である。

ただし，民間金融機関が一度保有した公債（既発債，Outstanding Bond）ならば，日本銀行は購入できる。日本銀行は既発債を保有し，公債市場で売買できる。日本銀行は，既発債を市場から購入して貨幣を放出（買いオペレーション，Buying Operation）したり，逆に既発債を市場で売却して貨幣を引き上げる（売りオペレーション，Selling Operation）。これらの操作によって，日本銀行は公債の利子率（長期金

利）を調整している。

> ❖**コラム　日本財政における長期債務残高の累増**
>
> 　下の図は，日本の国（中央政府）の一般会計における歳出総額と税収の推移を示している。国の予算には，一般会計や特別会計などがあるが，そのなかで一般会計はもっとも大きな予算である。国の財政の規模は，一般会計だけでは測ることができないものの，それでも一般会計は，歳出や税収の相対的な規模を示す指標と言える。
>
> 　図にあるように，景気の低迷によって税収が落ち込む一方，景気対策などによって歳出は増えてきた。結果的に税収は歳出に追い付かず，財源不足は公債発行額によって埋められてきた。公債発行額はフローの借金の増加を意味する。
>
> 　公債発行額を積み重ねていけば，右の図に示した公債残高となる。公債
>
> （出所）　財務省「わが国税制・財政の現状全般に関する資料」(http://www.mof.go.jp/jouhou/syuzei/siryou/genjo.htm) より作成。ただし，2009年度末は第2次補正後予算，2010年度は当初予算にもとづく見込み。

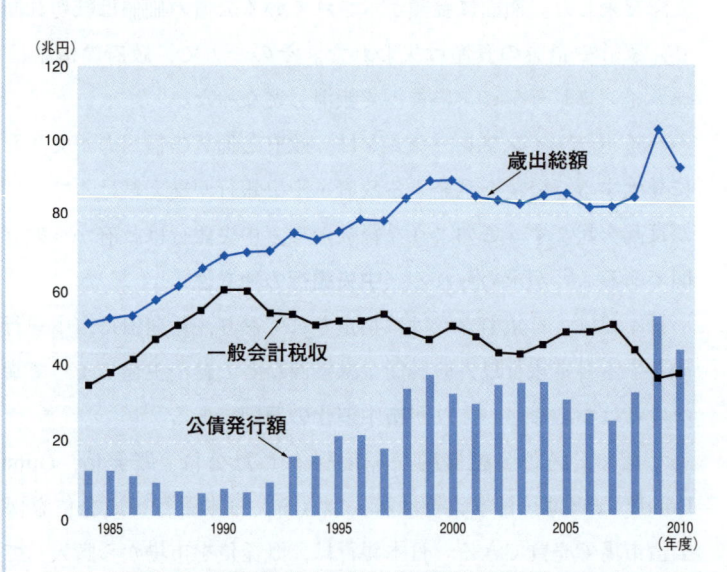

残高はストックの借金である。ここでは，建設公債残高と赤字公債残高の推移が示されている。建設公債残高も増えているものの，赤字公債残高の増加は顕著である。これらの公債残高に，政府の借入金残高（公債以外の借金）を加えた概念を長期債務残高と呼ぶ。

以上は国の長期債務残高であって，地方（地方政府）の長期債務残高を合わせると，国と地方が抱える長期債務残高はより大きくなる。財務省「財政関係基礎データ」(http://www.mof.go.jp/jouhou/syukei/siryou/sy_new.htm) にある2010年3月現在の「国及び地方の長期債務残高」によると，2010年度末の国の長期債務残高は663兆円程度，地方は200兆円程度であり，合計すれば862兆円程度にも膨れあがる。

長期債務残高の急速な増加をいかに抑制できるか，すなわち財政再建が，日本財政の最大の課題と言っても言いすぎではない。

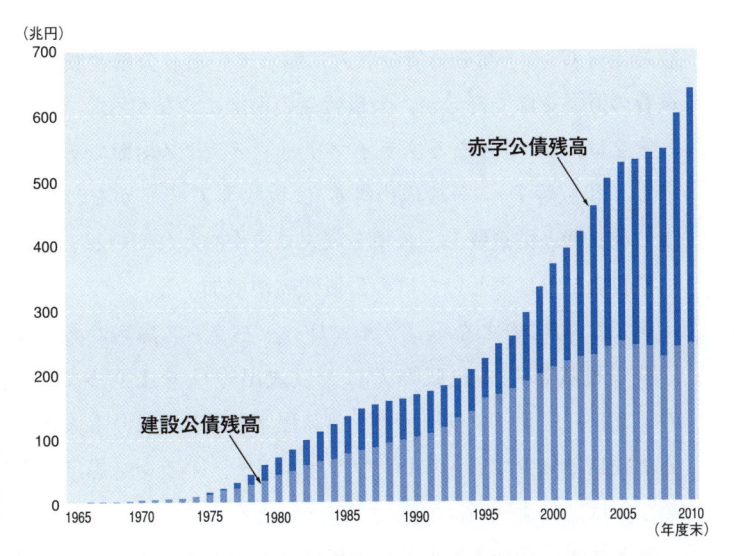

（出所） 財務省「わが国税制・財政の現状全般に関する資料」(http://www.mof.go.jp/jouhou/syuzei/siryou/genjo.htm) より作成。公債残高は各年度の3月末現在高。ただし，2009年度末は第2次補正後予算，2010年度は当初予算にもとづく見込み。

8.5 プライマリー・バランス

政府の財政における収入を**歳入**（Revenue），支出を**歳出**（Expenditure）と呼ぶ。歳入には，租税などによる税収等，公債発行による**公債金収入**がある。歳出には，公共サービスや社会保障給付，地方自治体への補助金などの**一般歳出等**に加えて，公債の償還費と利払費を合わせた**公債費**がある。

図 8-4 には，公債の管理を含めた政府の会計が示されている。いま，税収等 T，一般歳出等 G とするとき，これらの差が**プライマリー・バランス**（**基礎的財政収支**, Primary Balance）$B(=T-G)$ である。図では，プライマリー・バランス B について，考えられる 3 つのパターンを示している。

第 1 は，$B<0$ となるプライマリー・バランス赤字である（一般歳出等 G ＞税収等 T）。一般歳出等 G を税収等 T ではまかないきれず，一般歳出等 G の一部を公債金収入に頼っている。公債金収入のうち，償還費の財源を除く部分が，公債残高の増加につながる。

第 2 は，$B=0$ となるプライマリー・バランス均衡である（一般歳出等 G ＝税収等 T）。一般歳出等 G は税収等 T でまかなわれている。公債の利払費と償還費も，公債金収入でまかなわれている。この状態では，利払費の部分に等しいだけの公債残高が増加する。

第 3 は，$B>0$ となるプライマリー・バランス黒字である（一般歳出等 G ＜税収等 T）。税収等 T は一般歳出等 G を上回っている。図 8-4 のように，プライマリー・バランス黒字が利払費よりも大きいならば，公債残高は減少する。もし，プライマリー・バランス黒字と利払費が同額ならば，公債残高は増減せずに一定となる。

ひとまず，社会資本が将来世代に便益をもたらすことを無視し，一般歳出等 G が現在世代のみに便益をもたらすと単純に考えてみよう。一方で，税収等 T は現役世代の負担である。このようにとらえたとき，プライマリー・バランス B は，次のような意味をもってくる。

■図 8-4　プライマリー・バランス

(1) プライマリー・バランス赤字（$T-G=B<0$）

歳入	歳出
公債金収入：償還費の財源／公債残高の増加／税収等 T	公債費：償還費／利払費／プライマリー・バランス赤字／一般歳出等 G

(2) プライマリー・バランス均衡（$T-G=B=0$）

歳入	歳出
公債金収入：償還費の財源／公債残高の増加／税収等 T	公債費：償還費／利払費／一般歳出等 G

(3) プライマリー・バランス黒字（$T-G=B>0$）

歳入	歳出
公債金収入／税収等 T（プライマリー・バランス黒字）	公債費：償還費／公債残高の減少／利払費／一般歳出等 G

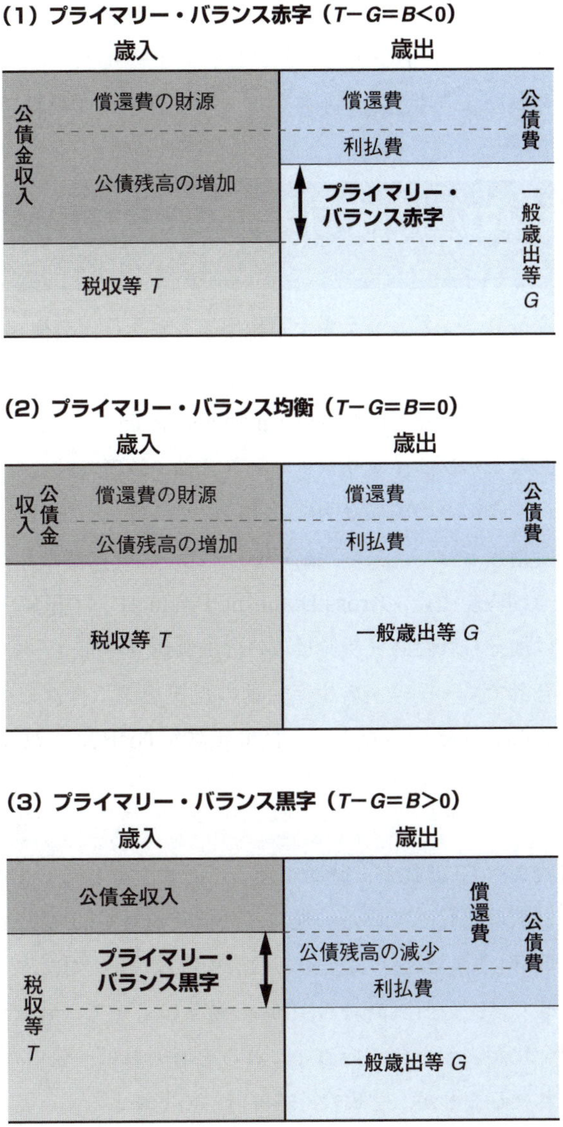

第1に，$B<0$ となるプライマリー・バランス赤字では，現役世代の負担よりも受益が大きい（一般歳出等 G ＞税収等 T）。そのために，将来世代へ負担を先送りしている。第2に，$B=0$ となるプライマリー・バランス均衡では，現役世代の負担と受益は等しい（一般歳出等 G ＝税収等 T）。第3に $B>0$ となるプライマリー・バランス黒字では，現在世代の負担よりも受益が小さい（一般歳出等 G ＜税収等 T）。

8.6 財政の持続可能性

プライマリー・バランス赤字が持続するならば，公債残高が累増し，その政府の財政は持続可能でなくなる。そのため，プライマリー・バランスは，**財政の持続可能性**（Fiscal Sustainability）を測る指標である。

しかしながらプライマリー・バランスは，政府の財政のみを対象とするために，経済との関係が明確でない。そこで，一国の経済との関係を重視する指標として，公債残高対 GDP 比が頻繁に使われる。

GDP（国内総生産，Gross Domestic Product）は国内の生産過程で新たに付け加えられた財・サービスの付加価値（＝売上－原材料などの費用）の合計で，一国経済の生産活動の規模を測る指標である。GDP を Y，公債残高 D とするならば，公債残高対 GDP 比は D/Y となる。つまり，一国経済の規模に比較して，公債残高がどれだけなのかを示している。

公債残高対 GDP 比が，時間を経るごとに上昇していくならば，その政府の財政は悪化している。逆に，公債残高対 GDP 比が，時間を経るごとに低下していくならば，その政府の財政は健全化している。

図 8-5 では，公債残高対 GDP 比の動きによって，財政悪化もしくは財政健全化が表現されている。これらを考えれば，公債残高対 GDP 比が一定となることが，財政の持続可能性の基準となる。そこで，公債残高対 GDP 比が一定となる条件について，以下で考察していこう。

通常，政府の会計は1年間で区切られる。日本の場合は，4月1日か

■ 図 8-5 財政の持続可能性

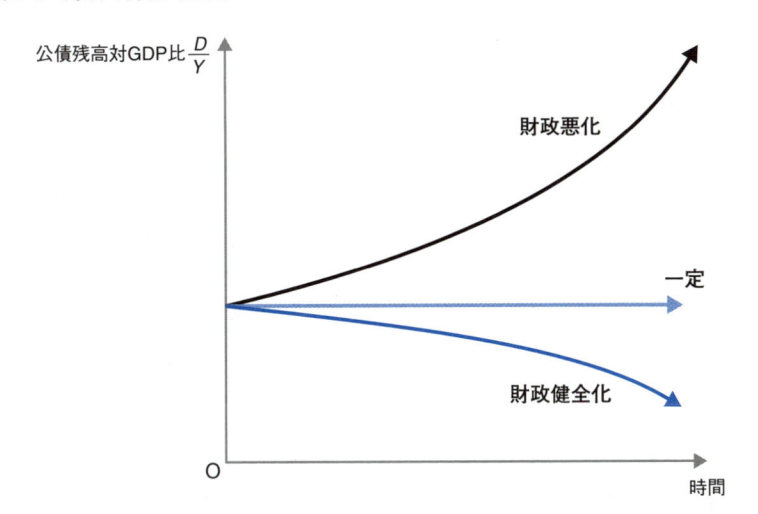

（グラフ：縦軸 公債残高対GDP比 $\frac{D}{Y}$、横軸 時間。上向き曲線「財政悪化」、水平「一定」、下向き曲線「財政健全化」）

ら翌年3月31日までの期間である。今年度を t 年度とすれば，前年度は $t-1$ 年度，次年度は $t+1$ 年度のように表現できる。

政府の t 年度末の公債残高は，$t-1$ 年度末の公債残高，t 年度の公債発行額と公債償還額に依存して決定される。図 8-6 にあるように，$t-1$ 年度末の公債残高 D_{t-1} を引き継いで，t 年度の政府は公債発行額もしくは公債償還額を決定する。

仮に t 年度の公債発行額＞公債償還額ならば，これらの差が t 年度の公債増加額となり，t 年度末の公債残高 D_t が決まる。すなわち公債増加額は，$t-1$ 期末と t 期末の公債残高の差 $(D_t - D_{t-1})$ となる。

逆に t 年度の公債発行額＜公債償還額ならば，これらの差が t 年度の公債減少額となり，公債残高 D は減少する。以上を式で表現すれば，下記のようになる。

> 公債残高 D_t
> ＝公債残高 D_{t-1}＋（t 年度の公債発行額－t 年度の公債償還額）
> ＝公債残高 D_{t-1}＋t 年度の公債増加額（減少額）　　　　(8.1)

■図 8-6　公債発行と公債残高の関係

公債残高
公債発行額
公債償還額

t 年度の公債発行額

t 年度の公債償還額

t 年度の公債増加額 $(D_t - D_{t-1})$

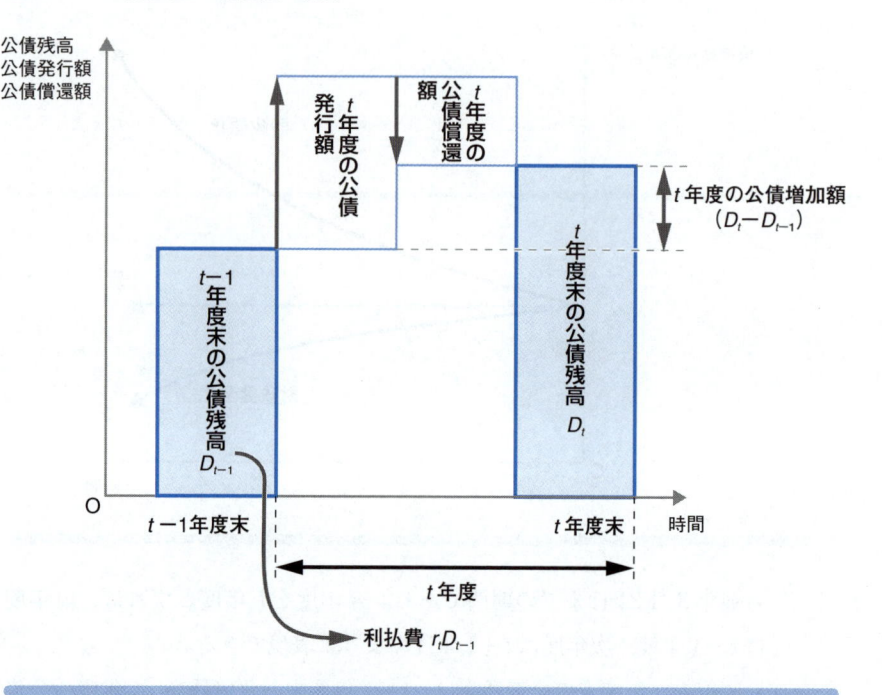

$t-1$ 年度末の公債残高 D_{t-1}

t 年度末の公債残高 D_t

O　　　　$t-1$ 年度末　　　　　　　　　t 年度末　　時間

t 年度

利払費 $r_t D_{t-1}$

　ところで図 8-6 にあるように，t 年度の政府は，$t-1$ 年度末の公債残高 D_{t-1} に対する利払費を負担しなければならない。その金額は，t 年度の利子率 r_t（％）を公債残高 D_{t-1} に乗じた $r_t D_{t-1}$ となる。

　以上を踏まえて，先の図 8-4 における政府の会計を下記の式で表現する。左辺は歳入，右辺は歳出であり，両辺に登場する償還費は省略して，公債増加額（減少額）が $(D_t - D_{t-1})$ であることを踏まえて記述している。

$$(公債残高 D_t - 公債残高 D_{t-1}) + 税収等 T_t \\ = 利払費 r_t D_{t-1} + 一般歳出等 G_t \tag{8.2}$$

　ここで，この政府のプライマリー・バランスが均衡していると仮定してみよう。すなわち，税収等 T_t ＝一般歳出等 G_t であるから，(8.2) 式より公債残高 D_t －公債残高 D_{t-1} ＝利払費 $r_t D_{t-1}$ が成立する。さらに整

理して，$D_t=(1+r_t)D_{t-1}$ としておこう。

さて，$t-1$ 年度の GDP である Y_{t-1} と t 年度の GDP である Y_t の間には，$Y_t=(1+g_t)Y_{t-1}$ の関係がある。ここで経済成長率 g_t（％）である。たとえば，t 年度の GDP が 505 兆円で，$t-1$ 年度の GDP が 500 兆円ならば，t 年度の経済成長率 g_t は 1%（$=100\times(Y_t-Y_{t-1})/Y_{t-1}=100\times(505-500)/500$））となる。

以上より，$D_t=(1+r_t)D_{t-1}$ と $Y_t=(1+g_t)Y_{t-1}$ について，右辺同士と左辺同士で除算するならば，下記の式を得る。

$$\frac{D_t}{Y_t}=\frac{(1+利子率\ r_t)}{(1+経済成長率\ g_t)}\frac{D_{t-1}}{Y_{t-1}} \tag{8.3}$$

左辺と右辺にある D/Y が，公債残高対 GDP 比である。(8.3) 式は，$t-1$ 年度の公債残高対 GDP 比 D_{t-1}/Y_{t-1}（右辺）に，利子率 r と経済成長率 g の関係を乗じれば，t 年度の公債残高対 GDP 比 D_t/Y_t（左辺）が得られる。簡単化のため，利子率 r と経済成長率 g が，将来にわたって一定だとしよう。

第 1 に，利子率 r ＞経済成長率 g ならば，右辺の D_{t-1}/Y_{t-1} よりも左辺の D_t/Y_t が大きくなり，これを繰り返せば公債残高対 GDP 比 D/Y は増大していく。これは，図 8-5 の財政悪化のケースに相当する。

第 2 に，利子率 r ＝経済成長率 g ならば，右辺と左辺の D/Y は一定となる。これは，図 8-5 の一定のケースに相当する。

第 3 に，利子率 r ＜経済成長率 g ならば，右辺の D_{t-1}/Y_{t-1} よりも左辺の D_t/Y_t が小さくなり，これを繰り返せば公債残高対 GDP 比 D/Y は低下していく。これは，図 8-5 の財政健全化のケースに相当する。

以上のように，公債残高対 GDP 比の動きは，利子率と経済成長率に依存することがわかる。これがドーマー（E. D. Domar）の条件であるが，プライマリー・バランス均衡が前提であったことを忘れてはいけない。したがって，公債残高対 GDP 比を一定にするには，(1) プライマリー・バランス均衡を達成し，(2) 利子率と経済成長率が一致する必要がある。

すなわち財政再建のために，公債残高対 GDP 比を引き下げるならば，

プライマリー・バランス黒字や利子率を超える経済成長率が必要となってくる。ただし、経済成長率が高まれば（景気がよくなれば）、利子率も高くなる傾向にあるため、実際の財政再建においては、プライマリー・バランスの黒字化が重要である。

> ❖コラム　長期債務残高対 GDP 比の国際比較
>
> 　本章では公債残高対 GDP 比（公債残高/GDP）の推移が、財政の持続可能性を測る指標になることを示した。下の図には、公債残高と借入金残高を含む長期債務残高対 GDP 比（長期債務残高/GDP）の推移の国際比較が示されている。
>
> 　図からは、日本の長期債務残高対 GDP 比が、他の先進国に比べて極端に悪い（高い）ことがわかる。しかしながら、この比率の大きさのみによって、日本が財政破綻の状態にあるとは言えない。
>
> 　過去に財政が破綻した国に関して、破綻した時点の長期債務残高対 GDP 比を比較してみよう。1998 年のロシアは 60% 程度、2001 年のアル
>
> （出所）財務省「わが国税制・財政の現状全般に関する資料」(http://www.mof.go.jp/jouhou/syuzei/siryou/genjo.htm) より引用。OECD "Economic Outlook 86" によるデータを用いているために、2010年度予算の内容を反映してない。

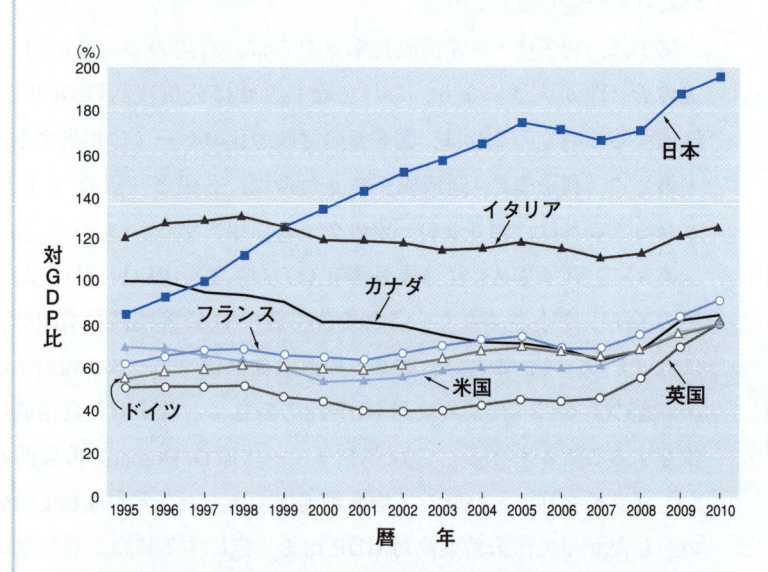

ゼンチンは50%程度，2010年に財政問題が浮上した当時のギリシャは120%程度であった。一方で，日本は200%に迫るほどの水準だが，まだ財政は破綻していない。

つまり，長期債務残高対GDP比の水準によって，財政破綻が決まるわけではない。政府は債務だけでなく資産をもつことや，公債が国内の貯蓄で吸収できているかどうか，国内の産業に競争力があるかどうか，政府が増税できる余力をもっているかどうかなど，様々な要因が財政破綻の引き金に関連している。そのために，いつ財政破綻が襲ってくるかは，誰にもわからないのである。

とはいえ，決して楽観的にはなれない。図にあるように，日本の政府の長期債務残高対GDP比は上昇傾向にあり，確実に財政は悪化している。長期債務残高対GDP比の推移が一定にならなければ，日本は財政破綻に向かい続けるのである。

8.7　伝統的な公債負担論

一般的に，公債は将来世代の負担になると認識されているものの，考え方によってはそうとも言えない。公債は誰が負担しているのかという問題は，昔から盛んに議論されてきた。まず，伝統的な公債負担論を紹介する。図8-7および図8-8を参照されたい。

第1に，ラーナー（A. P. Lerner）などの新正統派は，公債の負担は一国全体の国民が失った資源だと考えた。一国全体の視点で考える場合，家計や企業などの民間部門が資源を失ったとしても，政府が同じだけの資源を得るならば，負担は生じていないことになる。

公債には国内の経済主体が購入する**内国債**（Domestic Bond）と，外国の経済主体が購入する**外国債**（Foreign Bond）がある。政府によって発行された内国債は，国内の民間部門によって購入されるから，資源が民間部門から政府に移転するだけであって，一国全体では負担は発生していない。

■図 8-7 伝統的な公債負担論①

(1) 新正統派（ラーナーなど）

公債の負担＝一国全体の国民が失った資源

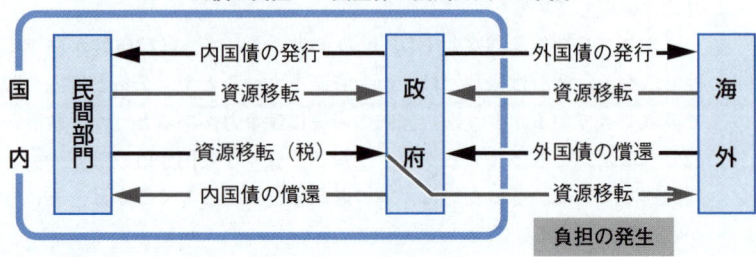

国内
- 民間部門 ←─ 内国債の発行 ── 政府 ── 外国債の発行 →─ 海外
- 民間部門 ── 資源移転 →─ 政府 ←─ 資源移転 ── 海外
- 民間部門 ── 資源移転（税）→─ 政府 ←─ 外国債の償還 ── 海外
- 民間部門 ←─ 内国債の償還 ── 政府 ── 資源移転 →─ 海外

負担の発生

(2) ブキャナン

公債の負担＝強制性をともなうときに発生

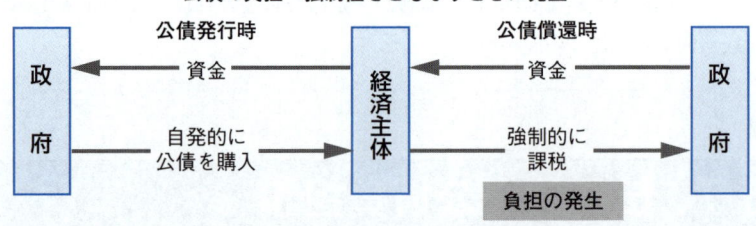

公債発行時　　　　　　　　　公債償還時
- 政府 ←─ 資金 ── 経済主体 ←─ 資金 ── 政府
- 政府 ── 自発的に公債を購入 →─ 経済主体 ── 強制的に課税 →─ 政府

負担の発生

　租税も同様に，民間部門から政府への資源移転に過ぎない。この考えによれば，内国債も租税も，一国全体の負担を発生させるものではない。内国債を償還する際には課税がなされるが，これも民間部門から政府への資源移転であるから，一国全体の負担にはならない。

　ところが，外国債では話が異なってくる。政府が外国債を発行するならば，海外の経済主体から国内に資源が移転され，負担は発生しない。しかし，償還時には，国内の民間部門への課税によって調達された資源が，政府を通して海外の経済主体に移転される。このとき，一国全体では資源を失うことになり，この意味での負担が発生する。

　このように新正統派は，一国全体の視点から公債の負担をとらえた。しかしながら，公債は究極的には誰かが負担する。そのために，一国全体の視点から，経済主体のレベルに議論が移ることになる。

　第2に，ブキャナン（J. M. Buchanan）は，公債の負担は強制力をと

■図 8-8　伝統的な公債負担論②

(3) ボーエン=デービス=コップ

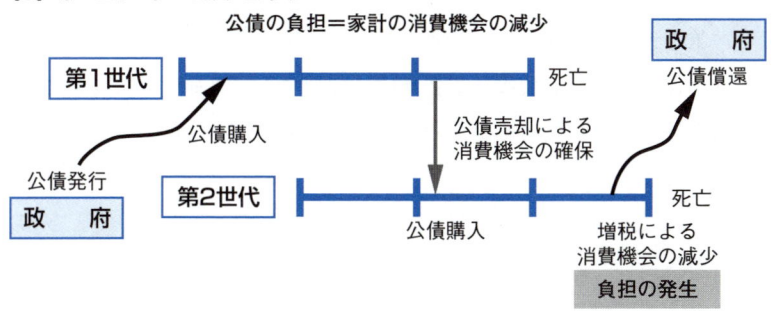

公債の負担＝家計の消費機会の減少

第1世代：公債購入 → 死亡
政府：公債発行、公債償還
第2世代：公債購入（公債売却による消費機会の確保）→ 増税による消費機会の減少（**負担の発生**）→ 死亡

(4) モディリアーニ

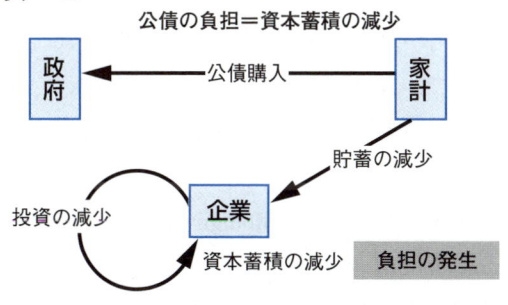

公債の負担＝資本蓄積の減少

家計 → 公債購入 → 政府
家計 → 貯蓄の減少 → 企業
企業：投資の減少 → 資本蓄積の減少（**負担の発生**）

もなうときに発生すると考えた。政府が公債を発行するとき，民間の経済主体は自発的に公債を購入するため，この意味での負担は発生しない。しかし，政府が公債を償還するとき，民間の経済主体は強制的に課税される。このときに，負担が発生していると考えたのである。

以上のように，新正統派は一国全体の視点，ブキャナンは経済主体の視点から，公債の負担をとらえた。

第 3 に，ボーエン=デービス=コップ（W. G. Bowen, R. G. Davis, & D. H. Kopf）は，世代に着目した。古い世代が死亡していく一方で，新しい世代が誕生する経済社会の一側面をとらえて，公債の負担について検討したのである。

ボーエンらによると，公債の負担は家計の消費機会の減少だとされる。

家計にとって，消費機会の減少は効用の減少である。まず，第1世代のみが生存しているときに，政府が公債を発行し，第1世代が公債を購入したとしよう。

第1世代が生存している間に，第2世代が誕生する。そこで第1世代は，保有している公債を第2世代に売却する。売却で得た収入によって，第1世代は消費機会を確保できるから，第1世代は負担を免れることができた。

その後，第1世代が死亡し，第2世代のみが生存しているときに，政府が償還のための増税を実施するとしよう。このとき，第2世代は増税によって所得を減らし，その分の消費機会を失う。この場合，第2世代が公債を負担すると考えることができる。

すなわち，政府が公債を償還しない限り，各世代は公債を次世代に売却していくことで，公債の負担を免れることができる。ここでは，政府が償還のための増税を行うときに生存する世代が，公債を負担すると考えている。

第4に，モディリアーニ（F. Modigliani）は，公債の負担を**資本蓄積**（Capital Accumulation）の減少としてとらえた。資本とは，企業の生産に貢献する工場設備や機械設備などを意味し，企業の設備投資によって資本が拡充していく様子を資本蓄積と呼ぶ。

政府が公債を発行したとき，民間金融機関が公債を購入するならば，公債を購入した分だけ，民間金融機関が保有する貯蓄は減少する。民間金融機関は，家計から預貯金を預かって，企業に資金を貸し出ししている。公債の発行にともなう貯蓄の減少は，貸し出しの減少を通して，企業が設備投資に利用できる資金を減らすために，企業の設備投資も減少するだろう。

その結果，工場設備や機械設備などの資本蓄積が抑制され，企業の生産能力が低下する。企業の生産能力の低下は，企業が生み出す雇用にも悪影響を与えるだろう。このように，資本蓄積の減少にともなう企業の生産の低下が，公債の負担であると考えられた。

8.8　リカードの等価定理

　伝統的な公債負担論に対して，現代の公債負担論は異なる視点を提供する。伝統的な公債負担論は，家計の合理的な経済活動が前提ではなかった。公債の償還にともなう増税が，将来的に実施されることを，家計は合理的に予見できるかもしれない。そのような将来の視野をもつ合理的な家計が存在するとき，公債は誰が負担するのかを考察する。

　図 8-9 にあるように，家計は第 1 期と第 2 期のみ生存し，その後は死亡するとしよう。

　第 1 に，(1) 政府が財政支出を租税で調達する場合を考える。すなわち政府は，第 1 期には租税 T_1 を支出 G_1 に，第 2 期には租税 T_2 を支出 G_2 の財源とする。このような活動を行う政府のもとで，家計は第 1 期の所得 Y_1 から租税 T_1 を負担し，第 2 期の所得 Y_2 から租税 T_2 を負担する。家計はそれぞれの期において，所得から税負担を除いた可処分所得から消費を行う。

　第 2 に，(2) 政府が第 1 期の財政支出を公債発行で調達する場合を考える。すなわち，第 1 期の公債発行 D で支出 G_1 をまかない，第 2 期は租税 T が支出 G_2 と償還の財源となる。利子率 r とすれば，第 2 期における公債の償還費は $(1+r)D$ となる。ここで，政府の支出 G_1 と G_2 は，(1) と (2) で同じ規模だとしよう。

　合理的な家計であれば，第 2 期に公債の償還にともなう増税が待っていることを，第 1 期の時点でわかっているはずである。ならば，家計は第 1 期において，第 2 期の償還費に相当するだけの貯蓄を残すだろう。利子率 r を考えれば，第 1 期に公債発行 D だけの貯蓄を残すことで，第 2 期に償還費 $(1+r)D$ に相当する増税に備えることができる。

　このような家計の合理的な行動を考えれば，(1) 租税調達の場合と (2) 公債調達の場合で，家計の消費は不変である。第 1 期で比較すれば，(1) の家計は所得 Y_1 から租税 T_1（＝支出 G_1）を負担したが，(2) の家計も所得 Y_1 から公債 D（＝支出 G_1）だけの貯蓄を残す。結果的に，

■図 8-9　公債の等価定理

(1) 財政支出を租税で調達する場合

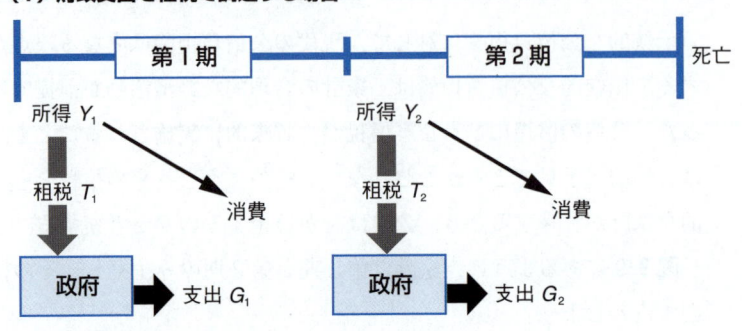

第1期：所得 Y_1 → 租税 T_1 → 政府 → 支出 G_1、消費
第2期：所得 Y_2 → 租税 T_2 → 政府 → 支出 G_2、消費 → 死亡

(2) 財政支出を公債発行で調達する場合

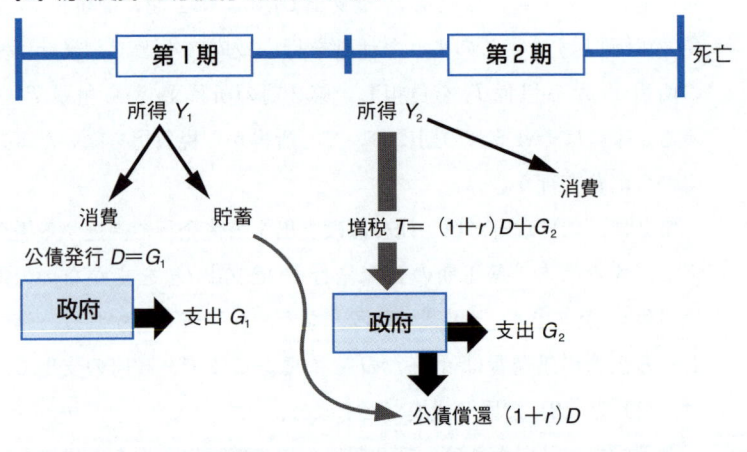

第1期：所得 Y_1 → 消費、貯蓄；公債発行 $D=G_1$、政府 → 支出 G_1
第2期：所得 Y_2 → 増税 $T=(1+r)D+G_2$ → 政府 → 支出 G_2、公債償還 $(1+r)D$、消費 → 死亡

両者の家計の消費は変わらない。

同じ規模の支出を政府が財源調達する際に，租税でも公債でも家計の行動が同じだと考えるのが，リカード（D. Ricardo）の**等価定理**（Ricardian Equivalence Theorem）である。リカードの等価定理が成り立つならば，政府の財源調達方法は，家計の経済行動に何らの影響をもたない。

たとえば，公債発行によって第1期に減税を行ったとしても，第2期

に公債の償還にともなう増税が控えていることを家計が予見するならば，家計は消費せずに貯蓄する。政府は減税によって家計消費を増やそうと意図したが，家計は逆に貯蓄を増やすことになる。

このように，公債発行による政府の政策が，無効となってしまうことを公債の中立命題（Theorem of Debt Neutrality）と呼ぶ。とはいえ，リカードの等価定理は，ある家計の一生の間に，公債発行と償還がなされることを想定していた。公債の発行と償還が，異なる世代にまたがる場合，公債の中立命題は成立するのだろうか。

8.9 バローの中立命題

図8-10のように，親世代が生存している途中から子世代が誕生し，子世代が生存している途中で親世代が死亡する状況を考える。親世代のみが生きているときに，政府は公債発行によって減税を行うとしよう。さらに，この公債償還にともなう増税は，親世代が死亡して子世代のみが生存しているときに行われるとする。

第1に，(1) 世代間で遺産を受け渡さない場合，すなわち親世代が子世代に対して遺産を遺さない場合を考える。親世代は政府の公債発行にともなう減税によって可処分所得を増やし，それを消費する。ところが，子世代は公債償還にともなう増税を被ることになり，可処分所得が減り，消費も減ってしまう。この場合，公債は子世代が負担しており，リカードの等価定理は世代を越えて成立しない。

第2に，(2) 世代間で遺産を受け渡す場合，すなわち親世代が子世代に対して遺産を遺す場合を考える。親世代は政府の公債発行にともなう減税で可処分所得を増やすが，それを自身の消費に充てるのではなく，子世代への遺産として遺す。子世代は親世代から遺産を受け取り，政府の公債償還にともなう増税を遺産でまかなえれば，自身の消費は減らない。この場合，リカードの定理が世代を超えて成立する。

このように，遺産の授受を考慮すれば，リカードの等価定理が世代を

■図 8-10　バローの中立命題

(1) 世代間で遺産を受け渡さない場合

リカードの等価定理は世代を越えて成立しない

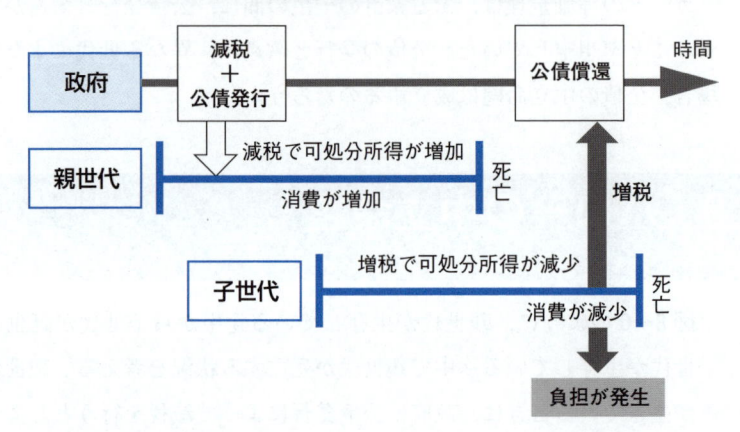

- 政府：減税＋公債発行 → 公債償還 → 時間
- 親世代：減税で可処分所得が増加／消費が増加 → 死亡
- 子世代：増税で可処分所得が減少／消費が減少 → 死亡
- 増税 → 負担が発生

(2) 世代間で遺産を受け渡す場合

リカードの等価定理が世代を越えて成立する（公債の中立命題）

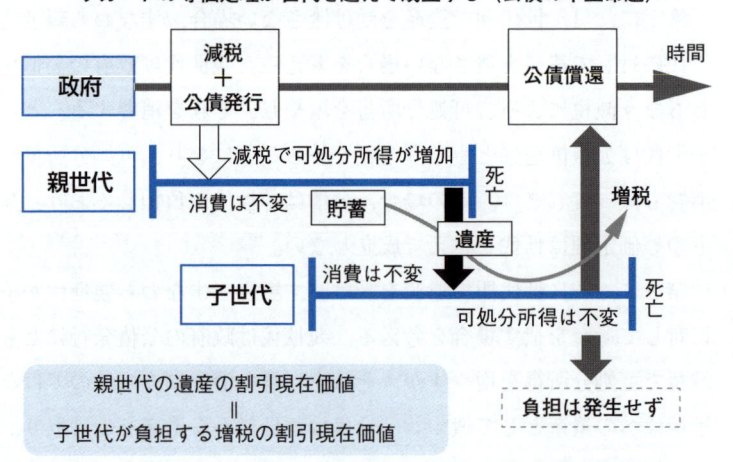

- 政府：減税＋公債発行 → 公債償還 → 時間
- 親世代：減税で可処分所得が増加／消費は不変／貯蓄 → 死亡
- 遺産
- 子世代：消費は不変／可処分所得は不変 → 死亡
- 増税 → 負担は発生せず

親世代の遺産の割引現在価値
＝
子世代が負担する増税の割引現在価値

越えて成立することをバロー（R. Barro）の中立命題と呼ぶ。リカードの等価定理と同様に，バローの中立命題が成立する経済においては，政府の公債発行にともなう政策は無効となる。

　しかしながら，バローの中立命題が成立するには多くの条件が必要である。まず，親世代が子世代の直面する増税の金額と時期を正しく予見できなければ，増税に相当するだけの遺産を遺すことができない。さらに，増税に直面する子世代を同情的に思わない親世代であれば，遺産を遺すことはないであろう。公債の中立命題の成立には様々な条件が必要であり，現実的には完全に成立すると考えるのは難しい。

キーワード

公債，財政赤字，償還，利払費，公債残高，財政の硬直化，財政再建，債券，債券市場，借換債，利用時払いの原則，建設公債の原則，赤字公債，赤字国債，均衡予算主義，長期金利，新発債，日銀引き受け，ハイパー・インフレーション，中央銀行の独立性，市中消化の原則，既発債，買いオペレーション，売りオペレーション，歳入，歳出，公債金収入，一般歳出等，公債費，プライマリー・バランス，基礎的財政収支，財政の持続可能性，ドーマーの条件，内国債，外国債，資本蓄積，等価定理，公債の中立命題

復習問題

(1) 公債と租税の違いを列挙せよ。
(2) 社会資本の建設財源として公債が望ましい理由を述べよ。
(3) 日本銀行は新発債を購入できない理由を述べよ。
(4) プライマリー・バランス均衡の意味を説明せよ。
(5) 公債残高対GDP比が一定となる条件を説明せよ。
(6) 公債の中立命題が，政府の政策に与える影響について説明せよ。

発展問題

(1) プライマリー・バランス均衡が持続している状態で，経済成長率と利子率が一定のとき，公債残高対GDP比はどのように動くかについて説明せよ。
(2) バローの中立命題が厳密に成立するためには，親世代は子世代に対して，

どの程度の遺産を遺さねばならないだろうか。ここでは親世代が死亡してから10年後に、公債の償還のために X の規模の増税が予定されているとする。また、利子率 r は一定とする。

第9章

所得再分配政策

本章では，所得再分配政策について学ぶ。市場では，生産要素に応じて家計に所得分配がなされるが，所得格差の発生は避けられない。所得格差が社会的に是認されない場合，政府が所得再分配政策を実施することがある。所得再分配政策は様々な形態をとるが，社会の価値判断によって実現する不平等度が異なってくる。さらに，所得再分配政策の一つの根拠であるリスク・シェアリングや，効率的な給付方法について考察する。

本章のポイント

- 家計は，限界生産力に応じて，市場から報酬を受け取ることができるが，このことが市場の所得分配に格差を発生させる可能性がある。

- 所得格差が社会的に是認されない場合は，政府が所得再分配政策を実施することがある。

- 所得再分配政策は，世代間，世代内，個人間，地域間で実施される。

- ジニ係数は，不平等度の指標の一つであり，1に近いほど不平等，ゼロに近いほど平等を意味する。

- 社会の価値判断によって，望ましい所得分配の状態が異なり，所得再分配政策が目指すべき社会も異なってくる。

- 家計がリスク回避的ならば，社会保険は家計の効用を高める。

- ターゲット効率性が高ければ，所得再分配政策は効率的に給付できていることになる。

- 負の所得税は労働のインセンティブの刺激を目的とした仕組みである。

9.1　市場による所得分配①

　家計は生産要素市場において労働を供給し，その労働を需要側で雇用するのが企業である。企業は雇用した労働を用いて，生産活動を行っている。

　いま一つの代表的な生産要素に資本がある。一般的に経済学で言う資本とは，工場設備や機械設備など，企業の生産に貢献する物的な資産を指している。設備投資による資本の拡充は，企業の経済活動の重要な側面である。

　企業が設備投資を行うには資金調達が必要である。企業の資金調達には様々な形態があるが，はじめに借入金による資金調達について考えてみよう。一般的に企業は，金融機関から資金を借り入れる。金融機関は家計から貯蓄を集め，その運用先として企業に貸し付けている。

　企業は金融機関からの借入金をもとにして，工場設備や機械設備などの資本を購入する。資本は生産を増やし，企業の収益を高める。向上した収益から，企業は金融機関に対して利子の支払いと元本の返済を行う。金融機関は，企業から受け取った利払いから，利ざやを差し引き，貯蓄を保有する家計に対して利子を支払う。

　すなわち，資本も家計が間接的に保有していると考えることができる。企業が新株発行で資金調達を行う場合は，この関係がより直接的になる。新株を購入した家計の資金が企業に流れ，その資金で工場設備や機械設備など資本が拡充されることを想起すればよい。結局，家計の貯蓄が企業の資本となっている。

　したがって生産要素市場では，家計が労働と資本を供給し，企業はこれらを雇用（需要）する。労働市場では，需要と供給が一致する結果として，賃金率が決定される。資本市場でも，同じように利子率が決定される。

　企業は労働と資本を用いて生産活動を行い，収益を確保するだけでなく，家計に対して費用を支払う。これが，家計にとっての所得となる。

労働からは**労働所得**（Labor Income），資本からは**資本所得**（Capital Income）を家計は受け取る。これが，市場による**所得分配**（Income Distribution）である。

9.2　市場による所得分配②

市場による所得分配を，より詳しく考察してみよう。労働 L と資本 K が生産量 Y を決定することは，以下の生産関数 F によって示すことができる。

$$\text{生産量}\,Y = F(\text{労働}\,L,\ \text{資本}\,K) \tag{9.1}$$

図 9-1 上図には，生産関数による曲線が示されている。横軸の労働 L を増やすほど，縦軸の生産量 Y が増える関係にある。図では，資本を一定の水準 $\overline{K}$ に固定し，労働 L のみを変化させた生産関数 $Y = F(L, \overline{K})$ が示されている（$\overline{}$ は数値が一定であることを示す）。たとえば，敷地面積や機械設備の規模が一定の工場において，労働を増減させたときの生産量の関係が図示されている。

労働が L^* のとき，生産量は Y^* となる。図 9-1 のように追加的に労働を ΔL だけ増やせば，生産量は ΔY^* だけ増える。追加的な労働 ΔL に対する生産量の増加 ΔY の比率は，**労働の限界生産力**（Marginal Product of Labor）MP_L と呼ばれている。

$$\text{労働の限界生産力}\,MP_L(L) = \frac{\Delta Y}{\Delta L} \tag{9.2}$$

また，労働 L^{**} のとき，追加的な労働 ΔL を同じだけ増やせば，生産量は ΔY^{**} だけ増える。ただ，生産量の増え方は異なる（$\Delta Y^* < \Delta Y^{**}$）。資本 K（工場設備の敷地など）が制約されている（一定である）のに，労働だけを増やしても生産量はさほど増えない。そのために，生産関数 $Y = F(L, \overline{K})$ は上に向かって凸型となっている。

労働が大きくなるほど，労働の限界生産力 MP_L が小さくなることは，

■図 9-1 市場による所得分配（労働の場合）

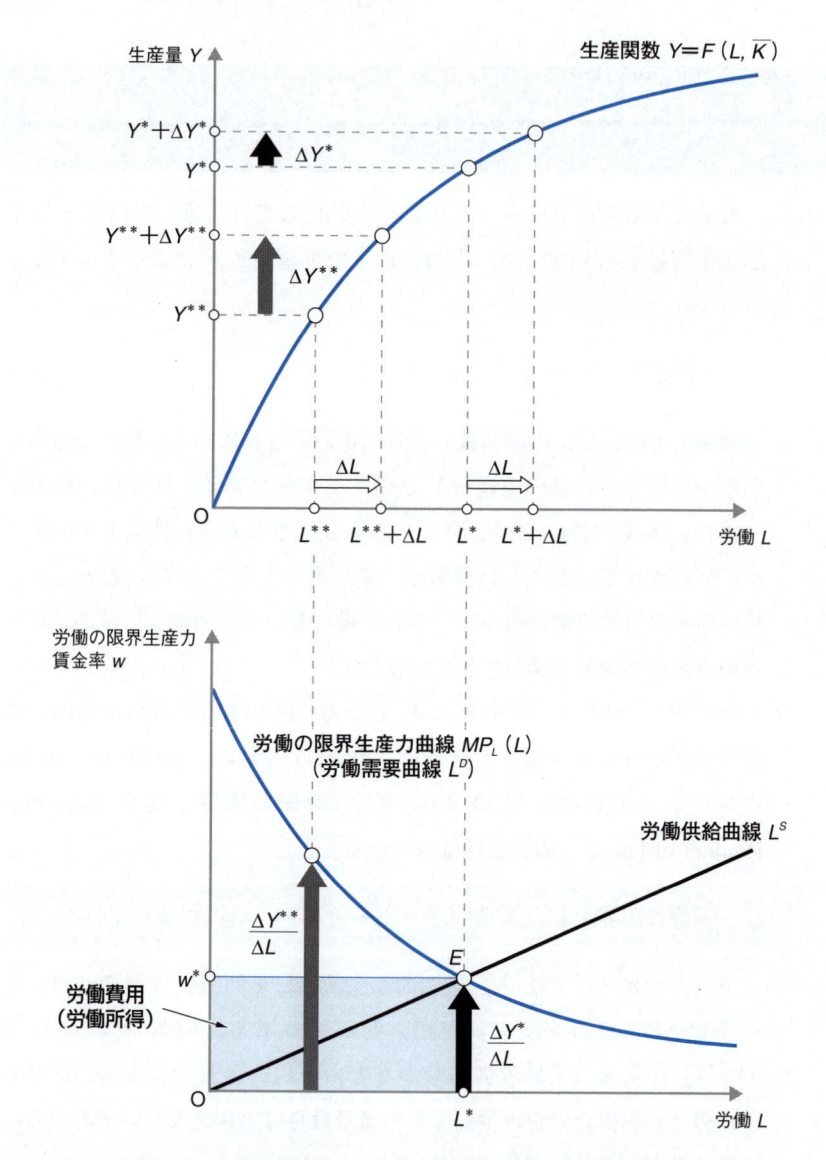

限界生産力逓減の法則（Law of Diminishing Marginal Product）を仮定しているからである。したがって，労働の限界生産力曲線 $MP_L(L)$ は，図 9-1 下図のように右下がりで描くことができる。実のところ，労働の限界生産力曲線は，企業の労働需要曲線 L^D に読み替えることができる。縦軸の賃金率 w が高いほど，企業は雇用したい労働を減らすから，労働需要曲線 L^D は右下がりとなる。

さらに，これに第 7 章の 7.8 節で考察した家計の労働供給曲線 L^S を図 9-1 下図のように重ねる。労働需要曲線 L^D と労働供給曲線 L^S が交わる均衡 E 点にて，賃金率 w^* が決定される。企業が雇用し，家計が供給する労働は L^* の数量となる。このとき，企業が支払う労働費用で，家計が受け取る労働所得は□OL^*Ew^*（＝賃金率 w^* × 労働 L^*）となる。

ここで，均衡 E 点における労働の限界生産力 MP_L には，次の関係が見出せる。

$$\text{労働の限界生産力 } MP_L(L^*) = \text{賃金率 } w^* \tag{9.3}$$

均衡では，労働の限界生産力は賃金率に等しい。これは，追加的な労働による生産性の向上は，賃金率に等しいだけの報酬を受け取ることを意味する。注意すべきことは，賃金率 w^* は家計ごとに異なるということである。

いま，ここでの労働 L とは，労働の質である家計の能力 e と，労働の量である労働時間 H を掛け合わせた概念だとする（労働 L ＝家計の能力 e × 労働時間 H）。また，家計間に能力格差があり，家計 A の能力 e_A，家計 B の能力 e_B とする（$e_A > e_B$）。

家計間に能力格差があるとき，家計 A の労働の限界生産力は，家計 B のそれよりも高い。(9.3) 式に従えば，家計 A が受け取る賃金率 w_A は，家計 B の賃金率 w_B よりも高くなる（$w_A > w_B$）。

A と B の家計が同じ労働時間 H^* を費やしたとしても，家計間の能力の違いによって賃金率が異なってくる。その結果，家計 A の労働所得は賃金率 w_A × 能力 e_A × 労働時間 H^*，家計 B の労働所得は $w_B \times e_B \times H^*$ となる。家計 A の労働所得は家計 B の労働所得よりも大きい。ここ

で，家計間に労働所得の格差が発生する（$w_A \times e_A \times H^* > w_B \times e_B \times H^*$）。

市場では，家計の能力を含めた労働を評価して所得を分配する。これが（9.3）式の意味でもある。ところが，能力の格差の存在が，労働所得の格差をもたらす。このような所得格差が，社会的に是認されないならば，政府が介入することで，**所得再分配政策**（Income Redistribution Policy）が実施されることがある。

労働所得だけでなく，資本所得でも同様のことが指摘できる。仮に直面する利子率 r^* が同じだとしても，家計によって資本市場に供給できる貯蓄の規模に差があるならば，大きな貯蓄を保有する家計ほど，大きな資本所得（＝利子率 r^* ×貯蓄）を得る。ここでも，家計間の資本所得に格差が生じることになる。

9.3 政府による所得再分配政策

以上のように，市場による所得分配では，家計の能力の格差や，当初に保有する貯蓄の格差によって，労働所得や資本所得に格差が発生する。このような所得や富の格差を是正することが社会的に要請されるならば，政府が所得再分配政策を実施する。

政府による所得再分配政策は，税制や社会保障制度，さらには中央政府と地方政府の関係を通じて実施される。**図 9-2** のように，政府の所得再分配政策は様々な形態をとる。

家計の人生は，幼年期，現役期，老年期を経て死亡するライフサイクルを経る。ある世代が現役期を過ごしているときに，他の世代は幼年期や老年期を過ごしている。ある世代が死亡しても，他の世代が誕生していく。

通常，家計は現役期の労働によって所得を得るが，幼年期と老年期に労働所得を得ることはない。そのため，現役期の世代の所得を，幼年期や老年期を過ごす他の世代に政府が移転する。これが**世代間所得再分配**である。代表的な世代間所得再分配には，次の3つを考えることができ

■図 9-2　様々な形態の所得再分配政策

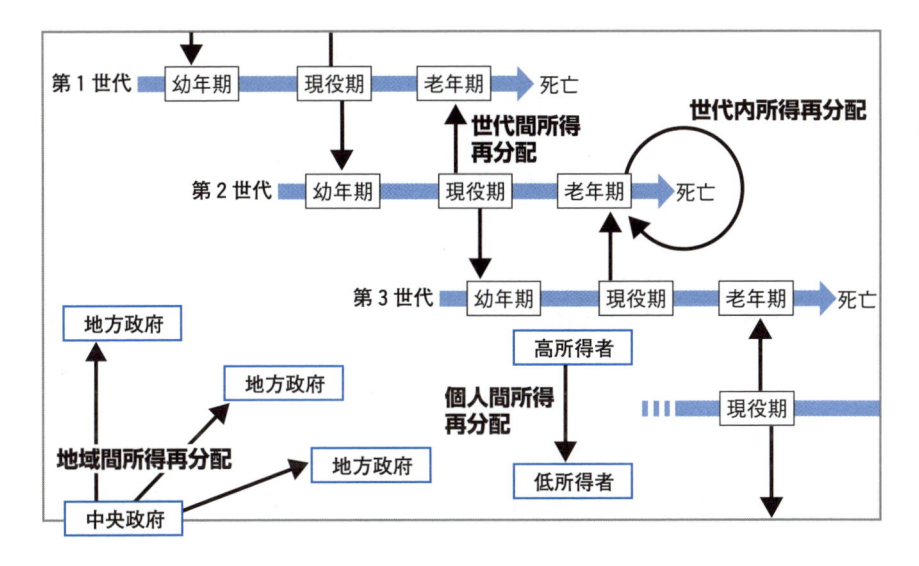

る。

　第1に，幼年期の世代には，保育サービスや児童手当が必要な場合がある。保育サービスは，幼年期の世代を同じ家計内で養う現役期の世代が負担する保育料（自己負担）とは別に，同じ家計ではない他の現役期の世代の税負担によってまかなわれている部分がある。後者は政府が関わる世代間所得再分配である。児童手当も，現役期の世代の税負担によって，主にまかなわれる。

　第2に，賦課方式の公的年金制度がある。賦課方式の公的年金制度は，現役期の世代が拠出した保険料を，そのときに生存している老年期の世代への年金給付とする仕組みである。

　賦課方式とは別に，積立方式の公的年金制度も考えることができる。積立方式では，現役期の世代が保険料を拠出し，その世代が老年期になってから自ら拠出した保険料を運用した年金給付を受け取る。したがって，積立方式の公的年金は，世代間所得再分配にはならない。

　第3に，老年期の世代には，介護保険サービスが必要な場合がある。

介護保険制度が賦課方式の場合，公的年金制度と同じように政府による世代間所得再分配となっている。介護保険サービスを受ける老年期の世代は，一部の自己負担を支払うが，他の財源は現役期の世代の保険料によってまかなわれている。そのため，後者の部分が政府による世代間所得再分配となる。

なお，家計の寿命は一律ではなく，早く死亡する家計もいれば，長く生存する家計もいる。長く生存した家計ほど，年金給付や介護保険サービスを多く受け取ることができる。早く死亡した家計は，現役期に保険料を拠出したにもかかわらず，年金給付や介護保険サービスを多く受け取ることができない。

さらに，年金給付や介護保険サービスの財源の一部に，老年期の世代の税負担（たとえば消費税）が充てられることがある。これらのことは，同じ老年期の世代の内部で，所得移転が発生していることを意味する。すなわち，公的年金制度や介護保険制度は，世代間所得再分配だけでなく，それらを支える保険料や税制を通して，世代内所得再分配の特徴ももっている。

世代内に所得格差があることは，高所得者と低所得者が共存していることを意味している。高所得者から低所得者への所得移転は，累進税である所得課税や相続税，生活保護制度などによって実施され，個人間所得再分配となる。

公的年金制度は中央政府が関わるが，生活保護制度や保育サービスなど他の多くの社会保障サービスは，住民に身近な地方政府が供給している。地方政府に十分な財源がない場合，住民の生活に不可欠な社会保障サービスが供給できないかもしれない。そこで，地方政府による社会保障サービスの財源を確保するために，中央政府の財源を補助金として地方政府へ移転することがある。

これは，中央政府が地方政府に所得を移転する地域間所得再分配である。地域間所得再分配は，中央政府による国民への課税が財源となるから，結果的に個人間所得再分配の効果をもつことにもなる。

❖コラム　社会保障の規模の急激な増加

　日本の財政において，もっとも急速に規模が拡大しているのが社会保障である。下の図には，社会保障給付費の推移が示されている。社会保障給付費は，国際労働機関 ILO が定めた基準にもとづいて計算される，社会保障制度を通して国民に給付される現金またはサービスの合計額である。社会保障給付費によれば，社会保障の規模の推移を知ることができる。

　社会保障の規模が急激に増加している背景には，経済を支える現役世代が少子化で減る一方，社会保障を受ける退職世代が高齢化で増えているという実情がある。多くの社会保障の仕組みでは，現役世代の保険料や租税の負担により，退職世代の社会保障が支えられている。そのため，現役世代と退職世代の人口のバランスが，社会保障にとっては重要である。

　厚生労働省『平成22年度版　高齢社会白書』によれば，高齢者1人を支える生産年齢人口（15〜64歳）数は，1995年は4.8人であったが，2005年に3.3人となり，2015年には2.3人，2025年には2.0人，2055年には1.3人となることが予測されている。少子高齢化は1人当たり社会保障給付費を増やし，日本全体の社会保障給付費も増やす。

　一方で，日本経済の規模を示す GDP はあまり成長していない。社会保障の規模の伸び率は，GDP の伸び率よりも大きい。このまま社会保障給付費が伸びるならば，将来的に社会保障の持続可能性は乏しい。したがって，今後の社会保障の給付と負担のあり方について，周到に議論する必要がある。

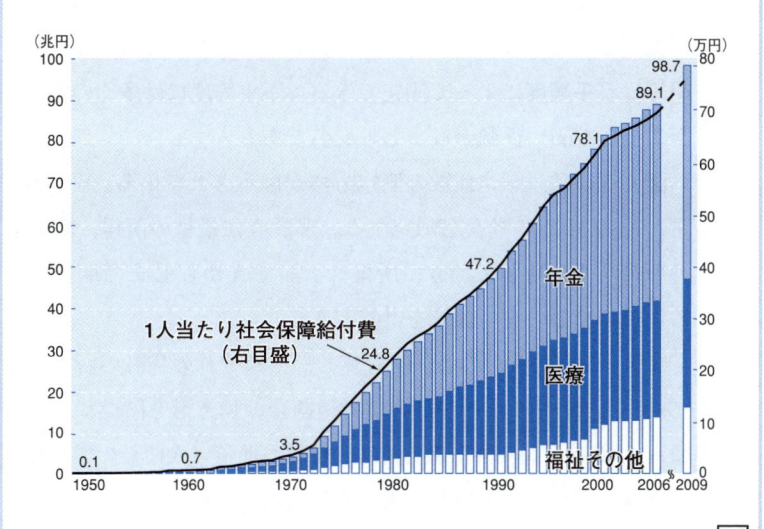

	1970	1980	1990	2000	2009 (予算ベース)
国民所得額 (兆円) A	61.0	203.2	348.3	371.6	367.7
給付費総額 (兆円) B	3.5 (100.0%)	24.8 (100.0%)	47.2 (100.0%)	78.1 (100.0%)	98.7 (100.0%)
(内訳) 年金	0.9 (24.3%)	10.5 (42.2%)	24.0 (50.9%)	41.2 (52.7%)	51.5 (52.2%)
医療	2.1 (58.9%)	10.7 (43.3%)	18.4 (38.9%)	26.0 (33.3%)	31.0 (31.4%)
福祉 その他	0.6 (16.8%)	3.6 (14.5%)	4.8 (10.2%)	10.9 (14.0%)	16.2 (16.4%)
B/A	5.77%	12.19%	13.56%	21.02%	26.84%

(備考) 厚生労働省の資料より引用。2009年度の数字は予算ベースである。

9.4 所得の不平等度

　政府による所得再分配政策は，租税や社会保障制度によって，家計間の所得を変化させる。このとき，家計間の所得の不平等の程度を客観的に測定できなければ，政府の所得再分配政策を評価できない。所得の不平等は**不平等度**によって測定できる。不平等度には多くの指標があるが，**ジニ**（C. Gini）**係数**がもっとも有名である。

　図 9-3 には，ジニ係数の測定方法が図示されている。5つの家計（世帯）A～Eのみの社会を想定する。家計Aが最低の所得，家計Eが最高の所得を受け取っており，所得によってAからEまで順位がついている。この社会のジニ係数を計算しよう。

　まず，5つの家計の所得を合算し，それぞれの家計の所得の構成割合（％）を計算する。それぞれの所得割合の長方形を階段状になるように積み上げていく。図 9-3 上図は，横軸が世帯（人口）の累積比率，縦軸が所得の累積比率となり，両軸の最大値は 100％ となる。

　それぞれの長方形の接点を階段に従って線で結んでいけば，O点から

■図 9-3　ジニ係数の測定

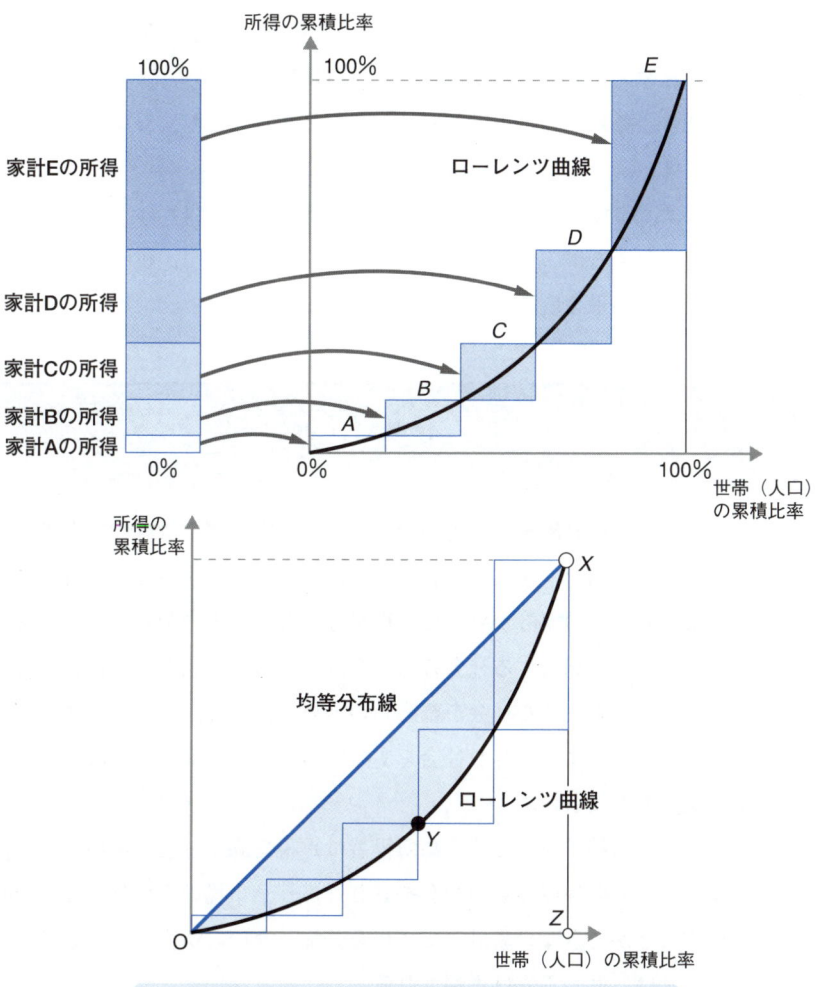

ジニ係数＝三日月 OYX の面積÷二等辺三角形 $\triangle OZX$ の面積

（備考）ジニ係数が0のとき完全平等，1のとき完全不平等，1に近いほど不平等となる。

X 点までのローレンツ（M. O. Lorenz）曲線 OYX を描くことができる。社会が不平等になるほど，ローレンツ曲線は右下にシフトする。また，図 9-3 下図で直線 OX は均等分布線であり，社会が完全に平等であれば，ローレンツ曲線は均等分布線と一致する。

このときジニ係数は，三日月 OYX の面積を二等辺三角形 $\triangle OZX$ の面積で除算することで得られる（三日月 $OYX/\triangle OZX$）。ジニ係数が 1 に近いほど，その社会の所得分配は不平等となる。また，ジニ係数がゼロに近いほど，その社会の所得分配は平等に近づく。

通常は，市場から受け取る再分配前所得（当初所得）のジニ係数よりも，再分配後所得のジニ係数は低くなる。したがって，政府の所得再分配政策は，不平等度を下げる効果をもっている。

9.5 社会厚生 ①

政府が所得再分配政策を実施できるなら，家計間の所得分配を操作できる。極端な場合，一人の専制君主に富と所得を集中させる所得分配もあれば，すべての家計が平等に所得を分け合う所得分配も考えられる。

人によって理想とする社会のあり方は異なる。専制君主は自身に所得を集中させる不平等な社会を望ましいと思うだろう。しかし，虐げられている人々は，より平等な社会を支持するだろう。実際，それが市民革命の原動力となった。

そこまで極端でなくても，高所得者は重税を課す社会を嫌い，低所得者は手厚い社会保障をもつ社会を好むだろう。市場の所得分配は，報酬を稼ぐことができない家計には所得を分配しない。所得のない家計が増えてくれば，社会不安は増幅される。

社会不安が高まれば，暴動が発生するかもしれない。社会不安を抑えるには，ある程度の所得再分配が，高所得者にも支持される可能性もある。しかし，高所得者が自発的に所得を低所得者に移転することは，あまり期待できない。自発的な所得再分配は，低所得者にとっては十分で

ない。そのために，政府が強制力を発揮して，所得再分配政策を実施するのである。

では，どのような所得分配の状態を政府は目指し，所得再分配政策を実施すべきだろうか。結局は，理想的な社会の状態をいかに設定するかが問題となる。

以上のような問題を考察するために，低所得者Lと高所得者Hの2つの家計が存在する経済を想定しよう。低所得者Lの効用 $U_L(Y_L)$，高所得者Hの効用 $U_H(Y_H)$ は，それぞれの所得（Y_L または Y_H）によって決められるとする。

このとき，下記のような2つの**社会厚生関数**（Social Welfare Function）W を定式化してみる。

> **ベンサム基準**の社会厚生関数 $W_B = U_L(Y_L) + U_H(Y_H)$ (9.4)
> **ロールズ基準**の社会厚生関数 $W_R = \min(U_L(Y_L), U_H(Y_H))$ (9.5)

これらの社会厚生関数 W は，低所得者Lと高所得者Hの効用（U_L および U_H）によって構成されている。**社会厚生**は，その社会の家計の効用を何らかの形で統合し，あたかも一つの家計の効用のように扱う。個々の家計の効用から，社会全体の満足とも言える社会厚生（Social Welfare）を定式化したものが，社会厚生関数である。

第1にベンサム基準の社会厚生関数 W_B は，低所得者Lの効用 $U_L(Y_L)$ と高所得者Hの効用 $U_H(Y_H)$ の単純和である。功利主義の創始者でもあるイギリスの哲学者ベンサム（J. Bentham）は，「最大多数の最大幸福」をもたらす社会が望ましいと論じた。

ベンサムの考え方によれば，個々の家計の効用を「足し算」で等しく評価し，個々の家計の効用を集計した社会厚生 W_B を最大化することが，望ましい社会の目標となる。この価値判断をとるとき，政府の所得再分配政策は，（9.4）式のようなベンサム基準の社会厚生関数 W_B を最大にするように実施される必要がある。

第2にロールズ基準の社会厚生関数 W_R は，低所得者Lの効用 $U_L(Y_L)$ と高所得者Hの効用 $U_H(Y_H)$ のうち，低いほうを社会厚生 W_R

9.5 社会厚生①

として採用する。(9.5) 式の min は「最小 (minimum)」を意味する。たとえば、$U_L(Y_L) < U_H(Y_H)$ ならば、$W_R = \min(U_L(Y_L), U_H(Y_H)) = U_L(Y_L)$ となる。

アメリカの哲学者ロールズ (J. Rawls) は、社会でもっとも恵まれない家計を最大限に評価すること（マキシミン原理，Max-min Principle）が，その社会における「正義」だと論じた。この価値判断をとるならば，政府の所得再分配政策は，ロールズ基準の社会厚生 W_R を最大にするように実施される必要がある。

9.6　社会厚生②

以上のように2つの社会厚生 W が定式化されるとき，ベンサム基準とロールズ基準が支持する所得再分配政策はどのようになるだろうか。図 9-4 上図には，低所得者 L と高所得者 H の所得の限界効用曲線 $MU(Y)$ が描かれている（所得の限界効用曲線については第7章の7.5節参照）。両者の所得の限界効用曲線は，形状が異なると考える。

市場の所得分配では，低所得者 L は Y_L^I，高所得者 H は Y_H^I の当初所得を得ていたとする。このとき，効用は低所得者が $U_L(Y_L^I) = \Box OY_L^I M_L N_L$，高所得者が $U_H(Y_H^I) = \Box OY_H^I M_H N_H$ となる。ここで，政府が所得再分配政策を実施し，高所得者 H への課税で得た財源を，低所得者 L に社会保障として給付する。

高所得者 H への課税で再分配後所得が Y_H^B になれば，低所得者 L は社会保障によって再分配後所得が Y_L^B になる（所得再分配政策①）。効用は低所得者が $U_L(Y_L^B) = \Box OY_L^B K_L N_L$，高所得者が $U_H(Y_H^B) = \Box OY_H^B K_H N_H$ となる。

同様に，高所得者 H へのさらなる課税で再分配後所得が Y_H^R になれば，低所得者 L は社会保障によって再分配後所得が Y_L^R になる（所得再分配政策②）。効用は低所得者が $U_L(Y_L^R) = \Box OY_L^R J_L N_L$，高所得者が $U_H(Y_H^R) = \Box OY_H^R J_H N_H$ となる。

図 9-4　所得再分配政策と社会厚生

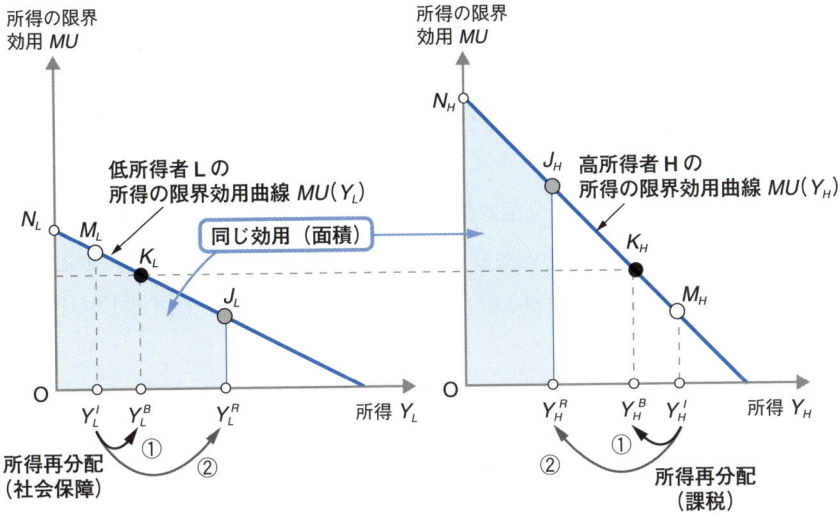

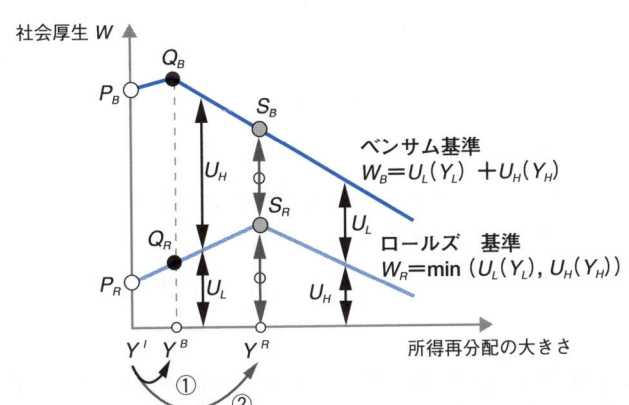

低所得者 L の所得の限界効用曲線 $MU(Y_L)$

同じ効用（面積）

高所得者 H の所得の限界効用曲線 $MU(Y_H)$

所得再分配（社会保障）

所得再分配（課税）

ベンサム基準　$W_B = U_L(Y_L) + U_H(Y_H)$

ロールズ基準　$W_R = \min(U_L(Y_L), U_H(Y_H))$

所得再分配の大きさ

		所得（上図）	効用（上図）	ベンサム基準の社会的厚生 W_B（下図）	ロールズ基準の社会的厚生 W_R（下図）
当初所得	低所得者 L	Y_L^I	□$OY_L^I M_L N_L$	$Y^I P_B$	$Y^I P_R$（低所得者 L の効用）
	高所得者 H	Y_H^I	□$OY_H^I M_H N_H$		
政策①	低所得者 L	Y_L^B	□$OY_L^B K_L N_L$	$Y^B Q_B$（最大）	$Y^B Q_R$（低所得者 L の効用）
	高所得者 H	Y_H^B	□$OY_H^B K_H N_H$		
政策②	低所得者 L	Y_L^R	□$OY_L^R J_L N_L$	$Y^R S_B$	$Y^R S_R$（最大）（L と H の効用は等しい）
	高所得者 H	Y_H^R	□$OY_H^R J_H N_H$		

図 9-4 下図には，以上の低所得者 L と高所得者 H の効用の組合せのもとで，ベンサム基準とロールズ基準の社会厚生 W を計測している。

第1に，ベンサム基準によれば，低所得者 L と高所得者 H の当初所得の組合せ（Y_L^I, Y_H^I）のもとでの効用の組合せ（□$OY_L^I M_L N_L$，□$OY_H^I M_H N_H$）を足し合わせた社会的厚生 $W_B = U_L(Y_L^I) + U_H(Y_H^I)$ は，図 9-4 下図で $Y^I P_B$ となる。

次に政府の所得再分配政策①により，再分配後所得の組合せ（Y_L^B, Y_H^B）のもとでの効用の組合せ（□$OY_L^B K_L N_L$，□$OY_H^B K_H N_H$）を足し合わせた社会厚生 $W_B = U_L(Y_L^B) + U_H(Y_H^B)$ は，図 9-4 下図で $Y^B Q_B$ となる。

さらなる政府の所得再分配政策②により，再分配後所得の組合せ（Y_L^R, Y_H^R）のもとでの効用の組合せ（□$OY_L^R J_L N_L$，□$OY_H^R J_H N_H$）を足し合わせた社会厚生 $W_B = U_L(Y_L^R) + U_H(Y_H^R)$ は，図 9-4 下図で $Y^R S_B$ となる。

以上の3つの社会厚生 W_B の（$Y^I P_B$, $Y^B Q_B$, $Y^R S_B$）を比較すれば，$Y^B Q_B$ がもっとも高い。したがってベンサム基準では，再分配後所得の組合せが（Y_L^B, Y_H^B）となる所得再分配政策①が望ましい。図 9-4 上図では $Y_L^B < Y_H^B$ であるから，高所得者 H と低所得者 L の再分配後所得に格差が残る状態である。

第2に，ロールズ基準によれば，低所得者 L と高所得者 H の当初所得の組合せ（Y_L^I, Y_H^I）のもとでの効用の組合せ（□$OY_L^I M_L N_L$，□$OY_H^I M_H N_H$）の低いほう，すなわち低所得者 L の効用が社会的厚生 $W_R = U_L(Y_L^I)$ となり，図 9-4 下図では $Y^I P_R$ である。

次に政府の所得再分配政策①により，再分配後所得の組合せ（Y_L^B, Y_H^B）のもとでの効用の組合せ（□$OY_L^B K_L N_L$，□$OY_H^B K_H N_H$）の低いほう，すなわち低所得者 L の効用が社会厚生 $W_R = U_L(Y_L^B)$ となり，図 9-4 下図では $Y^B Q_R$ である。

さらなる政府の所得再分配政策②により，再分配後所得の組合せ（Y_L^R, Y_H^R）のもとでの効用の組合せ（□$OY_L^R J_L N_L$，□$OY_H^R J_H N_H$）となる。この場合の両者の効用は等しく，いずれか片方の効用が社会厚生

$W_R = U_L(Y_L^R) = U_H(Y_H^R)$ となり，図 9-4 下図では $Y^R S_R$ である。

以上の 3 つの社会厚生 W_B の $(Y^I P_R, Y^B Q_R, Y^R S_R)$ を比較すれば，$Y^R S_R$ がもっとも高い。したがってロールズ基準では，再分配後所得の組合せが (Y_L^R, Y_H^R) となる所得再分配政策②が望ましくなる。このとき図 9-4 上図では，高所得者 H と低所得者 L の効用は完全に等しくなる（□$OY_L^R J_L N_L$ ＝ □$OY_H^R J_H N_H$）。しかし，高所得者の再分配後所得よりも，低所得者の再分配後所得は大きい（$Y_L^R > Y_H^R$）。

つまり，ロールズ基準では，当初所得の順序が逆転するほどの所得再分配政策②が支持される場合がある。ベンサム基準では所得再分配政策はあまり支持されないが，ロールズ基準は所得再分配政策を積極的に支持することになる。

ただしこの結果は，社会における家計の所得の限界効用曲線の形状に依存する。仮に，低所得者 L も高所得者 H も，同じ形状の所得の限界効用曲線をもつ場合，ベンサム基準でもロールズ基準でも，再分配後所得が平等となる社会が望ましくなる。所得の限界効用曲線が同じならば，再分配後の効用も平等となる。

現実の社会が，ベンサム基準かロールズ基準のどちらを採用するか，もしくは両者の中間に位置する基準を採用するかは，その社会がもっている価値判断に依存する。低所得者と高所得者のどちらを，どの程度，配慮した所得再分配政策がなされるかは，その社会の価値判断によって決められる。

一人の君主に富と所得を集中させることが当然である社会ならば，その価値判断が支持されてきた（もしくは強制されてきた）と言えるかもしれない。また，人々に平等な所得を保障する社会は，その価値判断が浸透してきたと言える。このように多様な社会があるなかで，どの価値判断がもっとも望ましいかを判定することは難しい。その社会がもつ価値判断は，その社会の民主主義の度合いや政治制度に依存するからである。

9.7 リスク・シェアリング

さらに別の観点から，政府による所得再分配政策の根拠について考察する。市場による所得分配は，家計の能力や努力による労働の限界生産力が，家計の所得を決定する（本章の 9.2 節参照）。

しかし，家計の努力とは異なる要因で所得が決まることもあるだろう。景気の低迷，事故や病気による所得の減少や，たまたま幸運に恵まれて所得が増えることもある。

努力とは無関係に所得が変動するようなリスクに家計が直面する場合，事前にある程度の所得を確保するような契約を結んで保険料を支払い，事後に所得が減少した際には補償を受け取る制度があれば，家計のリスクをカバーできる。これが保険による**リスク・シェアリング**（Risk Sharing）である。所得が減少しなかった家計から所得が減少した家計への所得移転であるから，一種の所得再分配である。

このような所得再分配は，民間の保険会社によっても実施できるが，加入に強制力がないために規模が小さくなる。しかし，政府によって行われる公的年金や医療保険，介護保険のような**社会保険**（Social Insurance）の仕組みを使えば，強制的に大規模な所得再分配政策を実施できる。

図 9-5 には，所得 Y に依存する家計の効用曲線 $U(Y)$ が描かれている。期待できる所得 Y が大きければ大きいほど，効用 $U(Y)$ は増えていくが，所得の限界効用は逓減すると想定されている。

事前から事後に状態が変化するとして，すべての家計が事後の所得のリスクに直面しているとする。いま，確率 50% で Y_H の所得を得るか，確率 50% で Y_L の所得を得るか，事前にはわからないとしよう。つまり，すべての家計数が N とすれば，事後に 50%×N の家計は所得 Y_H となり，50%×N の家計は所得 Y_L となる。

所得 Y_H ならば家計の効用は $U_H=U(Y_H)$，所得 Y_L ならば効用は $U_L=U(Y_L)$ となる。所得 Y_L が生活には十分でないとすれば，事前の家

■図 9-5　リスク・シェアリング

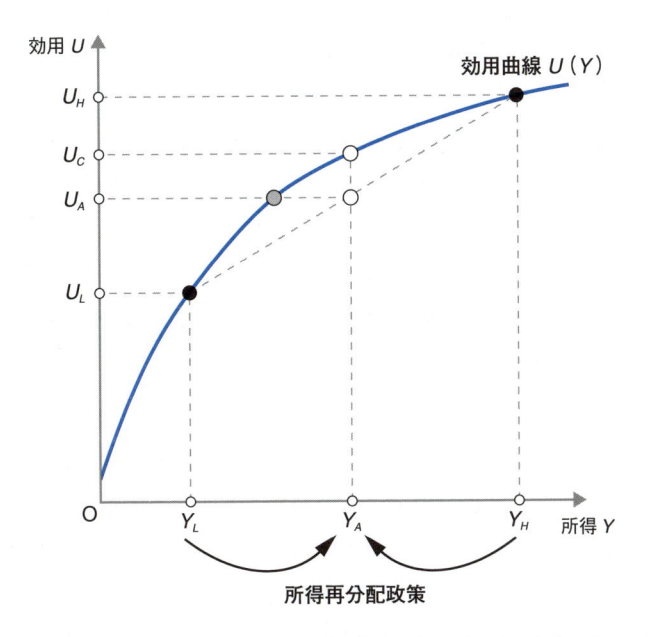

(図：効用曲線 $U(Y)$ を示すグラフ。横軸は所得 Y、縦軸は効用 U。所得 Y_L, Y_A, Y_H に対応する効用 U_L, U_A, U_C, U_H がプロットされており、Y_H から Y_L への所得再分配政策が矢印で示されている。)

計は事後に所得 Y_L になることは避けたいと考えている。

　ここで，平均的な所得は $Y_A=(50\% \times Y_H+50\% \times Y_L)$，平均的な効用は $U_A=(50\% \times U_H+50\% \times U_L)$ である。事前のリスクに直面している家計は，少なくとも平均的な所得 Y_A を確実に得て，平均的に期待できる効用 U_A 以上の効用を得たいと考えるだろう。

　効用曲線 $U(Y)$ によれば，平均的な所得 Y_A を得るならば効用は U_C となる。これは，平均的に期待できる効用 U_A よりも大きい（$U_C>U_A$）。したがって家計は，リスクをともなう状況（平均的に期待できる効用 U_A）よりも，確実な所得 Y_A を受け取ること（確実な効用 $U_C=U(Y_A)$）を望む。

　そこで政府は，事後に所得 Y_H を得た家計から (Y_H-Y_A) を徴収し，事後に所得 Y_L となった家計へ (Y_A-Y_L) を給付する所得再分配を，家計に対して事前に契約させる。もしくは，家計間の社会契約により，所

得再分配を行う政府が誕生すると考えることもできる。

政府の所得再分配政策により，リスクを回避したい家計の効用が高まる。ただし，この結果は，効用曲線 $U(Y)$ の形状に依存していることに注意しなければならない。図 9-5 のように上に向かって凸型の効用曲線を**リスク回避**（Risk Aversion）的な効用曲線と呼ぶ。上に向かって凸型だからこそ，平均的に期待できる効用 U_A よりも，平均的な所得 Y_A のときの効用 U_C が大きくなる（$U_C > U_A$）。

9.8　ターゲット効率性

　社会保障によって所得再分配を行うのは，究極的には貧困に陥った（陥りそうな）家計を救済するためでもある。ただし，その財源は無尽蔵にあるわけではなく，効率的に給付する必要がある。このとき，社会保障の貧困縮減効果を，それに要する費用との比較によって評価するのが**ターゲット効率性**（Target Efficiency）という指標である。

　いま，家計が市場から受け取る当初所得を，もっとも小さい家計（働けない家計ならばゼロ）から，もっとも大きな家計に順番に右に並べていく。図 9-6 のように横軸を並べた家計，縦軸を所得とすれば，再分配前所得（当初所得）は右上がりの折れ線 $OCEFG$ で図示される。

　貧困線（Poverty Line）とは，それ以下の家計は貧困状態にあるとする所得の境界である。貧困線以下の家計は貧困状態にあるから，面積①＋③は再分配前に貧困状態にある家計を貧困状態から救済するために必要な給付総額である。

　ここで，政府が社会保障による給付を行い，再分配後所得が右上がりの線 $BDFG$ で図示できたとしよう。このとき，政府の給付総額は面積①＋②で表現される。面積②は再分配前にも貧困でなかった家計に対する給付総額で，言わば過剰な給付である。また，面積③は再分配後にいまだ貧困状態にある家計を，貧困状態から救済するために必要な給付総額である。

■図 9-6 ターゲット効率性

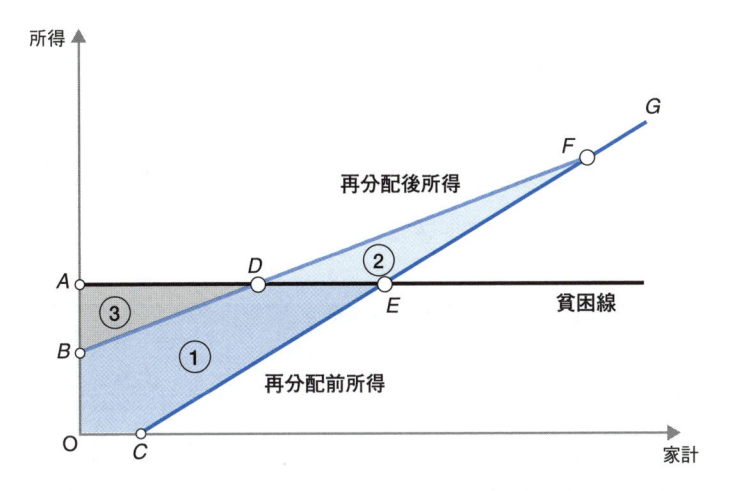

面積①	面積 OCEDB	再分配前に貧困状態にある家計への所得再分配政策による給付総額
面積②	△DEF	再分配前でも貧困状態でない家計への過剰な給付総額
面積③	△ABD	再分配後も貧困状態にある家計が貧困でなくなるために必要な給付総額
面積①＋面積②	面積 OCEDB＋△DEF	所得再分配政策による給付総額
面積①＋面積③	面積 OCEDB＋△ABD	再分配前に貧困状態にある家計が貧困でなくなるために必要な給付総額

このとき，下記の2つのターゲット効率性の指標を定義する。

$$\text{水平的効率性} = \frac{\text{面積①}}{\text{面積①}＋\text{面積③}} \tag{9.6}$$

$$\text{垂直的効率性} = \frac{\text{面積①}}{\text{面積①}＋\text{面積②}} \tag{9.7}$$

水平的効率性（Horizontal Efficiency）は所得再分配の対象となる家計をどれだけカバーしたかを意味する。これを高めるためには，面積③を減らさなければならない。また，垂直的効率性（Vertical Efficiency）は所得再分配で結果的に対象となった家計への給付額（面積①＋面積

②）のうち，本来，ターゲットとしていた貧困線以下の家計への給付額（面積①）の割合である。これを高めるには，面積②を減らさなければならない。

給付すべき貧困な家計に給付が行きわたっていなければ，水平的効率性は低くなる。また，給付が必要でない家計にまで給付が行きわたっているならば，垂直的効率性は低くなる。逆に，ターゲット効率性が高ければ，政府の所得再分配政策は効率的な給付がなされていることになる。

9.9 負の所得税

政府の所得再分配政策は，様々な形でなされるが，ここでは所得税と生活保護制度に注目したい。図 9-7 上図で，横軸は課税前（給付前）所得 Y，縦軸は課税後（給付後）所得 Y^* を示している。所得税も生活保護制度もなければ，所得は $Y=Y^*$ 線に沿う。

単純な生活保護制度は，直線 AB で示すことができる。課税前（給付前）所得が原点 O から Y_M までの低所得の家計には，最低生活費 OA が生活保護支給額として政府から給付される。

しかしながら，この仕組みでは家計は働く意欲をもてないかもしれない。家計の給付前所得が原点 O から少し増えたとしても，Y_M までの所得ならば同じだけの生活保護支給額 OA が給付されるからである。この場合，家計が働いて得た給付前所得は，同じだけの生活保護支給額の減額となって，給付後所得として手元に残らない。

ここで，フリードマン（M. Friedman）やトービン（J. Tobin）によって提案されたのが，負の所得税（Negative Income Tax）である。負の所得税のアイディアは，生活保護制度と所得税を接続することにある。

図 9-7 上図において，原点 O から Y_M は生活保護制度の対象となる所得，Y_M から Y_D は生活保護制度も所得税も対象とならない所得，Y_D 以上は所得税の対象となる所得である。そのため，家計が直面する課税後（給付後）所得 Y^* は，折れ線 $ABCDE$ で示される。

■図 9-7 負の所得税

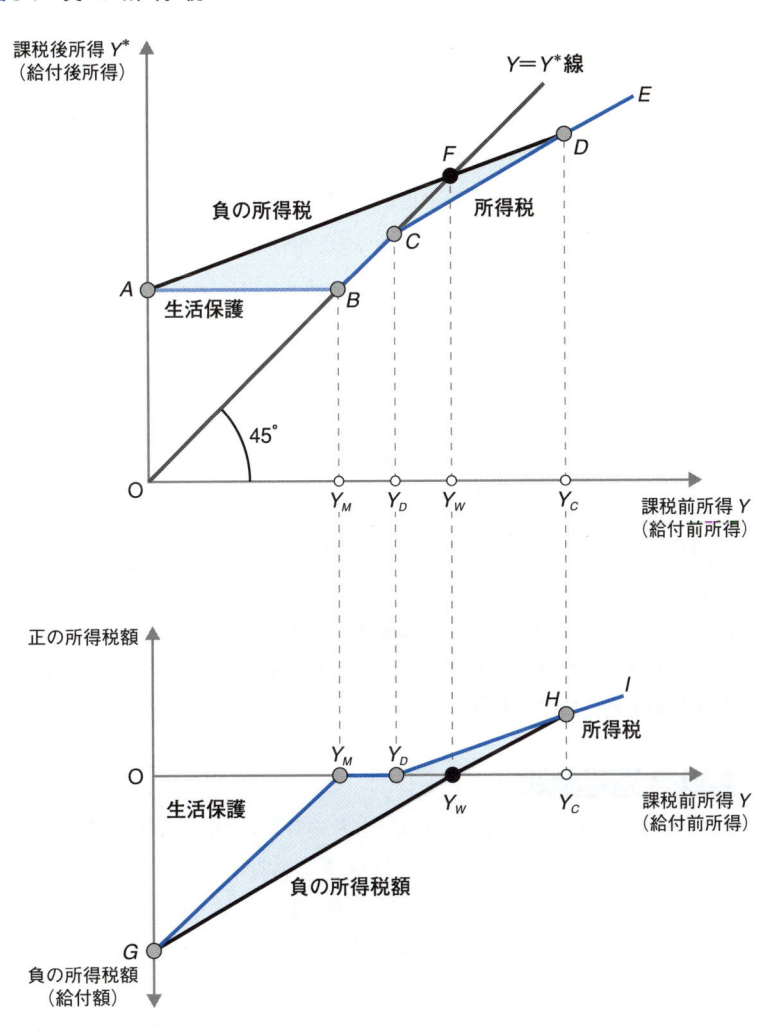

課税後所得 Y^*（給付後所得）

$Y = Y^*$ 線

A　生活保護　B　C　F　D　E
負の所得税　　所得税

45°

O　　Y_M　Y_D　Y_W　Y_C　課税前所得 Y（給付前所得）

正の所得税額

O　Y_M　Y_D　Y_W　Y_C　課税前所得 Y（給付前所得）
生活保護　　　　　　　　H　I
　　　　　　　　　　　所得税

負の所得税額

G

負の所得税額（給付額）

一例として，低所得者への給付を増やすような負の所得税を導入すれば，課税後（給付後）所得 Y^* は折れ線 $AFDE$ となる。このように，直線 AB に傾きをもたせて直線 AF とすれば，低所得者の家計が働いて得た給付前所得のうち，一部分を給付後所得として手元に残すことができ，労働インセンティブを刺激できる。

　しかしながら，負の所得税の導入には，非常に多額の給付総額が必要なことが知られている。図 9-7 上図においては面積 $ABCDF$ が，負の所得税の導入のために必要な給付総額を示している。

　なお図 9-7 下図は，縦軸を正の所得税額もしくは負の所得税額（給付額）に変更して表記している。単純な生活保護制度と所得税は折れ線 GY_MY_DHI となり，負の所得税は折れ線 GY_WHI となる。負の所得税のほうが，スムースな右上がりになっている。

キーワード

労働所得，資本所得，所得分配，労働の限界生産力，限界生産力逓減の法則，所得再分配政策，世代間所得再分配，世代内所得再分配，個人間所得再分配，地域間所得再分配，不平等度，ジニ係数，ローレンツ曲線，均等分布線，社会厚生関数，社会厚生，ベンサム基準，ロールズ基準，リスク・シェアリング，社会保険，リスク回避的，ターゲット効率性，貧困線，水平的効率性，垂直的効率性，負の所得税

復習問題

(1) 市場による所得分配がどのように決定されるか，図示して説明せよ。また，所得格差がなぜ発生するかについて，説明せよ。
(2) ジニ係数は，どのような手続きで測定されるか，図を用いて説明せよ。
(3) ベンサム基準とロールズ基準の社会厚生には，どのような考えが反映されているか，説明せよ。
(4) 効率的な給付について，ターゲット効率性の概念を用いて説明せよ。
(5) 負の所得税の仕組みについて，図を用いて説明せよ。

発展問題

(1) 資本の限界生産力が逓減することを想定し，市場において資本所得がどのように決定されるかについて，図を用いて説明せよ。

(2) 高所得者Hと低所得者Lの経済を考える。もし，高所得者Hが横暴な専制君主で，$W_H = U_H(Y_H)$ のように，自らの効用 U_H だけを最大にするような社会的厚生関数 W_H を考えるとする。ベンサム基準の社会的厚生 W_B とロールズ基準の社会的厚生 W_R との比較において，これら3つの社会的厚生はいかなる特徴をもち，どのような所得再分配政策が実現するかを説明せよ。

(3) 家計の効用曲線が下に凸型でリスク愛好的ならば，所得再分配政策は家計にとって好まれないことを，図を用いて説明せよ。

第10章

2財モデルによる公共経済学

本章では，2財モデルによって公共経済学のトピックスを扱う。これまでの章では，主に1財モデルによって公共経済学を学んできた。2財モデルでは，経済主体が2財の数量を選択する。1財モデルでは，政府の政策を余剰によって分析してきたが，2財モデルでは無差別曲線によって判断する。本章では再び消費課税，所得課税，公債，補助金，公共財を扱うが，その前に2財モデルの基本的な考え方について学ぶ。

本章のポイント

■ 2財モデルにおいて家計や企業は，2つの財・サービスの数量の選択を行う。

■ 家計は，最大の効用をもたらす無差別曲線と予算制約線が接する均衡点において，数量の組合せを選択する。

■ 租税などによって家計や政府の予算制約線が移動すれば，所得効果と代替効果が均衡点を動かし，その際の（社会的）無差別曲線によって政府の政策を評価できる。

■ 公共財を生産する経済主体として政府をとらえることで，効率的な公共財の生産のあり方を考察できる。

■ 公共財の生産は，生産の効率性と配分の効率性を満たさねばならない。

■ 私的財と公共財の効率的な配分には，サミュエルソン条件の成立が必要である。

10.1　家計による2財の数量の選択①

本書の第1章から第9章までは，1つの財・サービスの市場を考察する**部分均衡分析**のツールを主に用いて，公共経済学を学んできた。**1財モデル**（One-good Model）では，縦軸に価格，横軸に数量をとった図において，主に需要曲線と供給曲線を描き，余剰の変化によって資源配分の効率性を評価してきた。

本章では，2つの財・サービスを同時に分析する**2財モデル**（Two-good Model）が登場する。2財モデルでは，余剰ではなく，別の尺度によって資源配分の効率性を評価する。2財モデルにおいて，家計や企業などの経済主体は，2つの財・サービスの数量の選択を行う。まず，家計を例にして説明しよう。

家計がX財とY財の数量を消費して効用を得る状況を考える。X財とY財の数量の組合せを (X, Y) のように表現すれば，家計の効用 $V=U(X, Y)$ は，それぞれの数量によって決定される。**図10-1**は，軸が3つある3次元の図であり，横軸はX財の数量 X，縦軸はY財の数量 Y，高さ軸に効用 V がとられている。

原点Oでは，X財もY財も数量ゼロなので，家計の効用 V もゼロである。この家計が7つのX財，1つのY財を消費するとき，家計の効用 $U(7, 1)$ は10になる（F点）。また，3つのX財，2つのY財でも，効用 $U(3, 2)$ は10となる（E点）。同じく効用 $U(2, 4)$ も10である（D点）。すなわち，$U(7, 1)=U(3, 2)=U(2, 4)=10$ となる。

さらに，4つのX財と3つのY財では効用 $U(4, 3)$ は12となる（B点）。同じく，3つのX財と6つのY財では効用 $U(3, 6)$ も12である（A点）。すなわち，$U(4, 3)=U(3, 6)=12$ となる。

以上のような効用の大きさを，**図10-1**において高さで表現してみる。無数にあるX財とY財の数量の組合せにより，無数の高さの効用 V をグレーの矢印として立てることができ，矢印の先端に沿って**効用曲面**（Utility Surface）$U(X, Y)$ が3次元の図として描かれる。

■ 図 10-1 家計の効用曲面

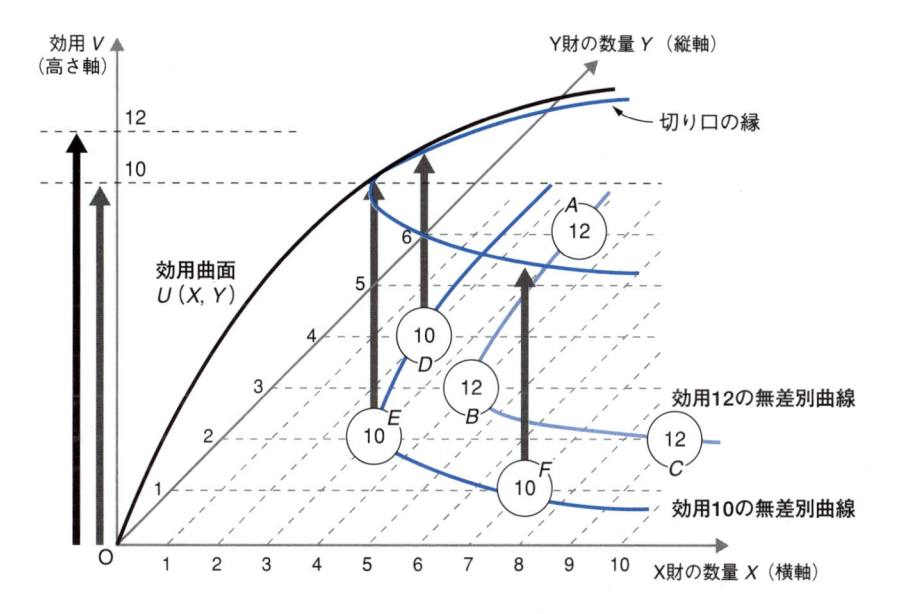

ここで，効用 10 の高さで，効用曲面を水平に切ったとする。このとき，切り口の縁は，同じ効用 10 を得る財の数量の組合せである。この切り口の縁を，横軸（数量 X）と縦軸（数量 Y）の象限に写してみよう。そうすれば，効用 10 を得る X 財と Y 財の数量の組合せとして，**無差別曲線**（Indifference Curve）が描かれる。

同じ作業を効用 12 でも行うことができる。効用 12 の無差別曲線は，効用 10 の無差別曲線よりも，原点 O から遠くに位置する。**無差別曲線は，原点 O から遠いほど，家計の効用 V は大きい。**

効用 V の高さ軸を省略し，横軸（数量 X）と縦軸（数量 Y）だけの象限を取り出したのが，図 10-2 である。無差別曲線は原点 O に対して凸型になり，異なる無差別曲線が交わることはない。無差別曲線が原点 O から遠いほど，家計の効用 V は高くなる。

A 点 (3, 6)，B 点 (4, 3)，C 点 (9, 2) は，同じ無差別曲線上にあり，同じ効用 12 をもたらす数量 X と数量 Y の組合せである。いま，

219

■図 10-2 家計の無差別曲線

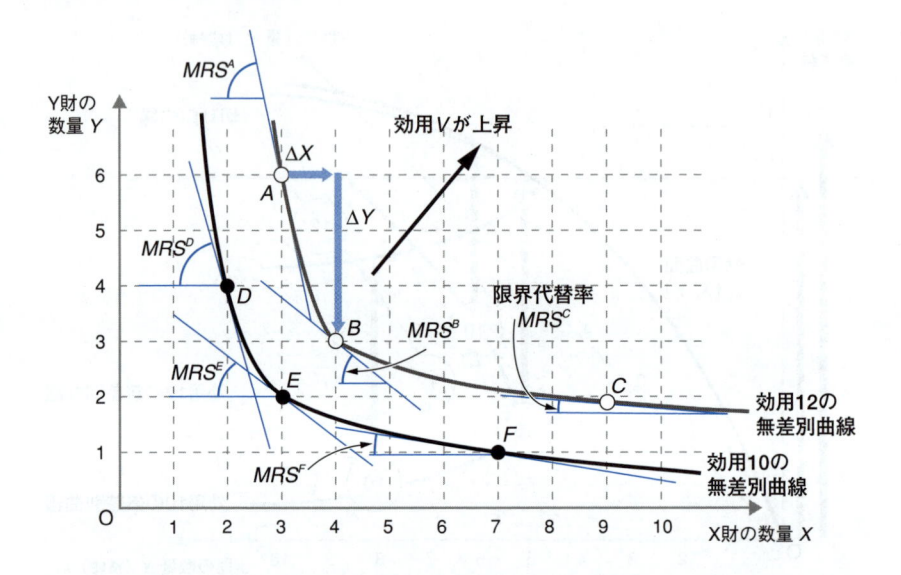

A 点において X 財の数量を 3 から 4 へ 1 増やす（$\Delta X=1$）とき，効用水準を維持して B 点に移行するならば，Y 財の数量 Y を 6 から 3 へ 3 減らす（$\Delta Y=-3$）必要がある。

このように，同じ無差別曲線上で数量 X を増やして数量 Y を減らすとき，**限界代替率**（Marginal Rate of Substitution）MRS を次のように示すことができる。

$$X\text{財に対する}Y\text{財の限界代替率 } MRS_{XY}=-\frac{\Delta Y}{\Delta X} \tag{10.1}$$

ここで，Δ は少しの変化を表している。A 点から B 点へ至る限界代替率は 3（$=-(-3)/1$）となる。なお，右辺にマイナスをつけるのは，通常，限界代替率が絶対値で示されるからである。

Δ を十分に小さくしていけば，限界代替率は無差別曲線の接線の傾きとなる。たとえば，A 点の限界代替率を MRS^A，B 点の限界代替率を MRS^B，……のように書くとき，これらの限界代替率には，$MRS^A >$

$MRS^B > MRS^C$ の大小関係がある。同様に，効用 10 の無差別曲線上の D 点, E 点, F 点においても，$MRS^D > MRS^E > MRS^F$ が成立する。

X財に対するY財の限界代替率は，数量 X が増えるほど，低下していく。これが**限界代替率逓減の法則**（Law of Diminishing Marginal Rate of Substitution）であり，本章では限界代替率逓減の法則が成立している（無差別曲線が右下がりになる）ことを前提として議論を進める。

10.2 家計による2財の数量の選択②

家計は**価格受容者**（プライス・テイカー）であり，家計の行動は価格に影響を与えることができないとする。そのため，市場から与えられた価格をもとに，家計はX財とY財の消費の数量（X, Y）を決定する。

ここで，それぞれの市場にて決定されているX財の価格 $P_X=200$ 円，Y財の価格 $P_Y=300$ 円とする。また，家計が消費に使える予算 I は 1,200 円であるとしよう。以上は，一般的に下記の**予算制約式**（Budget Constraint）によって表現できる。

$$I = P_X X + P_Y Y \tag{10.2}$$

ここでの例ならば，$1,200 = 200 \times X + 300 \times Y$ となる。いま，(10.2) 式を数量 Y について解くならば，下記のように変形できる。

$$Y = -\frac{P_X}{P_Y} X + \frac{I}{P_Y} \tag{10.3}$$

すなわち予算制約式 (10.3) は，X財とY財の**価格比** $-P_X/P_Y$ （$=-200/300$）の傾きと，切片 I/P_Y （$=1,200/300=4$）をもつ。**図10-3**を参照されたい。

家計が予算 I のすべてをX財の消費に費やした場合，家計は 6（$=1,200/200$）つのX財を消費できる（H 点）。逆に，予算 I のすべてをY財の消費に費やした場合，家計は 4 つのY財を消費できる（G 点）。

したがって，$\triangle OHG$ の**予算集合**（Budget Set）の内部ならば，家計

■ 図 10-3　予算制約線と家計の選択

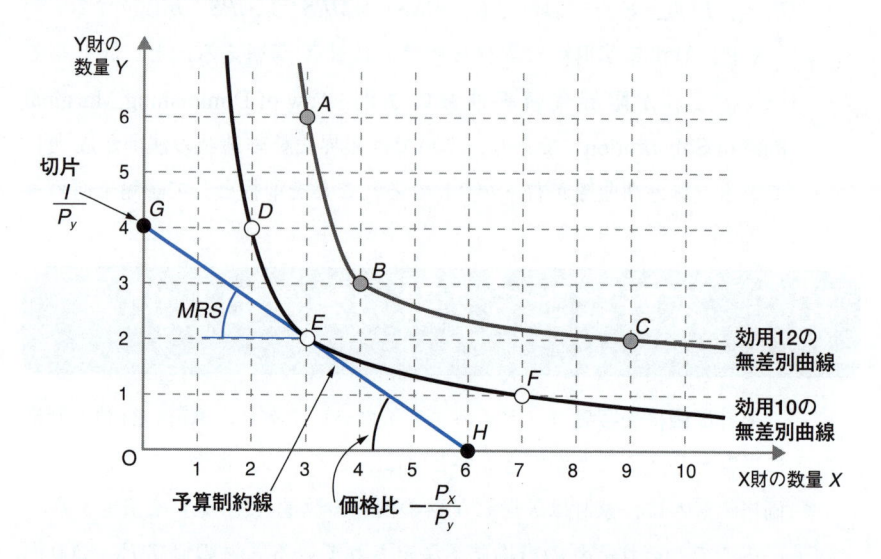

はX財とY財を組合せて消費できる。X財とY財の数量が，砂糖や醬油のように細かく分割できるとしよう。このとき，HG が **予算制約線**（Budget Line）であり，傾きは価格比 $-P_X/P_Y$ で，切片 I/P_Y をもつ直線で表現できる。家計は，与えられた予算 I と価格（P_X および P_Y）のもとで，自身の効用を最大にすることを目的として，数量 X と数量 Y を組み合わせた消費 (X, Y) を選択する。

　すなわち**家計は，最大の効用をもたらす無差別曲線と予算制約線 HG が接する均衡 E 点において，数量 X と数量 Y の組合せを選択する**。このとき，均衡 E 点では，無差別曲線の傾きである限界代替率と，予算制約線の傾きである価格比が，絶対値で等しくなっている。

X財に対するY財の限界代替率 $MRS_{XY} = \dfrac{P_X}{P_Y}$　　　　　(10.4)

　G 点や H 点は，家計の効用が E 点よりも低くなるために，選択されない。E 点の効用と同じ効用 10 をもたらす D 点や F 点，さらには A 点，B 点，C 点は，予算集合の内部にないために家計は選択できない。

以上が家計の2財モデルの概要である。以下では2財モデルを用いて，公共経済学のトピックスを考察する。資源配分の効率性に関して，1財モデルでは，政府の政策を余剰によって分析してきたが，2財モデルでは無差別曲線の位置によって判断する。

10.3　個別消費税と一般消費税

第7章の7.7節では，1財モデルによって消費課税の経済効果を考察した。本節では，2財モデルを用いて消費課税を考える。

消費課税には，特定の財・サービスに対して課税する個別消費税（Specific Consumption Tax）と，あらゆる財・サービスに対して課税する一般消費税（General Consumption Tax）がある。日本の場合，ほとんどの財・サービスに課税している消費税は一般消費税に近い。これらの経済効果について考察するために，図10-4を参照されたい。

前節と同じく，家計は与えられた予算 I を X 財もしくは Y 財の消費に費やす。課税前の予算制約線は AB となる。このとき，予算制約線 AB と無差別曲線 V^* が接する均衡 E 点において，家計は X 財と Y 財の組合せ (X^*, Y^*) を選択する。均衡 E 点では，先の（10.4）式の関係が成立している。

いま，Y 財の消費に対してのみ（1）個別消費税が課税される（図10-4上図）とする。税率 t とするとき，Y 財の税込み価格は $(1+t)P_Y$ へ上昇する。家計の新たな予算制約線は AC となり，価格比は $-P_X/(1+t)P_Y$ となる。

Y 財の消費のみへの課税なので，点 A は動かず，予算制約線の切片が $I/(1+t)P_Y$ の C 点へ移動する。この予算制約線 AC と新たな無差別曲線 V^{**} が接する F 点が，課税後の均衡点となる。F 点では，下記の関係が成立している。

$$\text{X 財の Y 財に対する限界代替率 } MRS_{XY} = \frac{P_X}{(1+t)P_Y} \qquad (10.5)$$

予算制約線 AC と平行で無差別曲線 V^* に接する補助線 DH を引く。このとき，(1) 個別消費税によって生じる E 点から F 点への移動である**総効果**（Total Effect）は，E 点から G 点への**代替効果**（Substitution Effect），G 点から F 点への**所得効果**（Income Effect）に分解できる。

$$総効果 = 代替効果 + 所得効果 \tag{10.6}$$

まず，これらの効果をX財の数量 X の変化で評価する。Y財の消費への個別消費税により，代替効果（E 点→G 点）は数量 X を増やしているが，所得効果（G 点→F 点）は数量 X を減らしている。これらが相殺された結果，総効果（E 点→F 点）の符号が決まる。図 10-4 上図では，総効果の符号がプラスの場合が図示されており，数量 X は X^* から X^{**} に増えている（$X^* < X^{**}$）。

次に，Y財の数量 Y の変化で評価する。Y財の消費への個別消費税は，代替効果と所得効果がともに数量 Y を減らし，総効果もマイナスの符号となる。Y財の消費への個別消費税は，Y財への消費を減らす（$Y^* > Y^{**}$）。

(2) 一般消費税の場合（図 10-4 下図）は，X財の消費にもY財の消費にも同じ課税がなされる。税率 τ（タウ）とすれば，課税後の価格はそれぞれ，$(1+\tau)P_X$，$(1+\tau)P_Y$ となる。家計の新たな予算制約線は IK となり，価格比は $-(1+\tau)P_X/(1+\tau)P_Y = -P_X/P_Y$ で課税前と変わらない。

X財とY財双方の消費への課税なので，予算制約線は平行にシフトし，切片が $I/(1+\tau)P_Y$ の K 点へ移動する。先の個別消費税の場合の税収と等しいだけの一般消費税の税収を確保するならば，新たな予算制約線 IK も F 点（個別消費税の場合の均衡点）を通る。また，個別消費税の税率 t よりも一般消費税の税率 τ は低くなる（$t > \tau$）。そのため，個別消費税の場合の予算制約線 AC の切片 C 点よりも，一般消費税の場合の予算制約線 IK の切片 K 点は大きい。

無差別曲線 V^{***} と予算制約線 IK が接する J 点が新たな均衡点となる。このとき，J 点では下記の関係が成立している。

■図 10-4　個別消費税と一般消費税

(1) 個 別 消 費 税

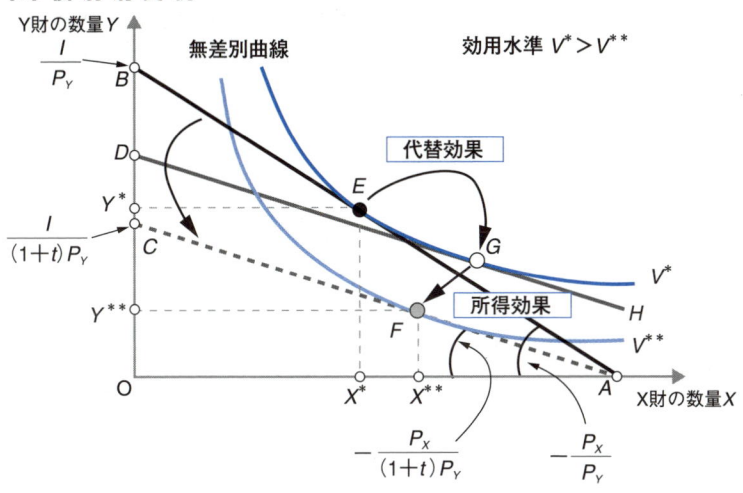

効用水準 $V^* > V^{**}$

代替効果
所得効果

(2) 一 般 消 費 税

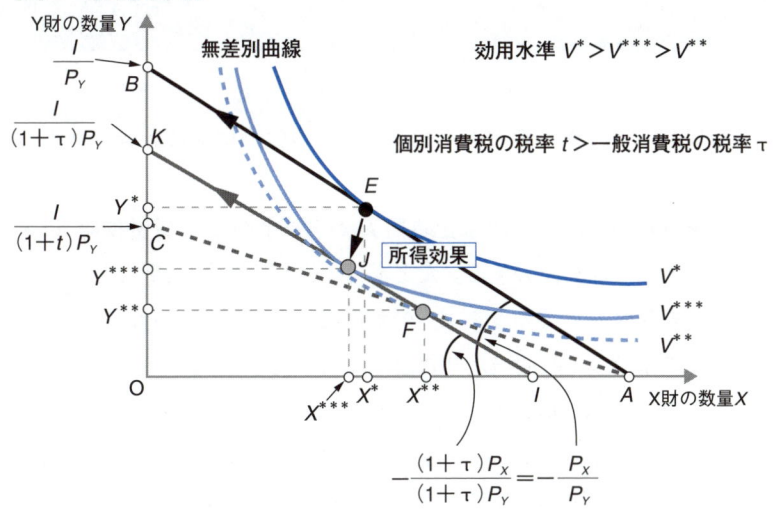

効用水準 $V^* > V^{***} > V^{**}$

個別消費税の税率 t ＞一般消費税の税率 τ

所得効果

$$-\frac{(1+\tau)P_X}{(1+\tau)P_Y} = -\frac{P_X}{P_Y}$$

$$\text{X財のY財に対する限界代替率 } MRS_{XY} = \frac{(1+\tau)P_X}{(1+\tau)P_Y} \qquad (10.7)$$
$$= \frac{P_X}{P_Y}$$

　課税によって予算制約線が平行に移動しただけなので，課税前の均衡 E 点から課税後の均衡 J 点へは所得効果のみが発生している。一般消費税は X 財の数量 X と Y 財の数量 Y ともに減らしており（$X^* > X^{***}$，$Y^* > Y^{***}$），所得効果または総効果はマイナスの符号で，代替効果はゼロとなる。

　最後に，(1) 個別消費税の均衡 F 点と (2) 一般消費税の均衡 J 点における効用水準 V を比較しよう。無差別曲線は原点 O から離れるほど効用水準 V が高く（$V^{***} > V^{**}$），同じ税収ならば (2) 一般消費税は (1) 個別消費税よりも，家計の効用の観点から見れば好ましいことになる。

10.4　労働供給と所得税

　続いて，2 財モデルによって所得税を考察しよう。第 7 章の 7.8 節でも取り上げたが，労働所得税は，家計の労働供給に影響を与える。図10-5 では，家計の労働供給行動が図示されている。

　家計は OA に相当する総時間 T から，余暇 L と労働供給（$T-L$）に充てる時間を配分する。たとえば，総時間が 24 時間としたとき，17 時間を余暇 L とするならば，労働供給（$T-L$）は 7 時間となる。

　この家計の 1 時間当たり賃金率 w とする。すべての時間を労働に充てる O 点では，所得 Y（$=wT$）は最大の OB となる。逆に，すべてを余暇に充てる A 点では，所得 Y はゼロとなる。したがって，家計の予算制約線は AB として描かれ，予算制約式は次のようになる。

$$Y = w(T-L) = -wL + wT \qquad (10.8)$$

図 10-5 労働供給と所得税

（1）労働供給が減少するケース

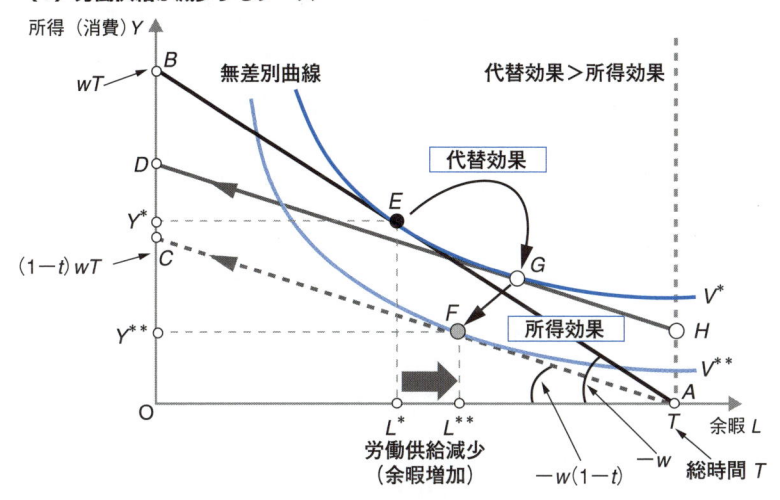

所得（消費）Y

- B: wT
- D
- Y^*
- C: $(1-t)wT$
- Y^{**}
- E, G（代替効果）
- F（所得効果）
- H
- V^*, V^{**}
- A
- L^*, L^{**}：労働供給減少（余暇増加）
- $-w(1-t)$
- $-w$
- 総時間 T
- 余暇 L
- 代替効果＞所得効果
- 無差別曲線

（2）労働供給が増加するケース

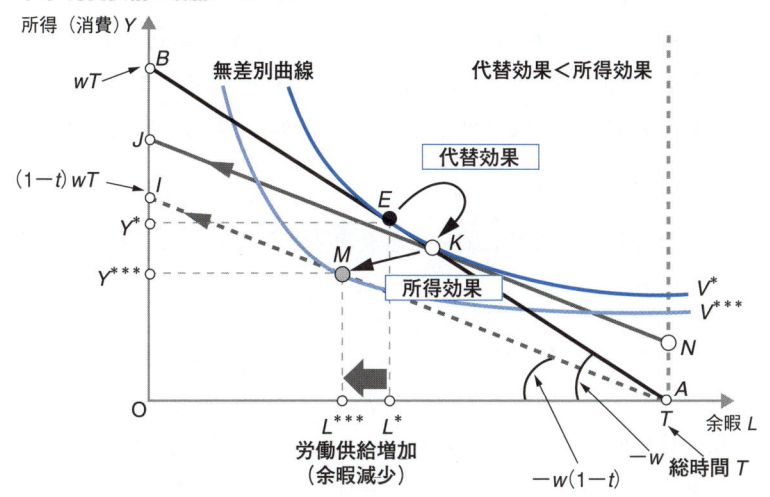

所得（消費）Y

- B: wT
- J
- I: $(1-t)wT$
- Y^*
- Y^{***}
- E, K（代替効果）
- M（所得効果）
- N
- V^*, V^{***}
- A
- L^{***}, L^*：労働供給増加（余暇減少）
- $-w(1-t)$
- $-w$
- 総時間 T
- 余暇 L
- 代替効果＜所得効果
- 無差別曲線

たとえば，7時間の労働供給（$T-L$）で，賃金率 w が1時間当たり1,000円ならば，家計は 7,000 円（=1,000×7）の所得 Y を受け取る。(10.8) 式によれば，予算制約線 AB は，傾き $-w$ と B 点に位置する切片 wT をもつ。

家計の所得 Y は消費につながり，消費は効用をもたらす。余暇 L も効用を高めるが，余暇 L を増やせば労働供給（$T-L$）は減り，所得 Y が減って消費ができない。つまり，家計の効用は $U(Y, L)$ のように表され，家計は所得 Y と余暇 L の選択に直面しているから，図に無差別曲線を描くことができる。

課税前において，予算制約線 AB と無差別曲線 V^* が接する均衡 E 点で，余暇 L^*（労働供給 $T-L^*$）が決まる。ここで，税率 t（$0<t<1$）の比例税の労働所得税が課税されたとしよう。新しい予算制約式は次のようになる。

$$\begin{aligned} Y &= (1-t)w(T-L) \\ &= -(1-t)wL + (1-t)wT \end{aligned} \tag{10.9}$$

(10.9) 式は傾き $-(1-t)w$ をもち，切片 $(1-t)wT$ は C 点となる。新たな予算制約線 AC と無差別曲線 V^{**} が接する均衡 F 点で，余暇 L^{**}（労働供給 $T-L^{**}$）が決まる。無差別曲線 V^{**} の接線は，余暇 L の所得 Y に対する限界代替率 MRS_{LY} の傾きをもち，F 点では下記の関係が成立している。

$$\begin{aligned} &\text{余暇 } L \text{ の所得 } Y \text{ に対する限界代替率 } MRS_{LY} \\ &= (1-t)w \end{aligned} \tag{10.10}$$

ここで，新たな予算制約線 AC と平行で，課税前の無差別曲線 V^* に G 点で接する補助線 HD を描こう。このとき，E 点から G 点への動きは代替効果，G 点から均衡 F 点への動きは所得効果である。

余暇 L の時間の変化で評価すれば，代替効果（E 点→G 点）は余暇 L を増やし（労働供給を減らし），所得効果（G 点→F 点）は余暇 L を減らし（労働供給を増やし）ている。総効果は代替効果と所得効果を合

わせた効果となり，図 10-5 上図では余暇 L^* が L^{**} に増加（労働供給は減少）している。

代替効果は労働供給を減らし，所得効果は労働供給を増やす。所得効果は課税で失われた所得を取り戻そうと労働供給を増やす動きである。これら 2 つの効果の大小関係により，総効果が決まる。したがって，図 10-5 下図のように，労働所得税によって余暇が減る（労働供給が増える）場合も考えられる。

10.5　リカードの等価定理（再考）

第 8 章の 8.8 節でも扱ったようにリカードは，家計の合理的な経済行動を前提として公債の負担を考察した。本節では，家計の 2 財モデルを，第 1 期の消費 C_1 と第 2 期の消費 C_2 を選択する 2 期モデル（Two-period Model）としてとらえ，リカードの等価定理を再考する。いま，家計は効用 $U(C_1, C_2)$ をもつとする。

家計は第 1 期（現役期）に所得 Y を得て消費 C_1 を行った残りを貯蓄 $S\ (=Y-C_1)$ とする。第 2 期（老年期）は所得を得ないが，第 1 期の貯蓄 S を利子率 r で運用した資金を元手に消費 $C_2\ (=(1+r)S)$ を行い，その後に死亡する。

このとき，政府が第 1 期の財政支出 G_1 と第 2 期の財政支出 G_2 のために財源を調達するとしよう。政府と家計の各期の予算制約式は，表 10-1 のようにまとめられる。

まず，(1) 財政支出を租税で調達する場合を考える。家計は，第 1 期に租税 T_1，第 2 期に租税 T_2 を負担する（(10.13) 式および (10.14) 式）。これらを財源として政府は，第 1 期に財政支出 G_1，第 2 期に財政支出 G_2 を実施する（(10.11) および (10.12) 式）。

(10.13) 式と (10.14) 式の貯蓄 S を消去し，(10.11) 式と (10.12) 式を代入すれば，家計の生涯予算制約式が (10.15) 式で表現できる。(10.15) 式の左辺は家計の生涯消費の割引現在価値（Discounted Pre-

■表 10-1　政府と家計の予算制約

(1) 租税調達の場合

		第 1 期	第 2 期
政府の各期の予算制約式		$T_1 = G_1$　(10.11)	$T_2 = G_2$　(10.12)
家計	各期の予算制約式	$C_1 = Y - T_1 - S$　(10.13)	$C_2 = (1+r)S - T_2$　(10.14)
	生涯予算制約式	$C_1 + \dfrac{C_2}{1+r} = Y - G_1 - \dfrac{G_2}{1+r}$　(10.15)	

(2) 公債調達の場合

		第 1 期	第 2 期
政府の各期の予算制約式		$D = G_1$　(10.16)	$T = (1+r)D + G_2$　(10.17)
家計	各期の予算制約式	$C_1 = Y - S - D$　(10.18)	$C_2 = (1+r)(S+D) - T$　(10.19)
	生涯予算制約式	$C_1 + \dfrac{C_2}{1+r} = Y - G_1 - \dfrac{G_2}{1+r}$　(10.20)	

sent Value），右辺は租税負担後の生涯所得の割引現在価値を示す。

　割引現在価値とは，時期の異なる貨幣の価値を，現在の価値に換算して比較可能とする考え方である。たとえば，第 1 期消費が 1,000 円で，第 2 期消費が 510 円のとき，これらを単純に合算して生涯消費を算出することはできない。

　第 2 期の消費は，第 1 期から見れば将来の消費であり，時期が異なっている。いま，第 1 期から第 2 期にかけての利子率 r が 10% だとする。第 1 期に 500 円の貯蓄を行えば，第 2 期に 550 円（＝500 円×(1＋10%)）を受け取って消費できる。逆に言えば，第 2 期の 550 円の消費は，第 1 期の価値に換算すれば，500 円（＝550 円/(1＋10%)）となる。

　したがって，この場合の家計の生涯消費は 1,500 円（＝1,000 円＋500 円）として計算できる。すなわち，将来の貨幣価値は，利子率 r によって割り引くことで，現在の価値に換算できる。この割引現在価値の

■図 10-6　リカードの等価定理

第2期消費 C_2

- $(1+r)(Y-G_1)-G_2$　B
- 無差別曲線 V
- 均衡点は同じ
- C_2^* …… E
- 生涯予算制約線は同じ
- $-(1+r)$
- A
- O　C_1^*　所得 Y　**第1期消費 C_1**

10.5 リカードの等価定理（再考）

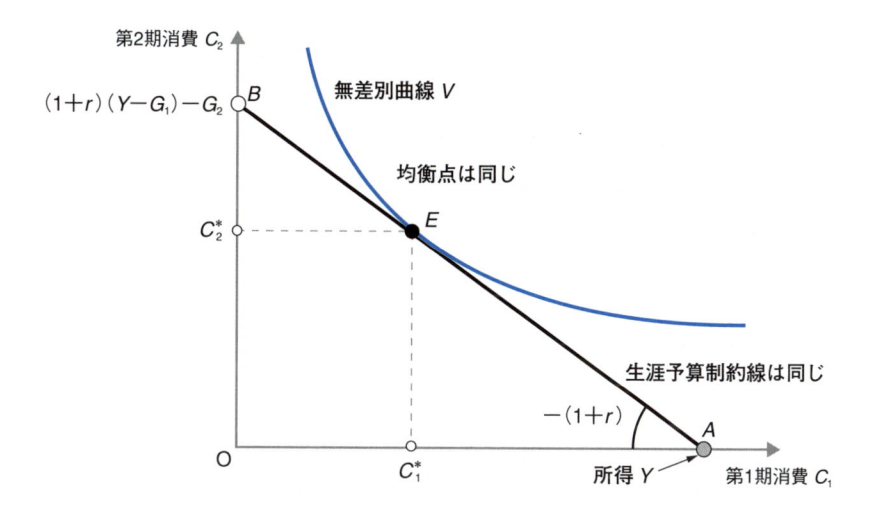

考え方が，(10.15) 式の生涯予算制約式に反映されている。

次に，(2) 財政支出を公債発行で調達する場合を考える。第 1 期に政府は公債 D を発行して財政支出 G_1 に充てる（(10.16) 式）。第 2 期には租税 T によって公債の利払費 rD と元本の償還 D，財政支出 G_2 をまかなう（(10.17) 式）。家計は第 1 期に公債を購入し，第 2 期に政府から利払い rD を受け取り，租税 T を負担する（(10.18) 式および (10.19) 式）。

先と同様に，(10.18) 式と (10.19) 式の貯蓄 S を消去し，(10.16) 式と (10.17) 式を代入すれば，家計の生涯予算制約が (10.20) 式で表現できる。このとき，(1) 租税調達の場合と (2) 公債調達の場合で，生涯予算制約式は同じになる（(10.15) 式と (10.20) 式）。

したがって，政府支出が租税と公債発行のどちらで財源調達されても，家計の生涯予算制約に変化がないために，家計の経済行動は同じとなる。これがリカードの等価定理であった。図 10-6 でも確認してみよう。

図は，横軸が第 1 期消費 C_1，縦軸が第 2 期消費 C_2 となっている。(10.15) 式および (10.20) 式の生涯予算制約式を，C_2 について解くな

らば下記のようになる。

$$C_2 = -(1+r)C_1 + (1+r)(Y-G_1) - G_2 \tag{10.21}$$

したがって，傾き $-(1+r)$ で，切片は B 点で $(1+r)(Y-G_1)-G_2$ となる。図において生涯予算制約線は AB となる。

生涯予算制約線 AB と無差別曲線 V が接する均衡 E 点において，第1期消費 C_1^* と第2期消費 C_2^* が決定される。E 点においては，下記の関係が成立している。

$$\text{第1期消費 } C_1 \text{ に対する第2期消費 } C_2 \text{ の限界代替率 } MRS_{C_1 C_2}$$
$$= (1+r) \tag{10.22}$$

(1) 租税調達でも (2) 公債調達でも，生涯予算制約線 AB は同じなので，均衡 E 点も同じとなる。この場合，政府の財源調達の方法は家計の経済行動に影響しない。つまり，リカードの等価定理を確認できた。

10.6　特定補助金の一般財源化

第4章の4.4節では，公共財の便益のスピルオーバーと補助金について考察した。ここでは，中央政府が地方政府に交付する補助金には，使途を限定しない一般補助金（General Subsidy）と，使途を限定した特定補助金（Special Subsidy）が存在することに着目する。

地方分権が目標とされるならば，中央政府の権限と財源を地方政府に移すために，特定補助金を減らし，一般補助金や地方税のような一般財源（Source of General Revenue）を増やす改革（特定補助金の一般財源化）がなされることがある。一般財源とは，政府にとって，使途が定められていない財源である。

地方政府も，家計と同じように限られた予算をもち，住民の満足度が最大になるように公共財の供給に関与している。地方政府の住民の効用を集計した概念を住民の厚生 W としてとらえ，2財モデルによって地

方政府の経済行動を考えてみる。

いま，ある地方政府が，公共事業と福祉サービスのみを公共財として住民に提供しているとしよう。それぞれの数量を X および Y とすれば，住民の厚生は $W(X, Y)$ のように表せる。地方政府は，住民の厚生水準 W を最大化するように，限られた予算を公共財に配分しなければならない。住民の厚生水準を，**社会的無差別曲線**（Social Indifference Curve）によって表現する。

この地方政府の予算を I，公共事業を1単位実施するのに必要な価格（費用）を P_X，福祉サービスの1単位当たりの価格（費用）を P_Y とすれば，この地方政府の予算制約式は次のようになる。

$$I = P_X X + P_Y Y \tag{10.23}$$

図 10-7 に予算制約線を描くために，下記のように（10.23）式を変形する。

$$Y = -\frac{P_X}{P_Y}X + \frac{I}{P_Y} \tag{10.24}$$

中央政府からの補助金がないとき，予算 I をすべて公共事業に使えば OA，福祉サービスに使えば OB となる。予算制約線 AB は価格比 $-P_X/P_Y$ の傾きをもち，切片は B 点で I/P_Y となる。予算制約線 AB と社会的無差別曲線 W^* が接する均衡 E 点において，公共事業の数量 X^* と福祉サービスの数量 Y^* が決定される。

なお，社会的無差別曲線の接線の傾きが**社会的限界代替率**（Social Marginal Rate of Substitution）$SMRS$ である。このとき，均衡 E 点では下記の関係が成立している。

$$\text{公共事業の福祉サービスに対する社会的限界代替率 } SMRS_{XY} = \frac{P_X}{P_Y} \tag{10.25}$$

（1）特定補助金が公共事業のみに交付される場合（図 10-7 上図），予算制約線は次のようになる。ここで特定補助金の補助率 s であり，その分だけ1単位当たりの公共事業の価格（費用）P_X が下がっている。

■図 10-7　特定補助金の一般財源化

(1) 特定補助金の場合

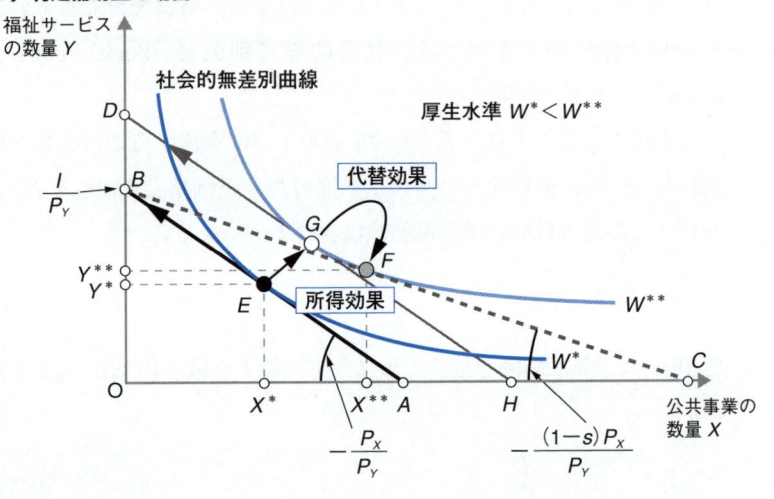

福祉サービスの数量 Y

社会的無差別曲線

厚生水準 $W^* < W^{**}$

代替効果
所得効果

$\dfrac{I}{P_Y}$、D、B、G、F、Y^{**}、Y^*、E、W^{**}、W^*、C

X^*　X^{**}　A　H

$-\dfrac{P_X}{P_Y}$　$-\dfrac{(1-s)P_X}{P_Y}$

公共事業の数量 X

(2) 一般財源化の場合

福祉サービスの数量 Y

社会的無差別曲線

厚生水準 $W^* < W^{**} < W^{***}$

特定補助金の補助率 s ＞一般財源化の補助率 σ

所得効果

$\dfrac{I}{(1-\sigma)P_Y}$、L、B、K、F、Y^{***}、Y^{**}、Y^*、E、M、W^{***}、W^{**}、W^*、C

X^*　X^{***}　X^{**}　A　J

$-\dfrac{P_X}{P_Y} = -\dfrac{(1-\sigma)P_X}{(1-\sigma)P_Y}$

公共事業の数量 X

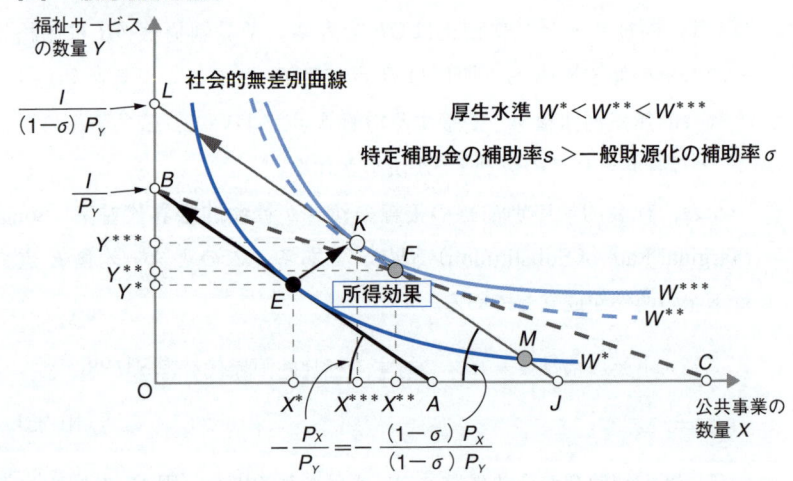

$$I = (1-s)P_X X + P_Y Y \tag{10.26}$$

新しい予算制約線は CB となる。傾きの価格比は $-(1-s)P_X/P_Y$ となるが，切片は B 点で変わらない。予算制約線 CB と新たな社会的無差別曲線 W^{**} が接する均衡 F 点において，公共財の数量 X^{**} と福祉サービスの数量 Y^{**} が決められる。このとき F 点では，下記の関係が成立している。

公共事業の福祉サービスに対する社会的限界代替率 $SMRS_{XY}$
$$= \frac{(1-s)P_X}{P_Y} \tag{10.27}$$

補助金のない場合の厚生水準 W^* と特定補助金のある厚生水準 W^{**} を比較すれば，後者のほうが大きく，特定補助金によって住民の厚生水準が改善されている（$W^{**} > W^*$）。

補助金がないときの予算制約線 AB と平行で，新たな社会的無差別曲線 W^{**} に接する補助線 DH を考える。このとき，E 点から F 点への総効果は，E 点から G 点への所得効果，G 点から F 点への代替効果に分解できる。

特定補助金が交付される公共事業の数量 X の変化で評価すれば，所得効果と代替効果は，ともに数量 X を増やす（$X^* < X^{**}$）。福祉サービスの数量 Y の変化で評価するならば，所得効果は数量 Y を増やすものの，代替効果は数量 Y を減らし，それらの大小関係によって数量 Y への総効果が決まる。

(2) 一般財源化の場合（図 10-7 下図），公共事業にも福祉サービスにも使える財源が増える。一般補助金を想定し，その補助率 σ であれば，予算制約線は次のようになる。

$$I = (1-\sigma)P_X X + (1-\sigma)P_Y Y \tag{10.28}$$

さらに，この予算制約線を数量 Y で整理すれば，次のように書ける。

$$Y = -\frac{(1-\sigma)P_X}{(1-\sigma)P_Y}X + \frac{I}{(1-\sigma)P_Y}$$
$$= -\frac{P_X}{P_Y}X + \frac{I}{(1-\sigma)P_Y} \tag{10.29}$$

新しい予算制約線 JL は，傾き $-(1-\sigma)P_X/(1-\sigma)P_Y = -P_X/P_Y$ をもち，切片は $I/(1-\sigma)P_Y$ で L 点となる。なお，一般財源化の規模が，(1) 特定補助金と同じ規模ならば，予算制約線 JL は F 点（特定補助金の場合の均衡点）を通る。また，特定補助金の補助率 $s >$ 一般補助金の補助率 σ が成立している。

新たな予算制約線 JL と新たな社会的無差別曲線 W^{***} が接する均衡 K 点において，公共財の数量 X^{***} と福祉サービスの数量 Y^{***} が決定される。このとき，K 点においては，下記の関係が成立している。

公共事業の福祉サービスに対する社会的限界代替率 $SMRS_{XY}$
$$= \frac{(1-\sigma)P_X}{(1-\sigma)P_Y} = \frac{P_X}{P_Y} \tag{10.30}$$

一般財源化では，予算制約線が平行にシフトするだけなので，E 点から K 点への移動は所得効果のみとなる。一般財源化は，公共財の数量 X と福祉サービスの数量 Y を双方とも増やしている（$X^* < X^{***}$，$Y^* < Y^{***}$）。

また，補助金の規模が同じならば，(2) 一般財源化の場合の住民の厚生水準 W^{***} は，(1) 特定補助金の場合の厚生水準 W^{**} よりも高い（$W^{***} > W^{**} > W^*$）。特定補助金の一般財源化は，同額の特定補助金よりも，住民にとって好ましい結果をもたらす。

しかしながら，ここでの2財モデルでは，地方政府が住民の厚生を考慮しながら，公共財の組合せを選ぶことを前提としている。仮に，地方政府が住民の厚生に従わない，もしくは住民の厚生についての情報を知らない場合，(2) 一般財源化の場合でも，図10-7 下図で M 点のような公共財の組合せが選ばれるかもしれない。M 点では極端に公共事業の数量 X が増え，住民の厚生水準は W^* に低下する。すなわち，地方政府が住民の厚生を考慮することが，とても重要であることがわかる。

10.7　公共財の効率的な生産

　前節で登場した地方政府の行動は，家計の消費行動に近似させたものであった。家計は財・サービス市場で消費し，労働や資本といった生産要素を生産要素市場で供給する経済主体であることをこれまでの2財モデルは想定してきた。

　本節では，政府が公共財を生産する経済主体であるという側面を考察する。一般的に企業は，家計から生産要素を雇用し，生産物を生産する。企業と同様に，政府も家計から生産要素を雇用して，公共財を生産する経済主体の一面をもっている。

　当然ながら，政府による公共財の供給は，効率的に行われる必要がある。ここでは，効率的に公共財を供給する条件について，2財モデルによって考察しよう。図 10-8 を参照されたい。

　公共事業と福祉サービスのみを供給する政府があるとする。与えられた労働や資本といった生産要素を用いて，政府は公共財を生産する。すべての生産要素を公共事業に費やした場合は F 点，逆にすべてを福祉サービスに費やした場合は G 点まで生産できるとする。

　曲線 FG は**生産可能性フロンティア**（Production Possibilities Frontier）と呼ばれ，その内部の**生産可能集合**（Production Possibility Set）OFG では，2つの公共財の組合せが供給可能である。いま，H 点で公共財の数量 X^{**} と福祉サービスの数量 Y^{**} が選ばれているとする。生産可能性フロンティアの曲線上において，公共事業の生産を数量 ΔX だけ増やすとき，その分の生産要素が減るために福祉サービスの数量 ΔY が減る。

　このとき，公共事業に対する福祉サービスの**限界変形率**（Marginal Rate of Transformation）MRT_{XY} を下記のように定義できる。

$$\text{公共事業に対する福祉サービスの限界変形率 } MRT_{XY} = -\frac{\Delta Y}{\Delta X} \tag{10.31}$$

限界変形率 MRT_{XY} は，生産可能性フロンティアの接線の傾きであり，公共事業の数量 X が増えるほど逓増していく。なお，右辺にマイナスをつけるのは，通常，限界変形率は絶対値で示されるからである。

ここで，先の図10-7で登場した政府の予算制約線と，生産可能性フロンティアの違いについて考えよう。政府の予算制約線は，一定規模の予算を与えられた政府が，あたかも家計のように市場から公共財を消費する状況を表現している。そのために，2つの公共財の組合せが，予算制約線のような直線で示される。

一方，生産可能性フロンティアは，政府があたかも企業のように，生産要素市場から労働や資本を雇い，それらを組み合わせることで2つの公共財を生産する状況を表現している。2つの公共財を同時に生産することで，1つの公共財を生産するよりも，労働と資本の組合せを工夫したり，特に事務部門のような間接的な費用を削減できるために，予算制約線の場合よりも多くの公共財を生産できる。そのために，生産可能性フロンティアは，凸型の膨らみをもつ。

生産可能性フロンティアの外にある B 点は，政府が利用できる生産要素が足らないために供給できない公共財の組合せである。一方，内部の A 点は，供給できる公共財の組合せであるが，生産要素が余っているか，無駄に利用されている。つまり，**生産可能性フロンティアの曲線 FG 上が，生産の効率性を満たす公共財の組合せとなる。**

生産の効率性を満たす公共財の組合せは，曲線 FG 上に無数にある。このうち，どの組合せを選択すべきだろうか。図10-8には，公共事業の数量 X と福祉サービスの数量 Y に対する国民（住民）の社会的無差別曲線が描かれている。先の図10-7と同様に，原点 O から離れるほど，社会的無差別曲線の厚生水準 W は高くなる。

生産可能性フロンティア FG と社会的無差別曲線 W^{**} が接する均衡 E 点は，最大の国民（住民）の厚生水準を達成する配分の効率性を満たす公共財の組合せとなる。なお，均衡 E 点では下記の関係が成立している。

■図 10-8　公共財の効率的な生産

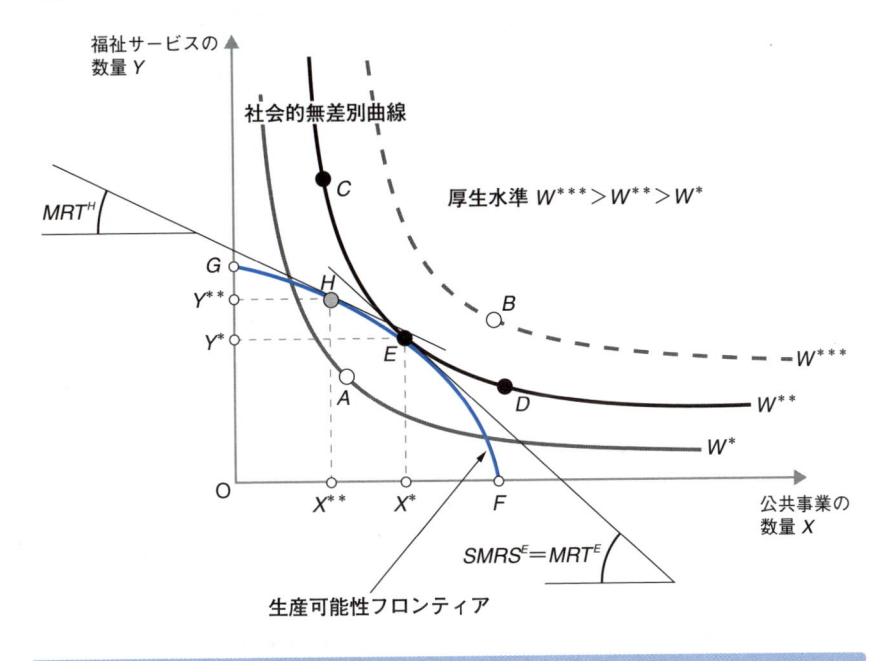

$$\text{公共事業に対する福祉サービスの限界変形率 } MRT_{XY}$$
$$= \text{公共事業の福祉サービスに対する社会的限界代替} \quad (10.32)$$
$$\text{率 } SMRS_{XY}$$

このとき，公共財の数量 X^* と福祉サービスの数量 Y^* が選ばれ，これが公共財の効率的な生産の組合せとなる。

A 点は生産可能な組合せであるが，国民（住民）の厚生水準 W^* は，E 点の厚生水準 W^* よりも低い（$W^{**} > W^*$）。C 点や D 点も，均衡点 E と同じ厚生水準 W^{**} であるが，生産可能性フロンティア内部に存在しないために，生産ができない組合せである。

10.8　公共財と私的財の選択

前節の2財モデルでは，公共事業と福祉サービスという2つの公共財の生産についての選択を政府が行っていた。次は，政府と企業を含めた経済全体として，公共財と私的財のどちらをどれだけ生産するかという選択について考察する。

経済に存在する生産要素には限りがあるため，その多くを私的財の生産に費やしてしまうと，公共財の生産が十分にできなくなる。逆に，公共財の生産を過剰に行えば，私的財の生産が少なくなってしまう。

このことを考えれば，図10-9上図のように，私的財の数量 X と公共財の数量 G の生産において，生産可能性フロンティア AB を描くことができる。生産可能性フロンティアの接線の傾きは，公共財に対する私的財の限界変形率 MRT_{XG} となる。なお，ここでの公共財は純粋公共財とする。

この経済には2つの家計がいるとする。家計1の効用水準を $\overline{V_1}$ に固定し，無差別曲線 $\overline{V_1}$ を図10-9上図に描く。このとき，家計2の効用水準 V_2 を最大にするような，私的財の数量 X と公共財の数量 G の組合せを選択することが，ここでの問題となる。

第3章の3.1節では，私的財には競合性があることを学んだ。私的財の総量 X，家計1の消費量 X_1，家計2の消費量 X_2 とすれば，下記の関係がある。

$$X = X_1 + X_2 \tag{10.33}$$

一方，純粋公共財には非競合性がある。純粋公共財の総量 G，家計1の消費量 G_1，家計2の消費量 G_2 とすれば，下記のような関係がある。純粋公共財は等量消費なので，家計1と家計2の消費量を区別する必要がない。

$$G = G_1 = G_2 \tag{10.34}$$

■図 10-9　公共財と私的財の選択

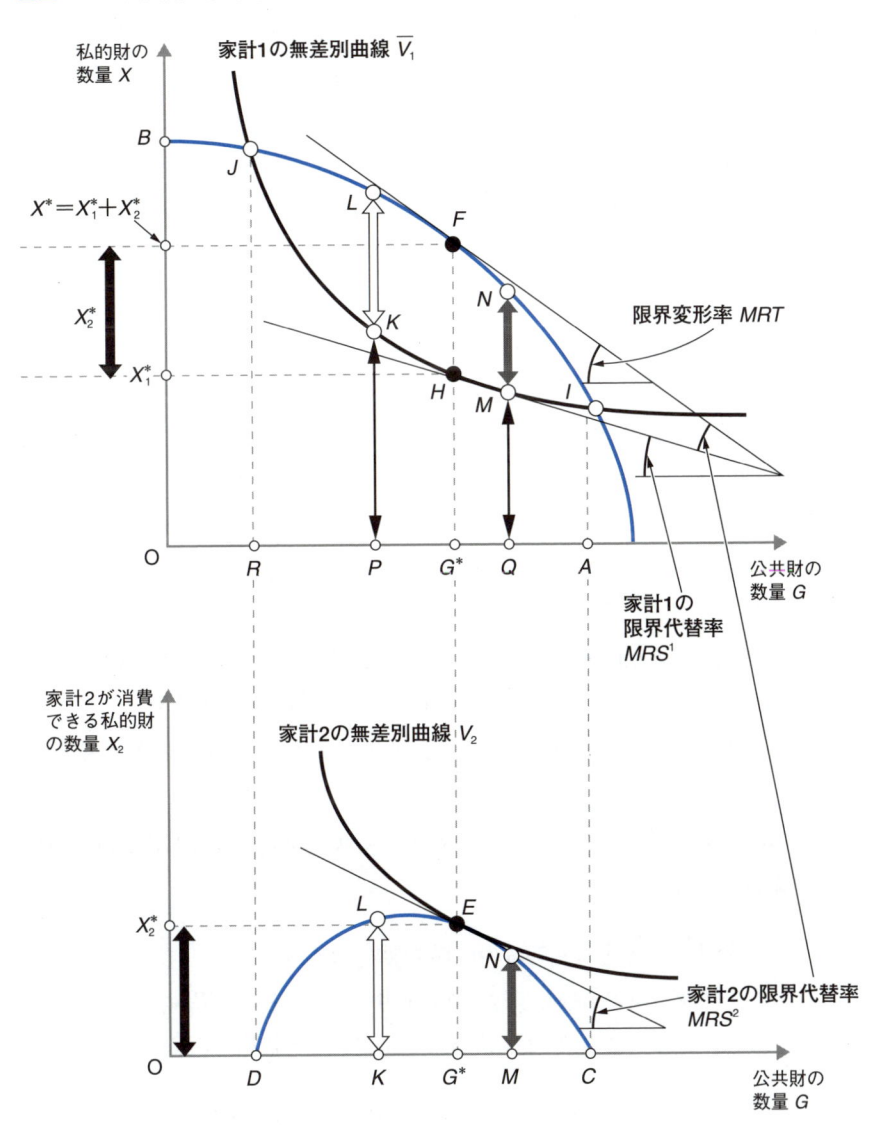

さて，図 10-9 上図において，生産可能性フロンティア AB と無差別曲線 $\overline{V_1}$ は，J 点と I 点で交わっている。J 点で，この経済で生産される私的財 X の数量 RJ は，すべて家計 1 によって消費されている。しかし L 点では，家計 1 は PK だけの私的財を消費するが，KL は家計 2 が消費できる私的財として生産されている。同じく N 点では，家計 1 は QM だけの私的財を消費するが，MN は家計 2 の消費のために生産されている。

以上を踏まえれば図 10-9 下図に，家計 2 が消費できる私的財の数量 X_2 と公共財の数量 G の生産可能性フロンティア CD を描くことができる。図 10-9 上図と下図の KL（または MN）は同じ数量 X_2 であり，D 点と C 点で数量 X_2 はゼロになる。

生産可能性フロンティア CD をもとにして，家計 2 が効用を最大にする私的財の数量 X_2 と公共財の数量 G を選ぶ。すなわち，家計 2 の無差別曲線 V_2 と生産可能性フロンティア CD が接する均衡 E 点において，家計 2 が消費できる私的財の数量 X_2^* と公共財の数量 G^* が決定される。

均衡 E 点では，家計 1 も家計 2 も等量の公共財の数量 G^* を消費している。また，図 10-9 上図によれば，家計 1 は H 点で G^*H に相当する数量 X_1^* の私的財を消費し，家計 2 は HF に相当する数量 X_2^* を消費している。私的財の総量 X^* （$=X_1^*+X_2^*$）は G^*F で測られる。

この均衡では，F 点における公共財に対する私的財の限界変形率 MRT_{XG} が，家計 1 と家計 2 の公共財に対する私的財の限界代替率 MRS_{XG} の合計に等しくなる。これがサミュエルソン（P. A. Samuelson）条件である。

> 公共財に対する私的財の限界変形率 MRT_{XG}
> ＝家計 1 の公共財に対する私的財の限界代替率 MRS_{XG}^1 （10.35）
> ＋家計 2 の公共財に対する私的財の限界代替率 MRS_{XG}^2

なお，図 10-9 上図では，これらの傾きによって関係が示されている。サミュエルソン条件が成立するとき，もっとも効率的な私的財と公共財の配分が実現している。言い換えれば，サミュエルソン条件が成立する

ように，私的財と公共財を配分することが，資源配分の効率性に求められている。

キーワード

部分均衡分析，1財モデル，2財モデル，効用曲面，無差別曲線，限界代替率，限界代替率逓減の法則，価格受容者，予算制約式，価格比，予算集合，予算制約線，個別消費税，一般消費税，総効果，代替効果，所得効果，2期モデル，生涯予算制約式，割引現在価値，生涯予算制約線，一般補助金，特定補助金，一般財源，社会的無差別曲線，社会的限界代替率，生産可能性フロンティア，生産可能性集合，限界変形率，生産の効率性，配分の効率性，サミュエルソン条件

復習問題

(1) 個別消費税と一般消費税の違いについて，2財モデルを用いて説明せよ。
(2) 所得税によって労働供給が増えることもあり，減ることもあることを，2財モデルによって説明せよ。
(3) 政府支出の財源が租税と公債のどちらで調達されても，家計の経済行動が変化しない可能性があることを，2期モデルによって示せ。
(4) 規模が同じならば，特定補助金よりも一般補助金のほうが望ましいことを，地方政府による2財モデルによって説明せよ。
(5) 公共財と私的財のサミュエルソン条件について，2つの家計を想定した生産可能性フロンティアの図を用いて説明せよ。

発展問題

(1) 利子所得に課税する利子所得税が，家計の現在と将来の消費に与える影響を，2期モデルの図を用いて説明せよ。
(2) 第9章の9.9節において，所得税と生活保護制度を統合する負の所得税について学習したが，所得と余暇を選択する2財モデルによって，負の所得税はどのように考察できるか。図を用いて説明せよ。

文献案内

　皆さんには，あるテキストを読もうと努力したが，どうしてもわからず，結局は学習をあきらめたというような苦い経験はありませんか。筆者は学生時代に，理解できないテキストに多く遭遇しました。

　そのとき筆者は，自分の学力不足でテキストがわからないのではなく，そのテキストが自分に合わないのだと都合よく解釈し，気持ちを切り替えて他のテキストを読むようにしました。2つのテキストを眺めているうちに，最初にわからなかったテキストが，わかるようになってきたという経験があります。

　複数のテキストを読むことは，公共経済学をよりよく理解する上で効率的な方法です。著者の書き方や構成によって，わかりやすいテキストもあれば，わかりにくいテキストもあります。わかりにくいテキストは，その時点の自分自身に合わないだけです。特に初学者は，そこであきらめずに，他のテキストを参照しましょう。つまり，いまの自分に合ったテキストを探すことが，経済学の学習にとって大事なのです。

　そこで，ここでは文献案内を行い，他のテキストを紹介いたします。よりよく公共経済学を身に付けるために，本書の読後もしくは平行して読まれることをお勧めします。まず以下は，本書『公共経済学入門』と同じ程度の難易度のテキストの例です。

井堀利宏（2015）『基礎コース　公共経済学　第2版』新世社
J.E.スティグリッツ　藪下史郎（訳）（2022）『スティグリッツ　公共経済学［第3版］（上）――公共部門・公共支出』東洋経済新報社
J.E.スティグリッツ　藪下史郎（訳）（2022）『スティグリッツ　公共経済学［第3版］（下）――租税・地方財政・マクロ財政政策』東洋経済新報社
井堀利宏（2005）『ゼミナール　公共経済学入門』日本経済新聞社

本書の内容を理解できたら，次はより難易度の高いテキストを読まれることをお勧めします。以下は，本書よりも難易度の高いテキストの例です。

麻生良文（1998）『公共経済学』有斐閣
土居丈朗（2018）『入門　公共経済学　第 2 版』日本評論社
アリエ L. ヒルマン　井堀利宏（監訳）（2006）『入門財政・公共政策——政府の責任と限界』勁草書房

公共経済学と同様に，財政学も政府の経済活動を考察する学問です。公共経済学と合わせて学習すれば，より深く理解が進むでしょう。以下は，公共経済学の内容を意識して書かれている財政学のテキストの例です。

小塩隆士（2016）『コア・テキスト　財政学　第 2 版』新世社
加藤久和（2003）『財政学講義——政府部門の経済分析』文眞堂
井堀利宏（2013）『財政学　第 4 版』新世社
畑農鋭矢・林　正義・吉田　浩（2024）『財政学をつかむ　第 3 版』有斐閣

さらに，日本の政府のデータについては，毎年更新される下記の文献が有用です。

『図説　日本の財政』東洋経済新報社
『図説　日本の税制』財経詳報社

様々なテキストを読むことで，経済センスを磨き，社会の場にて公共経済学を応用されることを，読者の皆さんに期待しております。

発展問題の解答例

第 1 章

(1) 図のように，2つの効用曲線を考える．効用曲線 A は，原点Oからはじまって，財の消費量 X を増やすとき，すぐに効用が増える．効用曲線 B は，財の消費量を増やしても効用曲線 A よりは効用が増えないとする．

このとき，両者の限界効用曲線を描けば，効用曲線 A の限界効用曲線 a，効用曲線 B の限界効用曲線 b となる．明らかに，限界効用曲線 a のほうが，限界効用曲線 b よりも傾きが急である．その原因は，効用曲線 A の形状にある．

限界効用曲線は需要曲線に読み替えてもよかった．したがって，限界効用曲線 a のように需要曲線の傾きが急な場合は，効用曲線 A のように，消費量が増えれば，すぐに効用が増える効用曲線を家計がもっていることになる．

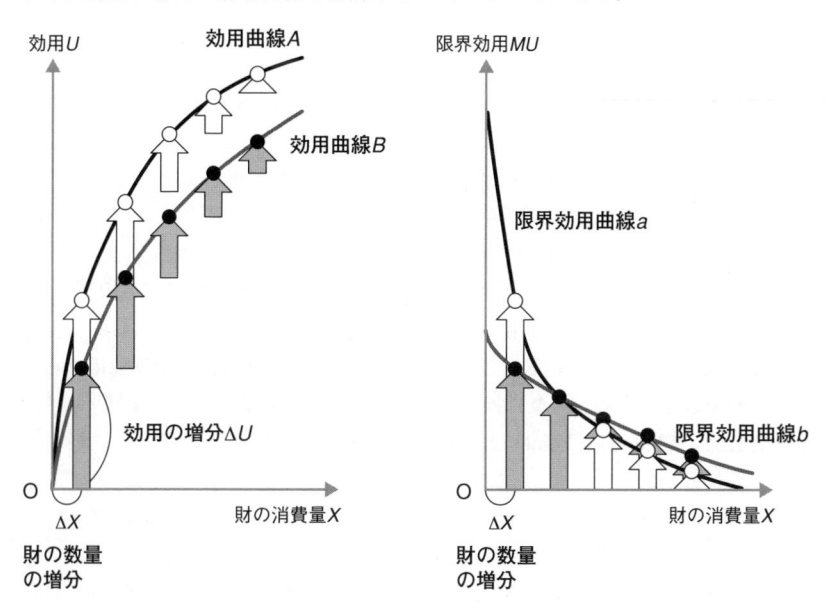

(2) 損益分岐点よりも価格が低くなり，負の利潤（損失）になったとしても，収入で変動費用を支払えるのであれば，企業は生産を止めない可能性がある．次の図において，平均費用曲線 $AC(X)$ とは別に，平均変動費用曲線 $AVC(X)$ を考える．

平均変動費用 $AVC(X)$ ＝変動費用 $VC(X)$／財の生産量 X

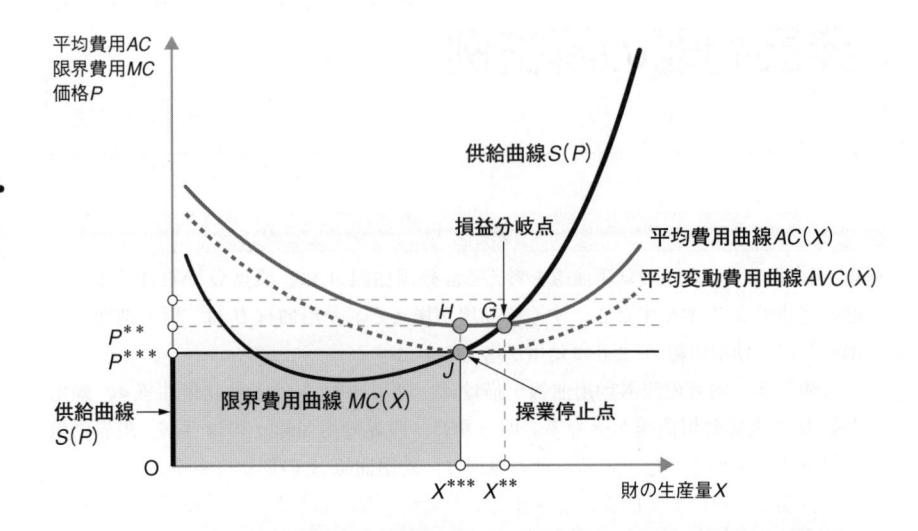

平均費用AC
限界費用MC
価格P

供給曲線S(P)

損益分岐点

平均費用曲線AC(X)
平均変動費用曲線AVC(X)

P^{**}
P^{***}

H G

J

供給曲線
S(P)

限界費用曲線MC(X)

操業停止点

O X^{***} X^{**} 財の生産量X

	収　入	総費用	利潤（損失）
価格 P^{**}（G 点）	□O$X^{**}G P^{**}$	□O$X^{**}GP^{**}$	ゼロ
価格 P^{***}（J 点）	□O$X^{***}JP^{***}$	□O$X^{***}HP^{**}$	□$P^{***}JHP^{**}$の損失

このとき，平均費用曲線 $AC(X)$ と平均変動費用曲線 $AVC(X)$ の差は，固定費用 FC を意味している．仮に P^{***} まで価格が下がったとして，価格と限界費用曲線 $MC(X)$ が一致する J 点で，企業は生産量 X^{***} を選択するとしよう．このとき，企業の収入は□O$X^{***}JP^{***}$，総費用は□O$X^{***}HP^{**}$ となり，損失が □$P^{***}JHP^{**}$ だけ発生する．

変動費用 VC は□O$X^{***}JP^{***}$ であるから，固定費用 FC は□$P^{***}JHP^{**}$ となる．したがって，J 点では固定費用と損失が等しくなり，価格 P^{***} であれば変動費用のみを収入でまかなっている．しかし，価格 P^{***} を下回れば，変動費用すら支払うことができないため，企業は操業を止めなければならない．その意味で，J 点は**操業停止点**（Shutdown Point）と呼ばれ，厳密には供給曲線 $S(P)$ は，操業停止点で2つに分かれる．

(3) 第1章の1.4節および1.5節で示されたように，(1.6) 式：総費用 $TC(X)=$ 固定費用 FC +変動費用 $VC(X)$，(1.8) 式：利潤 $\Pi(X)=$ 収入−総費用 $TC(X)$ である．これらを1.8節の (1.13) 式：生産者余剰＝収入−変動費用 $VC(X)$ に代入して整理すれば，生産者余剰は下記のようにも表現できる．

生産者余剰＝利潤 $\Pi(X)$ ＋固定費用 FC

したがって，生産者余剰は利潤 Π と固定費用 FC の合計となる．企業は短期的には，財の生産量 X によって固定費用を動かすことができない．そのため，生産者

余剰を最大にすることは，利潤を最大にすることと同じ意味をもつ．

第 2 章

下記のように，縦軸を賃金率 W，横軸を労働の数量 L として，労働市場を図示できる．労働者を雇用する企業は賃金率が低くなるほど雇用を増やすために，労働需要曲線 L^D は右下がりとなる．一方，通常の家計は賃金率が高くなるほど労働を増やすと考えられるから，労働供給曲線 L^S は右上がりとする．

価格メカニズムによって賃金率が決定される場合の均衡は E 点となり，賃金率 W^*，労働の数量 L^* となる．一方，最低賃金法による最低賃金率 W^{**} が，価格メカニズムによる賃金率 W^* よりも高い水準で導入されたとする．

このとき，労働供給は G 点だが，労働需要は F 点にとどまる．そのため，超過供給 FG が発生する．これは，最低賃金率 W^{**} のもとで働きたい人々の一部が働けない状態であるから，失業を意味している．

したがって，最低賃金法の導入は，状況によっては，失業者を増やしてしまう可能性をもっている．

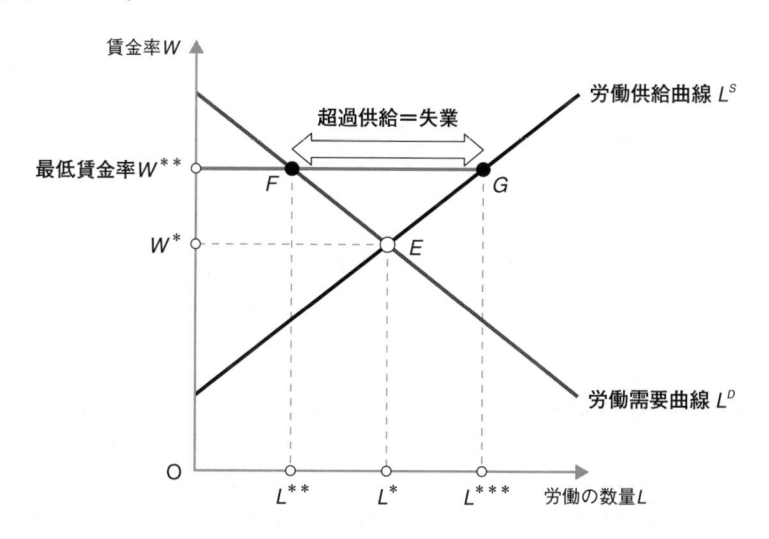

第 3 章

次の図にあるように，家計 A の真の公共財の需要曲線 $D_A(t)$（点線）に対して，虚偽の公共財の需要曲線 $D_A'(t)$（実線）が描かれるとする．真の需要曲線に比べて，虚偽の需要曲線は，同じ負担率 t でも数量 X_A は小さいことが確認できる．

真の需要曲線の場合，リンダール均衡の E 点で，家計 A の負担率 t^*，家計 B の負担率 $(1-t^*)$，公共財の数量 X^* が決定された．一方，家計 A の虚偽の公共財の需要

曲線のもとでは，均衡は J 点となる。

このとき，公共財の数量は X^{***} となり，真の場合の X^* よりも少なくなる。したがって，虚偽の申告の存在により，公共財の数量は減ってしまう。

また，家計Aの負担率 t^{***} は t^* よりも低く（$t^{***}<t^*$），家計Bの負担率（$1-t^{***}$）は（$1-t^*$）よりも高い。虚偽の申告の存在は，家計Aの負担率を低めるだけでなく，家計Bの負担率を高めてしまうことになる。

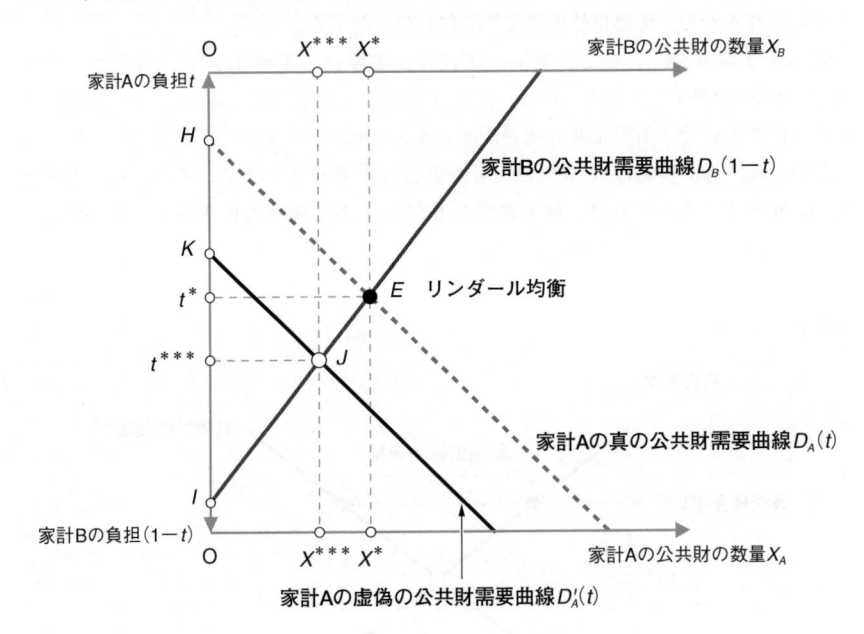

第 4 章

(1) 図4-4下図にて説明する。中央政府の補助金によって公共財の限界費用が MC^{***} まで低下したとしよう。このとき，地方政府Aの限界便益曲線 $MB_A(X)$ と MC^{***} が交わる G 点において，公共財の数量 X^{***} が決定される。

地方政府Aの住民の便益は $\Box OX^{***}GM$，税負担は $\Box OX^{***}GT$，純便益は $\triangle TGM$ である。地方政府Bの住民の便益は $\triangle OWN$，税負担（補助金）は $\Box TGKR$，純便益は（$\triangle OWN - \Box TGKR$）である。

地方政府Aと地方政府Bの住民を合わせた便益は面積 $OX^{***}GJL$，税負担は $\Box OX^{***}KR$，純便益は（$\triangle RIL - \Box JGKI$）（＝面積 $OX^{***}GJL - \Box OX^{***}KR$）となる。望ましい数量 X^{**} の場合の純便益 $\triangle RIL$ に比べて，$\Box JGKI$ だけ純便益が小さく，中央政府が地方政府に補助金を適切に交付できなければ，資源配分の効率性が落ちてしまうことがわかる。

(2) 図のように,支持する公共財の数量 X に対して有権者数の分布が2つの山をもつとする。いま,政党1と政党2の2つの政党があるとする。政党1が,第1の山の有権者の票の取り込みをターゲットとすれば,公共財の数量 X_1 を政策とすることが望ましくなる。一方,政党2は公共財の数量 X_2 を政策とする。これら2つの政党の政策は,分布に2つの山がある限り,互いに似てくることはない。

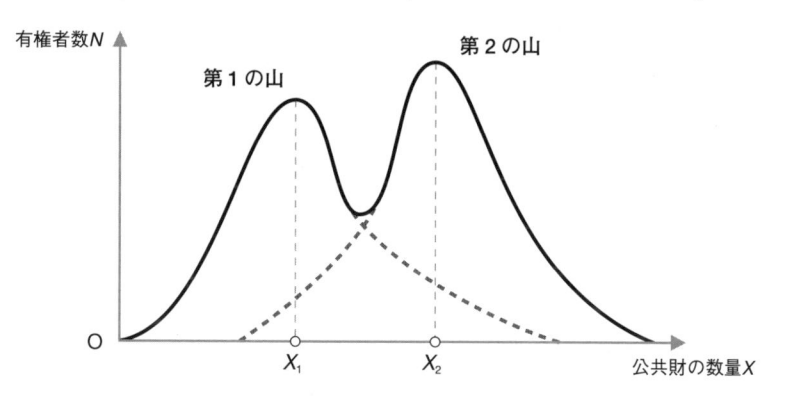

(3) この場合,個人3の選好順位は単峰型となる。下記の表のように投票がなされ,3回の投票のうち2回で教育サービスが選ばれる。そのため,教育サービスが投票によって支持される。

選択肢	(1) 公共事業 vs 教育サービス	(2) 教育サービス vs 福祉サービス	(3) 福祉サービス vs 公共事業
個人1	公共事業	教育サービス	公共事業
個人2	教育サービス	教育サービス	福祉サービス
個人3	教育サービス	福祉サービス	福祉サービス
投票結果	教育サービス	教育サービス	福祉サービス

第 5 章

(1) ピグー税やピグー補助金を有効に機能させるには,政府が市場における情報を完全に把握することが必要である。負の外部性の例で考えれば,私的限界費用曲線と需要曲線の形状を政府が完全に保有しなければ,外部性を完全に内部化することはできなくなる。政府が完全に情報を把握しておらず,過剰もしくは過小なピグー税もしくはピグー補助金がなされてしまうならば,外部性は完全に内部化できず,市場において超過負担が残ってしまう。

(2) 次の図によって,均衡点 W において生産量 X^* が決められているとする。
まず,企業が環境汚染権をもっている場合を考える。住民は ΔX の減産を企業に

提案する。企業が減産 ΔX を受け入れるならば，住民は□TX^*WS の損失を軽減できる。しかし，企業は□TX^*WP の利潤を失う。

住民の損失の軽減よりも，企業の失う利潤が大きい（□TX^*WS＜□TX^*WP）ため，住民は企業の失う利潤を完全に補償できない。結果として，企業は減産を行わず，生産量は X^* に留まる。

次に，住民が環境維持権をもっている場合を考える。企業は ΔX の増産を住民に提案する。住民が増産 ΔX を受け入れるならば，企業は□X^*UVW の利潤を得る。しかし，住民は□X^*UQW の損失を被る。

企業の得る利潤よりも，住民の被る損失が大きい（□X^*UVW＜□X^*UQW）ため，企業は住民の損失を完全に補償できない。結果として，企業は増産を行わず，生産量は X^* に留まる。

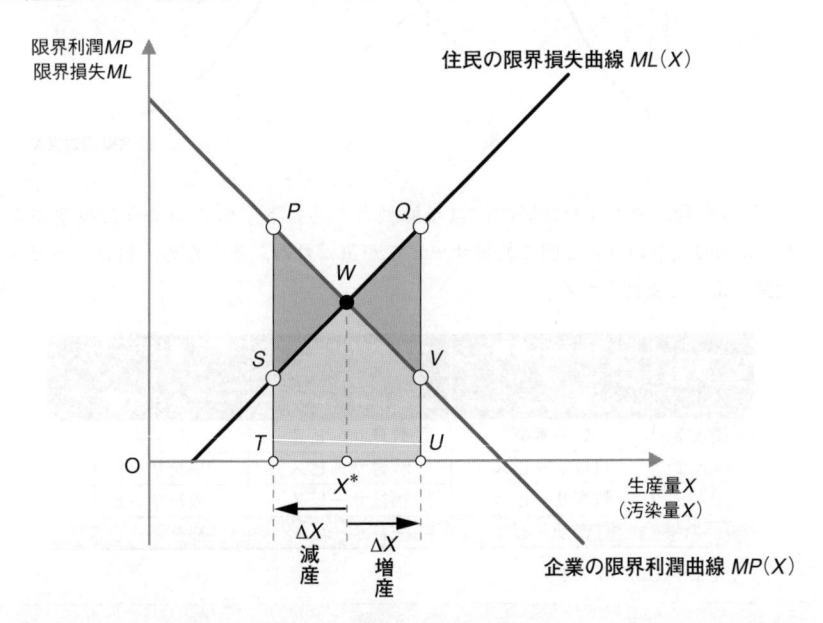

第 6 章

次の図において，政府が平均費用価格規制を独占企業に課しているとき，真の平均費用曲線 $AC(X)$ のもとでは，平均費用曲線と限界効用曲線 $MU(X)$ が交わる M 点において，価格 P^* と数量 X^* が決定される。ここで，独占企業が虚偽の平均費用曲線 $AC'(X)$ を政府に申告し，政府がその情報をもとにして，平均費用価格規制を行うとする。このとき，虚偽の平均費用曲線 $AC'(X)$ と限界効用曲線 $MU(X)$ の交わる T 点において，価格 P^{**} と数量 X^{**} が決定される。したがって，独占企業が虚偽

の申告を行う場合，価格は高く，生産量は少なくなる。

また，独占企業の収入は□$OX^{**}TP^{**}$，総費用は□$OX^{**}SAC^{**}$，利潤は□$AC^{**}STP^{**}$ となる。そのため，平均費用価格規制のもとでも，虚偽の申告がある場合には，独占企業に利潤が発生する。なお，消費者余剰は△$P^{**}TQ$，生産者余剰は面積 $RVTP^{**}$，総余剰は面積 $RVTQ$ となる。また，限界費用価格規制の場合の総余剰の面積 RLQ との比較により，超過負担が面積 VLT だけ発生する。これは，独占企業が真の平均費用曲線 $AC(X)$ を申告する場合の超過負担である面積 NLM に比べても大きい。

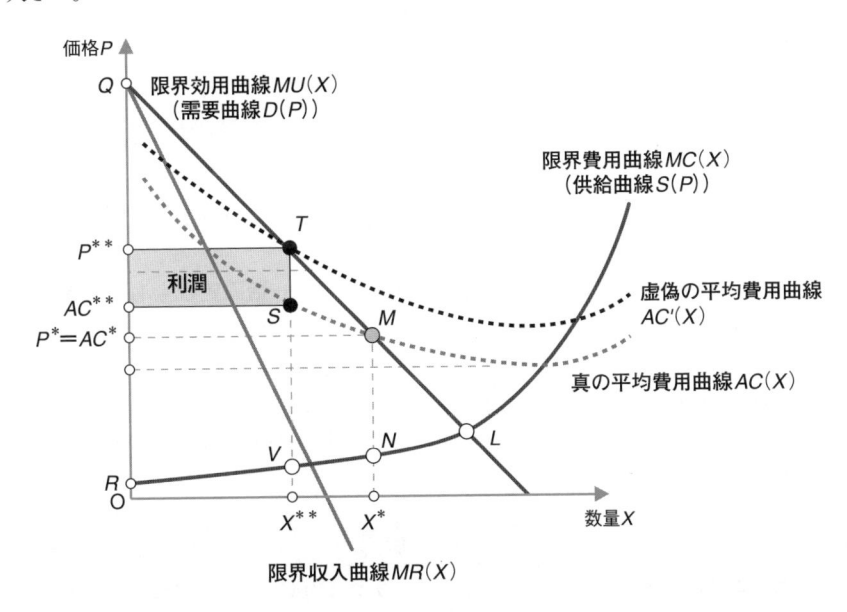

第 7 章

(1) 累進税であるかどうかを検討するには，平均税率 T/Y を計算する必要がある。すなわち，$T/Y=t(Y-D)/Y=t-tD/Y$ となる。右辺の Y が大きくなるならば，第2項の (tD/Y) が小さくなり，結果的に平均税率 T/Y は大きくなる。したがって，この税制は累進税である。

(2) 価格に対して税率を適用する課税を**従価税**（Ad Valorem Tax）と呼ぶ。納税義務者が企業で，従価税が課税される場合，課税後供給曲線は次の図のように K 点を中心として上方へ回転した形で描かれる。なお，**図7-5**のように，課税後供給曲線が上方に平行移動した形で描かれる課税の方法は**従量税**（Unit Tax）である。従量税は，財・サービスの数量に対して課税する。供給曲線の移動の方法が異なる点を除けば，従量税も従価税も超過負担を発生させることが図から理解できる。

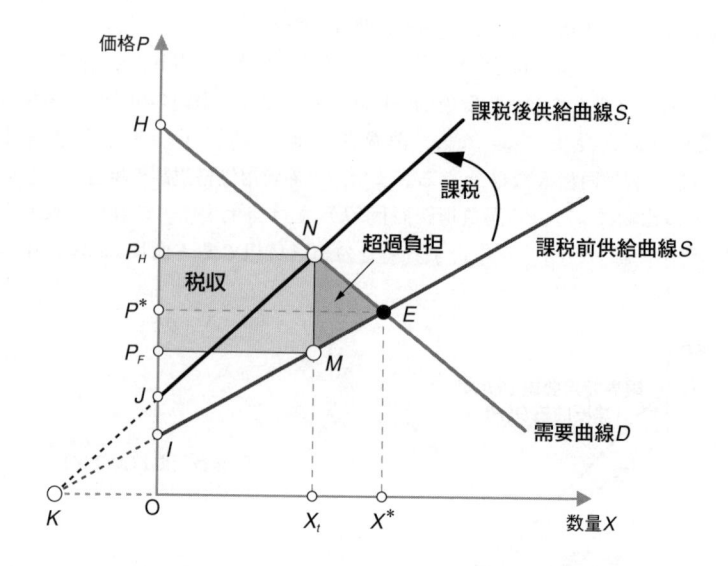

(図：価格Pと数量Xの需給曲線。課税前供給曲線S、課税後供給曲線S_t、需要曲線D。均衡点E、税収部分(P_H, N, M, P_F)、超過負担三角形NEM、点H, J, I, K, O, X_t, X^*が示されている。)

(3) 家計の経済行動をまったく変えない税制には，**一括固定税**もしくは**定額税**（Lump-sum Tax）がある。この税制は，1人の家計の存在そのものに課税するため，課税される家計は負担を逃れることができず，経済行動に歪みをもたらさない。そのために，中立の原則をもっとも満たす税制と言える。しかしながら，低所得者にとって，このような税制は厳しいものとなり，公平の原則からは望ましいとは言えない。

第 8 章

(1) **図 8-4** にあるように，プライマリー・バランス均衡でも，利払費に相当するだけの公債残高は増加している。そのため，公債残高は増加傾向にある。ただし，一方で経済成長率と利子率が一定ならば，公債残高対 GDP 比は一定となり，財政の持続可能性は悪化もせず健全化もしていない状態である。

(2) 利子率 $r>0$ ならば，親世代が遺すべき遺産額は，増税規模 X よりも小さくてよい。なぜなら，子世代は親世代から受け取った遺産を利子率 r によって運用できるからである。仮に 1 年後に X の規模の増税が予定されているならば，親世代は $X/(1+r)$ の遺産を子世代に遺せば，子世代は遺産を増税に備えることができる。したがって，10 年後の増税に備えるためには，親世代は $X/(1+r)^{10}$ の遺産を子世代に遺せばよい。

第 9 章

(1) 次の図のように，資本の限界生産力曲線 MP_K（資本需要曲線 K^D）が右下がり

で描かれ，資本供給曲線 K^S が右上がりに描かれるとする。このとき，資本の需要曲線と供給曲線が交わる均衡 E 点において，資本 K^* が決定される。企業が支払う資本費用で，家計の資本所得は□OK^*Er^* となる。

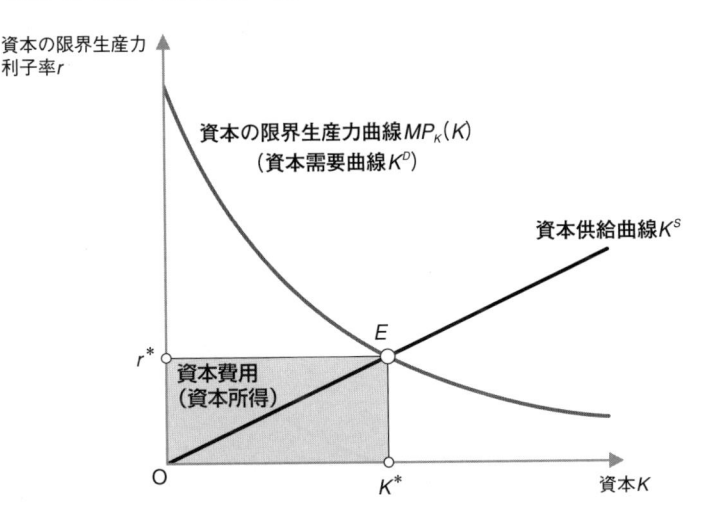

（図：縦軸＝資本の限界生産力 利子率 r，横軸＝資本 K。資本の限界生産力曲線 $MP_K(K)$（資本需要曲線 K^D）と資本供給曲線 K^S が E 点で交わり，r^* と K^* が決まる。網掛け部分が資本費用（資本所得）。）

(2) 専制君主がもつ社会厚生 W_H には，低所得者 L の効用 U_L は反映されていない。高所得者 H の効用 U_H が最大限に配慮されるため，低所得者からの収奪がなされるような所得再分配政策がなされる可能性がある。その場合には，低所得者 L の生活水準は厳しいものになる。

その点，ベンサム基準の社会厚生関数 W_B には，低所得者 L の効用 U_L が考慮されていることが特徴である。専制君主であっても，高所得者であっても，低所得者であっても，社会では等しく評価されるべきという考えが，ベンサム基準に反映されている。そのため，横暴な専制君主による社会よりは，穏便な所得再分配政策が実施される。

最後に，ロールズ基準の社会的厚生 W_R は，その社会でもっとも恵まれない家計を評価する。したがって，横暴な専制君主による社会的厚生 W_H とは，考え方がまったく異なっている。そのために，より積極的な所得再分配政策が実施される。

(3) 次の図のように，リスク愛好的な家計の効用曲線は上に凸型となる。事後に所得 Y_L となるか，所得 Y_H となるか，双方の確率が 50% で，事前にはどちらになるか，家計はわからないというリスクに直面しているとする。

このとき，所得 Y_H ならば効用 U_H，所得 Y_L ならば効用 U_L となる。また，平均的な所得 $Y_A = (50\% \times Y_H + 50\% \times Y_L)$，平均的な効用 $U_A = (50\% \times U_H + 50\% \times U_L)$ である。

事前のリスクに直面している家計は，少なくとも平均的な所得 Y_A を確実に得て，

平均的に期待できる効用 U_A 以上の効用を得たいと考えるだろう。ところが、効用曲線 U によれば、平均的な所得 Y_A を得るならば効用は U_C となる。これは、平均的に期待できる効用 U_A よりも小さい（$U_C < U_A$）。したがって、家計は確実な所得 Y_A（による確実な効用 U_A）よりも、リスクをともなう状況（平均的に期待できる効用 U_A）を望む。そのため、所得再分配政策は、リスク愛好（Risk Loving）的な家計には好まれない。

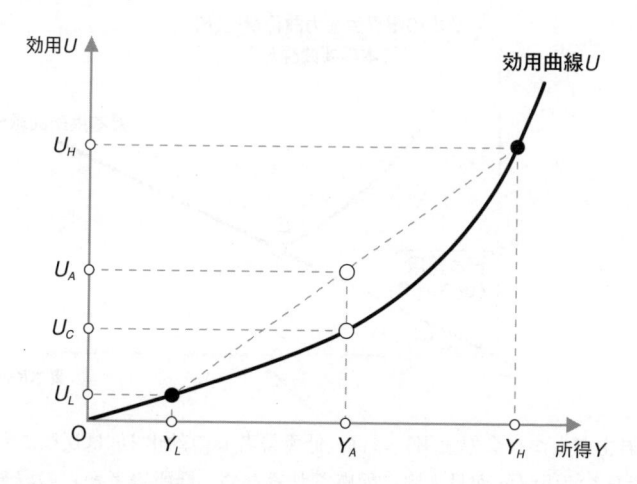

第 10 章

(1) 課税前において、第1期消費 $C_1 = Y - S$、第2期消費 $C_2 = (1+r)S$ となる家計の2期モデルを考える。生涯予算制約式は $C_2 = -(1+r)C_1 + (1+r)Y$ であり、生涯予算制約線の傾き $-(1+r)$ で切片は $(1+r)Y$ となる。

次の図のように生涯予算制約線 AB が描かれるとき、無差別曲線との均衡 E 点において、第1期消費 C_1^*、第2期消費 C_2^*、貯蓄 $S^*(=Y-C_1^*)$ が決まる。

このとき、利子所得 rS に対して税率 t の利子所得税が課税されるとする。第2期消費 $C_2 = (1+r)S - trS = \{1+(1-t)r\}S$ となり、生涯予算制約線は $C_2 = -(1+r)C_1 + \{1+(1-t)r\}Y$ となる。この生涯予算制約線 AD の傾きは $-\{1+(1-t)r\}$ で切片は $\{1+(1-t)r\}Y$ となる。

課税後の均衡は F 点となり、家計の第1期消費 C_1^{**}、第2期消費 C_2^{**}、貯蓄 $S^{**}(=Y-C_1^{**})$ となる。図では、第1期消費 C_1 が増加するケース（代替効果＞所得効果）を描いているが、無差別曲線の形状によっては、減少するケースを描くこともできる。

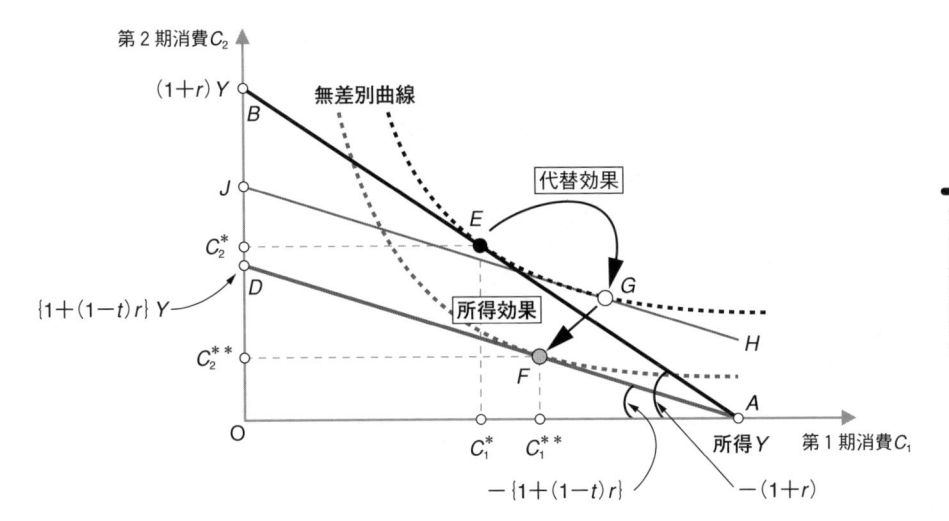

(2) 次の図のように，横軸に余暇 L，縦軸に所得（消費）Y を描く。総時間 T が OA，賃金率 w，労働所得税の税率を t，生活保護制度が保障する所得 Y_c とする。このとき，家計の予算制約線は $BCGH$ のように屈折する。その理由は次の通りである。

L^G 以下の余暇，すなわち $(T-L^G)$ 以上の労働供給を行う家計の所得 $w(T-L^G)$ に対して，所得税が課税される。そのため，予算制約線の一部分 GH は，傾き $-w(1-t)$ をもつ。L^C 以下で L^G までの余暇，すなわち $(T-L^C)$ 以上 $(T-L^G)$ 未満の労働供給の家計の所得は課税最低限より低いために所得税が課税されないとする。そのため，予算制約線の一部分 CG は傾き $-w$ をもつ。さらに，L^C よりも大きな余暇，すなわち $(T-L^C)$ 未満の労働供給の家計には，政府が Y^C の所得を一律に補償する。これが予算制約線の一部分 BC である。

家計 1 のような無差別曲線 U をもつ家計は，予算制約線との接線である均衡 E 点で余暇と労働供給の時間の配分を決める。この家計の所得には労働所得税が課税される。

一方，家計 2 のような無差別曲線 V をもつ家計が問題となる。屈折した予算制約線 $BCGH$ と無差別曲線 V^* が交わる均衡 B 点は端点となり，家計 2 の余暇 L^* は総時間 T と等しく，労働供給はゼロとなる。家計 2 には，生活保護制度によって所得 Y^C が補償されるため，働こうと考えない。

そこで負の所得税は，予算制約線を BGH のように設計する。このとき，家計 2 は無差別曲線 V^{**} と予算制約線が接する均衡 F 点において，余暇 L^{**} で労働供給 $(T-L^{**})$ を選択する。負の所得税の導入によって家計 2 の効用水準は高まる（$V^{**} > V^*$）ことがわかる。

所得（消費）Y

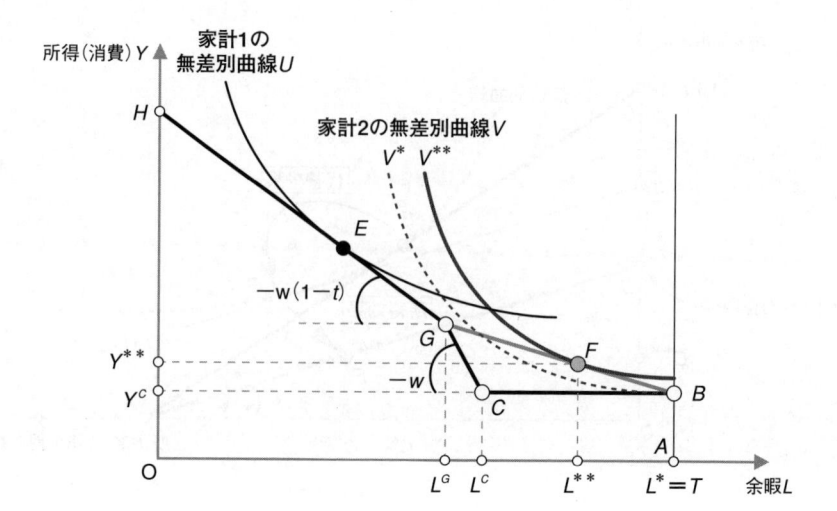

H

家計1の
無差別曲線U

家計2の無差別曲線V

V^* V^{**}

E

$-w(1-t)$

Y^{**}

Y^C

G

$-w$

F

C

B

A

O L^G L^C L^{**} $L^*=T$ 余暇L

索　引

あ　行

赤字公債　168
赤字国債　168
足による投票　74,76

1財モデル　30,218
一括固定税　254
一般均衡分析　30,31
一般財源　232
一般歳出等　174
一般消費税　223
一般政府　44
一般補助金　232
インセンティブ規制　135

売りオペレーション　171
売り手独占　118

応益原則　139
応能原則　139
オーツ（W. E. Oates）　74

か　行

買いオペレーション　171
外国債　181
買い手独占　118
外部経済　93
外部性　43,92

技術的——　93
金銭的——　93
——の具体例　93
——の内部化　106
外部不経済　93
価格　2
——メカニズム　26,43
価格規制　130
価格受容者　117,221
価格上限規制　135
価格政策　34,36,38,40
価格比　221
家計　3
——による2財の数量の選択　218,221
課税　138
——の帰着　149
——の転嫁　149
　特殊な市場への——　159
課税最低限　145
課税ベース　149
寡占　118
価値財　51
借換債　166
完全競争市場　116
——の条件　116
簡素の原則　140
官僚　87
——による予算最大化　87

企業　10,22

259

規制　34
犠牲説　145, 146
　　均等限界犠牲　148
　　均等絶対犠牲　146
　　均等比例犠牲　146
基礎的財政収支　174
帰着　149
　　経済的——　149
　　法制的——　149
既発債　171
規模の経済　119〜122
　　規模に関して収穫一定　120
　　規模に関して収穫逓減　120
　　規模に関して収穫逓増　120
逆進税　142, 144
逆弾力性ルール　157
供給　10
供給曲線　2, 17, 19, 29
競合性　48, 52
均衡　2, 27
均衡価格　2, 27
均衡数量　2, 27
均衡予算主義　169
均等分布線　202

国と地方の役割分担　70
クロヨン（9・6・4）　142

経済安定化機能　68
経済循環　32
　　政府を含む——　44
限界外部経済曲線　104
限界外部不経済曲線　99
限界効用　4
限界効用曲線　3, 4
限界効用逓減の法則　4

限界収入　128
限界収入曲線　128
限界生産力逓減の法則　195
限界税率　144
限界代替率　220
限界代替率逓減の法則　221
限界費用　15
限界費用価格規制　130
限界費用曲線　15
限界便益曲線　58
限界変形率　237
建設公債の原則　168

公共経済学　3
公共財　43, 48
　　——と私的財の選択　240
　　——の効率的な生産　237
　　——の最適な数量の決定　58
　　——の最適な負担の決定　61
　　——の社会的需要曲線　55
　　——の需要の虚偽の申告　63
　　——の生産の形態　53
　　——の負担の形態　53
　　——の分類　49
　　投票による——の配分　84
公債　164, 165
　　——と市場の関係　169
　　——と租税の違い　166
　　——の特徴　165
公債金収入　174
公債残高　164
公債の中立命題　187
公債費　174
公債負担論　181
公的企業　44
公的金融機関　44

公的部門　44
後転　151
公平の原則　139
効用　3
効用曲線　3, 4
効用曲面　218
コース（R. H. Coase）　111
コースの定理　109, 111
国民経済計算　44
個人間所得再分配　198
国家的公共財　68
コップ（D. H. Kopf）　183
固定費用　10
固定費用曲線　11
個別消費税　223
混雑現象　51, 52

さ 行

債券　165
債券市場　165
財・サービス　2
財・サービス市場　32
歳出　174
財政赤字　164
財政再建　164
財政の硬直化　164
財政の持続可能性　176
最適課税　155, 157
歳入　174
サミュエルソン（P. A. Samuelson）　242
サミュエルソンの条件　242
サンク・コスト　125

資源配分機能　68
資源配分の効率性　29, 43, 65, 74, 116, 118,
　　120
資産課税　149
市場　2
　　──による所得分配　192, 193
市場供給曲線　24
市場需要曲線　24
市場の失敗　3, 43, 93
自然独占　43, 120
　　──の形成　119, 123
市中消化の原則　171
私的限界効用曲線　104
私的限界費用曲線　98
私的財　48
　　公共財と──の選択　240
ジニ（C. Gini）　200
ジニ係数　200
資本市場　33
資本主義　22
資本所得　33, 193
資本蓄積　184
社会厚生　202, 204
社会厚生関数　202
　　ベンサム基準の──
　　ロールズ基準の──
社会主義　22
社会的限界効用曲線　105
社会的限界代替率　233
社会的限界費用曲線　100
社会的限界便益曲線　58
社会的無差別曲線　233
社会保険　208
社会保障基金　44
従価税　253
収入　12
収入曲線　12
従量税　253

261

需要　3
需要曲線　2, 6, 8, 29
　　――の移動　29
　　――の傾き　40
　　――のシフト　29
需要の価格弾力性　40, 155
準公共財　50
純粋公共財　49
純便益　60, 64, 73, 78, 88
生涯予算制約式　229
生涯予算制約線　232
償還　164
消転　151
消費課税　149
　　――の経済効果　151
消費可能フロンティア　53
消費者余剰　6, 7, 97, 102, 127, 131
情報の非対称性　134
所得課税　149
　　――の経済効果　153
所得効果　224
所得再分配機能　68
所得再分配政策　69, 196
所得税　226
所得の不平等度　200
所得分配　192, 193
人頭税　158
新発債　171

垂直的公平　140, 141
垂直的効率性　211
水平的公平　140, 141
水平的効率性　211
数量　2
スピルオーバー　68, 77

生産可能集合　237
生産可能性フロンティア　237
生産者余剰　19, 20, 127, 131
生産の効率性　238
生産要素　33
生産要素市場　33
正の外部性　93
　　――による市場の失敗　104
　　――の具体例　100
世代間所得再分配　196
世代内所得再分配　198
前転　151

操業停止点　248
総効果　224
総費用　10
総費用曲線　11
総余剰　26, 28, 99, 102, 105, 127, 131, 154
租税　138
　　公債と――の違い　166
租税価格　56
租税原則　139
ソフト・バジェット問題　130
損益分岐点　18
損失　14

た　行

ターゲット効率性　210
第3セクター　55
代替効果　224
ただ乗り　77
担税力　140
単峰型　80

地域間所得再分配　198

地域独占の地方公営企業　122
地方公共財　68
地方政府　44, 68
　　——の役割　68
地方分権　72
地方分権定理　72, 74
中位投票者　81
中位投票者の定理　80, 82
中央銀行の独立性　171
中央政府　44, 68
　　——の役割　68
中立の原則　139
超過供給　26
超過需要　26
超過負担　36, 41, 97, 105, 127, 131, 152, 154, 157, 160
長期金利　170
長期債務残高　172, 180
徴税費用　140
直営方式　54
賃金率　33

定額税　254
ティブー（C. M. Tiebout）　76
デービス（R. G. Davis）　183
転嫁　149

等価定理　186
　　リカードの——　185, 229
投票のパラドックス　87
等量消費　48
トービン（J. Tobin）　212
ドーマー（E. D. Domar）　179
ドーマーの条件　179
独占　118
独占企業の利潤最大化行動　126

独占企業への価格規制　130
独占的競争　118
特定補助金　232
　　——の一般財源化　232
取引費用　112

な　行

内国債　181
内部化　106

2期モデル　229
2財モデル　31, 218
二重価格制度　38
ニスカネン（W. A. Niskanen）　87
2大政党制　82
日銀引き受け　171
二部料金制度　132

納税義務者　149
納税費用　140

は　行

排出権取引　113
排除性　49
ハイパー・インフレーション　171
配分の効率性　238
バロー（R. Barro）　189
バローの中立命題　187, 189

非競合性　48
ピグー（A. C. Pigou）　106
ピグー税　106
ピグー補助金　107
歪み　139

非排除性　48, 49
費用　10
費用曲線　10, 11, 17
費用逓減産業　123
比例税　144
貧困線　210

不完全競争　119
　　——の市場構造　118
ブキャナン（J. M. Buchanan）　169, 182
複占　118
負の外部性　93
　　——による市場の失敗　98
　　——の具体例　95
負の所得税　212
不平等度　200
部分均衡分析　30, 31, 218
プライス・キャップ規制　135
プライス・テイカー　117, 221
プライマリー・バランス　174
フリードマン（M. Friedman）　212

米価維持政策　36
平均税率　143
平均費用　15
平均費用価格規制　130
平均費用曲線　15
便益　58, 73, 78, 88
ベンサム（J. Bentham）　202
変動費用　10
変動費用曲線　11

ボーエン（W. G. Bowen）　183
補助金　68, 77

ま 行

埋没費用　125
マキシミン原理　204

民営化　55
民間委託方式　55
民間部門　44

無差別曲線　219

モディリアーニ（F. Modigliani）　184

や 行

ヤードスティック競争　135
家賃統制　34

予算最大化　87
予算集合　221
予算制約式　221
予算制約線　222

ら 行

ラーナー（A. P. Lerner）　181

リカード（D. Ricardo）　186
利潤　14
利潤曲線　12, 14
利子率　33
リスク回避　210
リスク・シェアリング　208
利払費　164
利用時払いの原則　168
リンダール（E. R. Lindahl）　61

リンダール均衡　63
リンダール・メカニズム　61

累進税　142, 144
累進度　144

劣加法性　124

労働供給　226
労働供給曲線　154
労働市場　33
労働所得　33, 193
労働の限界生産力　193

ロールズ（J. Rawls）　204
ローレンツ（M. O. Lorenz）　202
ローレンツ曲線　202

わ 行

割引現在価値　229

欧 字

PFI　55
X非効率　129

著者紹介

上村　敏之（うえむら　としゆき）

1972 年	兵庫県生まれ
1994 年	関西学院大学経済学部卒業
1996 年	関西学院大学大学院経済学研究科博士課程前期課程修了
1998 年	日本学術振興会特別研究員
1999 年	関西学院大学大学院経済学研究科博士課程後期課程修了
2000 年	博士（経済学）取得
2000 年	東洋大学経済学部専任講師
2003 年	東洋大学経済学部助教授
2007 年	東洋大学経済学部准教授
2008 年	関西学院大学経済学部准教授
2009 年	関西学院大学経済学部教授（現在に至る）

主要著書

『財政負担の経済分析——税制改革と年金政策の評価』（関西学院大学出版会，単著，2001 年）

『はじめて学ぶ国と地方の財政学』（日本評論社，単著，2005 年）

『「小泉改革」とは何だったのか——政策イノベーションへの次なる指針』（日本評論社，共編著，2006 年）

『検証　格差拡大社会』（日本経済新聞出版社，共編，2008 年）

『公的年金と財源の経済学』（日本経済新聞出版社，単著，2009 年）

『空港の大問題がよくわかる』（光文社，共著，2010 年）

『コンパクト財政学　第 2 版』（新世社，単著，2013 年）

『消費増税は本当に必要なのか？』（光文社，単著，2013 年）

『税と社会保障負担の経済分析』（日本経済評論社，共著，2015 年，第 25 回 租税資料館賞受賞）

『レクチャー＆エクササイズ 経済学入門』（新世社，単著，2017 年）

『トピックスから考える財政学』（新世社，共著，2025 年）

経済学叢書 Introductory
公共経済学入門

2011 年 2 月 10 日 ©　　　　　初 版 発 行
2025 年 9 月 25 日　　　　　　初版第 7 刷発行

著　者　上　村　敏　之　　　発行者　御園生晴彦
　　　　　　　　　　　　　　印刷者　加藤文男
　　　　　　　　　　　　　　製本者　小西惠介

【発行】　　　　　　　株式会社　新世社
〒151-0051　東京都渋谷区千駄ヶ谷 1 丁目 3 番 25 号
編集☎(03)5474-8818(代)　　　サイエンスビル

【発売】　　　　　　　株式会社　サイエンス社
〒151-0051　東京都渋谷区千駄ヶ谷 1 丁目 3 番 25 号
営業☎(03)5474-8500(代)　　　振替 00170-7-2387
FAX☎(03)5474-8900

印刷　加藤文明社　　　　製本　ブックアート
《検印省略》

サイエンス社・新世社のホームページのご案内
http://www.saiensu.co.jp
ご意見・ご要望は
shin@saiensu.co.jp まで．

本書の内容を無断で複写複製することは，著作者および出版者の権利を侵害することがありますので，その場合にはあらかじめ小社あて許諾をお求めください．

ISBN 978-4-88384-155-4
PRINTED IN JAPAN

経済学叢書 Introductory

トピックスから考える
財政学

上村敏之・金田陸幸 著
A5判／200頁／本体 2,300 円（税抜き）

本書は，財政学をはじめて学ぶ方のための入門的教科書です。興味や関心を持ちやすいトピックから入ってそれぞれの実際を知り，制度を理解し，最後に理論によって全体像を把握するという流れになっています。また，各省庁が提供している図を多く活用することにより，図を読み解く力，最新の情報を検索する力を養うことができます。学び直しをしたい社会人の方にもおすすめの一冊です。

【主要目次】
政府の借金から考える財政学／身近な税金から考える財政学 1／身近な税金から考える財政学 2／身近な公共サービスから考える財政学／財政再建から考える財政学／国と地方の関係から考える財政学／財政の役割から考える財政学

発行 新世社　　発売 サイエンス社